閑情記舊三集

魏彥才 著

文學叢刊
文史哲出版社印行

國家圖書館出版品預行編目資料

閑情記舊三集 / 魏彥才著. -- 初版 -- 臺北市：
　文史哲, 民 92
　　面　； 公分. --（文學叢刊；150）
　ISBN 957-549-508-x (平裝)

856.9　　　　　　　　　　　　　92008311

文　學　叢　刊　⑮

閑情記舊三集

著　　者：魏　　　彥　　　才
出 版 者：文　史　哲　出　版　社
http://www.lapen.com.tw
登記證字號：行政院新聞局版臺業字五三三七號
發 行 人：彭　　　正　　　雄
發 行 所：文　史　哲　出　版　社
印 刷 者：文　史　哲　出　版　社
臺北市羅斯福路一段七十二巷四號
郵政劃撥帳號：一六一八○一七五
電話 886-2-23511028・傳真 886-2-23965656

實價新臺幣三八○元

中 華 民 國 九 十 二 年 六 月 初 版

序 一

　　寫作並非是一種逸樂，實在有點近似春蠶吐絲和魏武帝所謂的
"老驥伏櫪"的壯志而已。鄉賢魏彥才先生，以八十八高齡，仍孜
孜不輟，苦寫其《閑情記舊》續集，如今已完成了將近一千五百篇，
其勤耕精神，著實令人欽佩。蘇軾有詩感嘆曰："老蠶作繭何時脫，
夢想至人空激烈"。

　　任何一種文學形式，無論是詩歌、小說、散文、戲劇，以至於隨
筆、小品，都有其時代性和歷史的使命感，愈是偉大的作家愈具有
使命感；愈偉大的作品愈富有時代意義。彥才先生以其豐富的人生
經驗和淵博的學養，以及超人的記憶力，將其畢生所見所聞所感所
知，栩栩如生地透過其簡潔流暢的文筆，以隨筆的形式表現出來，
有詼諧、有嚴謹、有嘲諷、有批判，各種語調，紛紛呈現出來，像
在萬花叢中看牡丹，朵朵花兒都嬌艷芳芬。我不敢過於誇讚它為字
字珠璣，但至少每一則都有其歷史典故和時代意義，讓人讀了不是
會心而笑，就是拍案叫絕，甚至憤而搥胸、咒詛。

　　彥才先生與我神交多年，因時空關係，不能多見面，但由於吳偉
英先生和其胞弟魏楷才先生的關係，彼此訊息相通，時有問候，彼
此情況都算很了解，而我因天生勞碌，身任多份工作，致使自己惰
於與友人魚雁交往，有時很想給朋友寫封信，倒不如拿起電話來得
直接，這也是拜現代科技之賜。尤其十多年前行動電話流行以來，
更是漫遊天下，無往不利，儘管是天涯海角，都可以通話，互訴侃

曲。因而，使人更懶於寫信。然而，與彥才先生的這份鄉情，這份篤誼，卻不會因少寫信而疏遠或淡忘。

　　如今他要推出《閑情記舊》第三集，囑我寫序。論年齡、論學養，我都不夠資格寫序，唯一理由是，自始至今，全文都在我主編的《世界論壇報》副刊刊登，基於先讀之權利，濫竽充數，塗抹幾筆爲鄉賢爲執友說幾句誠懇的話：文章對彥才先生可能是一種"閑情"，對讀者來說卻是"至情"。字裡行間充滿著"學而知之"的哲理、知識，和足資做人處事之借鏡者，彼彼皆是，我不多贅述，一切留給讀者自己去體認、理解、感悟，保證開卷有益，且獲益無窮。

公元 2003 年仲春三月
寫於中國文化大學

序 二

　　《閑情記舊》已出版兩冊，現在又要出版第三冊，這是魏彥才兄晚年之作品。第一冊出版過程我全程參與，第二冊亦曾參與最後校勘和出版事宜，可謂關係密切。

　　我從小因胞兄與彥才兄中學同窗之關係而認識，論交已六十多年，他的一生經歷頗知概略：中學畢業後，曾短暫任職小學教員，抗日開始考入中央陸軍軍官學校第十四期。從此，戎馬倥傯，奔波征途，在人生道路上遭遇許多曲折、嶇崎、坎坷、艱難的打擊。抗日戰爭勝利後，我倆在廣州相逢，既有抗日劫後餘生的喜悅，又有對接收(劫收)大員和內戰危機的嘆息！他住的房間很小，案上卻堆著許多書籍，軍事、文學、法律、哲學、藝術、社會等都有，可知他在公餘之暇，仍好學不倦；壁上還掛著一幅自書的林則徐名聯：

　　海納百川，有容乃大；

　　壁立千仞，無欲則剛。

以此為座右銘。他就是這樣走他人生路途。當時他官拜校級，少年得志，意氣風發，負責一個大單位的人事大權。其時盛行賣官賄賂之風，他守著「無欲」的義理，潔身自好，守道不墜，不被腐敗惡流所淹沒，暇時輒以詩文自娛。由於業餘自學鑽研，加上天資聰穎，學識與日俱增。以後雖因政局變化、脫離軍職，仍能轉任一所著名高級中學校長，作育英才，成績斐然。學校當局暨莘莘學子，感懷至深，直至現在，仍對老校長崇敬有加，常懇請蒞臨指導，凡有福利等亦得同樣享受。這就是當年樹德深耕的果報。不論在什麼政制、什麼社會，公道自在人心。

1952 年，他因歷史問題，被開除公職，判罪遣送到塞外草原勞動改造，以致妻離子散，打擊至深。在那惡劣的環境中，記住林則徐的聯語，包容一切，堅忍不拔，面對現實，忍受屈辱和痛苦。在塞外經過漫長艱辛痛苦的十七年，才回到家鄉，只比漢朝蘇武在「貝爾加湖」少兩年而已。塞外苦寒，黃塵萬里不毛之地，囚徒的生活，消盡他的雄心壯志，毀滅他的大好青春和錦繡前程。

1990 年，我返鄉探親，和他相聚竟日，原本熱情、樂觀、笑語如珠、幽默風趣的人生態度，已經消失殆盡，變成沈默寡言，冷靜凝重。談及往事，表情悽然！想不到的是：經此次暢談，我倆失落四十年的情誼，得以連接，從此書信相通，有時一月三、四封。知道他雖息影家園，卻閑不下來，一向愛好讀、寫，在家鄉清靜環境中，更樂意讀讀寫寫，寫了不少散文、遊記、詩和文史小品等佳作，清新脫俗，流露出高潔情懷和時代氣息。文中記述一些仁人志士的浩然正氣和英勇事蹟，使人激起對國家民族的責任感；也有慷慨悲歌感事懷人的詠嘆！使人產生超出山水之間，燭照人情世態的遐思冥想。想不到一個經歷苦難折磨的老人，仍能運筆自然，揮灑如意。我基於好文章大家讀的態度，代為分別投寄各報刊，同樣得到編輯和讀者的喜愛。

彥才兄將大陸和台灣發表過的文章，彙整印成《春暉園詩文選》三冊——春暉園是紀念他父母的祖居，書中每一篇文章，結構精闢，內容豐富，固不在話下，而文史小品，短而精鍊，更情有獨鍾，特請周伯乃兄在他主編《世界論壇報·副刊》作有系統的連載。伯乃兄雖與作者未曾謀面，亦仰慕已久，文稿一經過目，確認是難得的好作品，即允許我直接送稿，親自校對後即交製版發表。彥才兄得到伯乃兄的賞識和厚愛，因此文稿源源不斷供應，且堅決表示撰寫一千則的壯舉。

　　1998 年初，連載已達五百多則，伯乃兄建議出一單行本，徵得彥才兄同意，承伯乃兄為序，「文史出版社」協助出版，印成二百五十多頁《閑情記舊》第一集。而後中輟了一些時日，蓋因彥才兄耄耋高齡，百病叢生，故鄉醫療，未見成效，乃遷居廣州，與其長子麟徵、次孫志鵬同住，俾就近照料就醫。也許醫生高明，也許親情溫馨，毛病隨之遠去。加以居住在七層高樓，沒有電梯代步，行動不便，藉讀書寫作度日，我乃函請他秉老當益壯之精神，繼續執筆完成千則之壯舉。舊話重提，點燃其心中蘊儲的熱力，不到一年時間，又完成五百多則。此次投稿期間，適逢我妻病榻纏綿，繼而去世。彥才兄體念我老懷悲悽，孤苦伶仃，心情蕭索，不忍再增加我工作和心情壓力，乃由其孫志鵬清稿打字，其弟楷才教授親自轉檔、排版，結集成書，仍請「文史出版社」出版，整個過程我只做了先讀為快的最後校勘。書名仍是《閑情記舊》，並加二集兩字，希望以後有三集、四集連續下去，這是楷才教授和我至誠的期望。

　　現在一、二集已經出版，封頁精美，內容充實，我置於案頭，時加閱讀。由於內容非長篇論述，每則僅三五百字，短小精闢，言簡意賅，無論對時事評論、歷史證言、社會批評、人物諷嘲，都寫得淋漓盡致，有濃稠的啟發性。對於古今仁人志士的嘉言懿行、趣事逸聞，與一些不忠不孝、禍國殃民不肖之徒的劣蹟，更具有旁敲側擊，足以醒世，亦可補史乘之不足。

　　彥才兄在二集《後記》中說：司馬遷曾舉過聖賢發憤的典型：文王拘而演《周易》，仲尼厄而作《春秋》，屈原放逐而賦《離騷》，左丘失明而撰《國語》……這說明人有抑鬱憤懣，必有所發洩。那麼彥才兄塞外十七年的幽居困厄，而發洩在文學之中的文字，只是其中的一小部份。「塞翁失馬，焉知非福」，「失之東隅，收之桑榆」實至名歸。文中涉及層面既廣且深，未悉彥才兄平素讀書有無做札記？而所讀書刊博雜之多，恐怕很多人難出其右，記憶力很是驚人。也許塞外歸來，在故鄉清靜的環境中，能夠以閑情去享受自然，享受陽光空氣，享受親情、友情的溫馨，享受十幾年思想禁錮沉澱後的自由快樂，輕鬆瀟灑，而成就這文字。

周伯乃兄是我華邑旅台同鄉中的傑出人物，博學多聞，學殖深厚，著作豐富，馳譽全球，對魏文也讚譽有加，在二集的序文中曾說："在我主編《世界論壇報‧副刊》的十年中，最受讀者喜愛，就是司馬庵先生的《神州感舊》和彥才先生的《閑情記舊》。司馬庵先生寫的是故都北京一些人文掌故、和一些軼事。彥才先生的《閑情記舊》縱深度較廣、較深，而且所涉及的人文、掌故、軼事也比較豐富。而兩者都是文林高手，長博詩書，飽經人生歷練，才有如此縱橫才氣，真知碩學的廣博表現"。

彥才兄耄耋高齡，出版《閑情記舊》已有二冊，得伯乃兄衷心讚賞，真如千里馬之遇伯樂，一經品題，聲譽益隆，數十年的困頓積鬱，風雨憂憤，總算已經過去，揚眉吐氣，迎接晚年紅霞滿天，補回過去被迫失去的寶貴時光，無負青年時代的豪情壯志。現在，他又在一年多時間裡寫好第三冊四百多則，寄給我們出版，我們頗出意外，很是高興。他真是一位值得拜服的老人，懂得生活總是在前進中，但終究有盡頭；人生沒有回程票可買，因此他愛惜時間，盡心盡力做著應該做的事，成績斐然。茲當第三冊出版之日，我把前緣後果約記如上，聊作友情的紀念，並由衷地祝他健康長壽，安享晚福！

吳偉芸 2003 年三月於台北

閒情記舊三集

目　錄

閑情記舊

（第三集）

魏彥才

1044　雜談清代的貪污腐化

　　封建社會的清代，貪污腐化成風，所謂"英主"如乾隆也養著大貪官和珅。據史載：曾國藩之弟曾國荃饒勇善戰，攻入太平天國的天京，立了第一功；但他很貪，搶了許多財寶，運回湖南老家買田建屋。當時湘軍都是這樣把搶來的財寶裝入竹筒帶回家，朝廷查禁，關卡人員每見帶竹筒的就敲一敲，聽聲音知裡面有無財寶，俗語"敲竹槓"一詞，就是這樣產生的。

　　曾國荃同時代人李鴻章，也是很貪的大官，死後他的子孫分配財產的合同尚保存，合同中只有不動產(未記的動產不知有多少)，合肥、巢縣、六安、霍山，江寧、上海、揚州等地都有一大批，連同曾國藩給曾國荃的家書也証實這一點。以後有人擬一聯加以嘲諷：

　　　　宰相合肥天下瘦，司農常熟世間荒。

　　宰相即指李鴻章，合肥人；司農指主張變法、光緒的師傅翁同和，常熟人。翁氏本來較廉潔開明，把他與李鴻章齊寫在聯內，也許是作者為了方便對仗容易湊成聯語而出此。

再說：咸豐初年，御書房的門軸壞了，皇上關照修一修算了，不必換新的；工部主其事，報銷達到五千兩銀子，皇帝大怒要懲辦，下面稟奏說，五千是五十之誤寫，便瞞過去了。還有，光緒每天吃雞蛋四個，御膳房開價三十四兩銀子，有一天光緒問師傅翁同和吃不吃雞蛋？貴不貴？翁氏為了遮掩御膳房，答道：臣家中偶然在祭祀大典上才用上雞蛋，暗示雞蛋很貴。就這樣，事情便平安過去了。

1045　　吳稚暉為章士釗發訃告

人的善惡、是非、功過是要經過歷史考驗才能定論。我們讀魯迅的雜文，有許多是痛罵章士釗的。當章士釗 1925 年任段祺瑞政府的司法總長兼教育總長時，主張尊孔讀經，恢復科舉，支持楊蔭瑜打壓北京女子師範大學的學潮。誰知時間推移到 1950 年以後，因為與國家領袖有交情，便成為座上客，所謂"紅霞滿天"了。我記得痛罵他的人除了魯迅以外，還有蔣光慈、郁達夫、吳稚暉等。吳稚暉寫了許多文章痛罵還不過癮，更把一篇訃告刊在報刊上：

> 不友吳敬恆（即吳稚暉）等罪孽沉重，不自殞滅，禍延敝友學士大夫府君。府君生於前甲寅，卒於後甲寅，（按：章士釗先後主編《甲寅》月刊、周刊，以士釗、行嚴、孤桐等筆名撰文，）無疾而終。不友等親視含殮，遵古心喪，慚愧昏迷，不便多說，哀此訃聞。

1046　　李贄的衙門聯

很受林語堂稱讚的性靈派人物之一的李贄（1527-1602），福建泉州人，號卓吾，明代著名思想家、文學家。他鄉試及第後，曾任京官，後任雲南姚安府知府，爲政清廉，在任三年頗有政聲，後因與"正統"道學論戰而被劾入獄，自盡而死。他任姚安知府時，曾在衙門內書寫兩聯，以表心跡：

> 從故鄉而來，兩地瘡痍同滿目；
> 當兵事之後，萬家疾苦總關心。
> 聽政有餘閒，不妨甓運陶齋，花栽潘縣；
> 做官無別物，只此一庭明月，兩袖清風。

按："甓運陶齋"即陶侃運磚故事："花栽潘縣"出自潘岳爲河南河陽縣樹桃李花，有人號曰"河陽一縣花"。我們從這兩副對聯，可以知道李贄的爲人和爲政態度。

1047　鄭板橋罵曹公子

清·揚州八怪之一的鄭板橋（1693-1765），有一次與一曹姓公子同船出遊。曹公子看見板橋土裏土氣，不修篇幅，便趕他到船梢去坐。後來板橋受到兩岸風景感染，竟吟起美妙的詩來，經過追問，才知道原來是大名鼎鼎的鄭板橋，乃趕快叫人獻茶讓座，待爲上賓，並請題詩紀念，鄭即揮毫寫道：

> 惱恨青龍偃月刀，華容道上不誅曹；
> 如今留下奸雄種，害得詩人坐後梢。

1048　白崇禧輓鄭成功

據臺灣著名作家白先勇回憶：臺北市近郊六張犁的回教公墓——白家墓園榕陰堂，是他的父親白崇禧（1893-1966）自建的，

墓園石基上刻有白崇禧的遺墨,是一副弔輓延平郡王鄭成功的對聯:

> 孤臣秉孤忠,五馬奔江,留取汗青垂宇宙;
>
> 正人挾正義,七鯤拓土,莫將成敗論英雄。

　　按:這聯是白崇禧於 1947 年奉命到臺灣宣撫,爲台南鄭成功祠而寫的,是他對失敗英雄鄭成功一心恢復明室的孤忠大義的讚揚,真想不到不久以後,自己竟也星沉海外,瀛島歸真,把這聯拿來自況了。

1049　　臧克家的一首詩

　　我記得詩人臧克家有一首叫《有的人》新詩,警句如下:

> 有的人活著,他已經死了;
>
> 有的人死了,他還活著。
>
> 騎在人民頭上的,
>
> 人們把他摔垮;
>
> 給人民作牛馬的,
>
> 人民永遠記住他。

1050　　李金髮其人

　　李金髮(1901-1976)廣東梅州市人,華僑子弟,自小在家讀私塾,未曾進新式中小學校,到了"五·四"時期赴法國"勤工儉學",在巴黎國立美術學院學習雕塑,與名畫家林風眠同學。

　　前世紀廿年代,他回國後寫了許多離奇古怪,連漢語也欠通順的新詩,被人稱爲"印象派詩人",並得到鄭振鐸、周作人的重視,實在有些幸運。以後他也弄本行雕塑，在廣州市越秀山上的伍廷芳銅像就是他的作品。到了抗日戰爭後期，他改任外交官，駐中東各國。1950 年自動離職直接赴美辦養雞場，失敗後退隱不爲人所知，但當朱自清編輯《新文學大系》詩卷時，還選有他的新詩多首。和他同時代同是梅州市人，被魯迅指爲三角戀愛的“新文學家”張資平，卻淪爲漢奸，早已被人遺棄了。

1051　　沈從文的墓碑

1988 年，沈從文病逝於北京，歸葬於老家湖南鳳凰縣沱江之濱，山崖之下。墓碑的陽面刻的是他的剖白：

　　照我思索，能理解“我”；

　　照我思索，可認識“人”。

碑的陰面刻的是他最親的誄文；

　　不折不從，亦慈亦讓；

　　星斗其文，赤子其人。

1052　　曉角與蒲牢

魯迅先生最後以“曉角”的筆名寫下了七篇雜文《立此存照》，刊在《中流》半月刊上。以後即被病魔奪去了生命。然而，不久該刊又有署名“蒲牢”的《立此存照續貂》發表，文筆同樣犀利，讀者讚賞。原來這“蒲牢”是茅盾（沈雁冰，1896-1981）的筆名，典出漢·班固《東都賦》的注解：“海中有大魚曰鯨，海邊又有獸曰蒲牢，蒲牢素畏鯨，鯨魚擊蒲牢，輒大鳴。凡鐘欲令聲大者，故作蒲牢於上。”茅盾取此作筆名，想是取其鐘聲大鳴之意，與魯迅的

"曉角"相對應。當時作家陳子展用"何典"筆名在《立報》發表一首《戲贈蒲牢》的詩:

> 算誰狗尾算誰貂,立此存照大家瞧。
>
> 魯迅空前不絕後,替人何幸存蒲牢。

並在跋中寫道:"署名曉角的《立此存照》,自大文豪魯迅先生死後,已成絕響。今復得蒲牢先生續之,雖曰續貂,意存謙遜,然其爲豪,亦大矣哉!詩以戲之。"

1053　"老九"的來歷

上世紀五十年代以後中國歷次政治運動中,知識份子首當其衝,被稱爲"老九",或者"臭老九"。查其來歷出自元朝。大家都知道元朝皇帝爲了鞏固統治,實行民族歧視和壓迫,將人按民族分爲四等:蒙古人、色目人、漢人、南人。同時又按人的職業把人分爲十等:一官、二吏、三僧、四道、五醫、六工、七獵、八倡(娼)、九儒、十丐。儒即知識份子,排在第九位,僅高於丐而低於倡。雖無"老九"之說,確有"老九"之實。當時關漢卿、王實甫等戲曲名家,不列入正史,卻存名於《錄鬼簿》,可見其地位卑微。

1054　古人幽默風趣的自傳

從古以來短小幽默的自傳不少,著名的有晉·陶淵明的《五柳先生傳》。還有北宋文學家、史學家歐陽修的《六一居士傳》,既如他一向主張文章應簡約精煉、又很幽默風趣:

> 六一居初謫滁山,自號醉翁,既老而且衰且病,將退休於

穎水之上，則又更號六一居士。客有問曰："六一何謂
也？"居士曰："吾家藏書一萬卷，集錄三代以來金石遺
文一千卷，有琴一張，有棋一局，而常置酒一壺。"客曰：
"是爲五一耳，奈何？"居士曰："以吾一老翁於此五物
之間，是豈不爲六一乎？"。

1055　今人幽默風趣的自傳

今人幽默風趣的自傳不讓於古人，很多寫得很美妙。小說家戲
劇家老舍，原名舒慶春，字舍予，筆名老舍，（1899-1966）。1939 年
他 40 歲時，寫過一篇質樸自謙、妙趣橫生、使人拍案叫絕的自傳：

舒舍予，字老舍，現年 40 歲，面黃無鬚，生於北平。三歲
失怙，可謂無父。學者之年，帝王不存，可謂無君。特別孝
愛老母，布爾喬亞之仁未能一掃空也。幼讀三百篇，不求甚
解。繼學師範，遂奠教書匠之基。及壯，糊口四方，教書爲
業，甚難發財，每購獎券，以得末獎爲榮，示甘於寒賤也。
27 歲發奮讀書，科學、哲學無所懂，故寫小說，博大家一笑，
沒什麼了不得。34 歲結婚，今已有一男一女，均狡猾可喜。
閑時喜養花，不得其法，每每有葉無花，亦不忍棄。書無所
不讀，全無所獲並不著急。教書作事均甚認真，往往吃虧，
亦不後悔，如此而已，再活 40 年也許有點出息。

可惜老舍於 1966 年 8 月 24 日竟被"四人幫"迫害投湖自殺了，
千古遺恨。還有現仍在世的作家賈平凹，在他的《浮躁》一書中寫
有小傳，也很幽默使人解頤：

姓賈，名平凹，無字無號，娘號"平娃"，理想於順通；
我寫"平凹"，正視於崎嶇。一字之改，音同形異，兩代

人心地可見也。

生於 1953 年 2 月 21 日，孕胎期娘並未夢星月入懷，生產時亦沒有祥雲籠罩。幼年外祖母從不講甚神話，少年更不得家庭藝術薰陶。祖孫三代平民百姓，我輩哪能顯闊達貴？原籍陝西丹鳳，實爲深谷野窪；五穀都長而不豐，山高水長卻清秀。離家十年，季季歸里；因無衣錦還鄉之欲，便沒"無顏見江東父老"之愧。

先讀書，後務農，又讀書，再弄文學；苦於心實，不能仕途；拙於言辭，難會經濟；提筆塗墨，純屬濫竽充數。若問出版的那幾本小書，皆是速朽玩意兒，哪敢在此列了名目呢？如此而已。

1056　　古今避諱

避諱，是中國封建社會產物。臣民要避君主之諱，後輩要避上輩之諱，避諱面很寬廣，名字、行狀等等都包括在內。我們的阿 Q 也很懂得，不避諱便大逆不道。古時爲避漢文帝劉恒之諱，把月裏姮娥改爲嫦娥，一直沿用；唐太宗叫李世民，柳宗元在《封建論》文章中，把民字代以"人"字。《紅樓夢》的林黛玉寫到"敏"字時，總要少寫一筆，因爲她的母親叫賈敏。廣東陸豐有座玄山古寺，清初爲避康熙（玄燁）之諱，改稱"元山寺"，以後竟把中藥"玄參"也改爲"元參"了。直到上個世紀的"文化大革命"時期，大概避諱不屬於"四舊"，不見"革"去，反見流行。京劇《智取威虎山》中有句少劍波讚揚楊子榮的唱詞："擒欒平，逮胡標，活捉野狼嚎。"所謂胡標在原著小說《林海雪原》中原爲胡彪；野狼嚎原爲"一撮毛"。彪、毛兩字在當時犯著大忌。所以劇本唱詞爲避諱作了改動。可見封建的幽靈是很難蕩滌淨盡的。

1057　聞一多慧眼識人

中國士林一向重視千里馬與相馬師的關係。當代新詩人臧克家於 1930 年投考青島大學，結果數學零分，作文也只有三句雜感：

"人生永遠追逐著幻光，但誰把幻光看成幻光，誰便沉入了無底的苦海。"

按說：這樣的考試成績，是不會被錄取的。但主考人是聞一多（1899-1946）先生，卻從這三句雜感發現這位青年的才氣，一錘定音破格錄取。後來臧克家不負聞先生的盛意，很快發表很多新詩，於 1933 年在開明書店出版詩集《烙印》，受到朱自清、茅盾、王統照和聞一多等先生的讚賞。成爲中國近七十年來的著名詩人。假如他也生當今天，參加模式化的高考，按分數劃線錄取，那肯定要落選，或者也成不了詩人。所以說：及時發現泥土裏的幼芽，識英才於未顯，助幼芽於初露，是教育界永恒的思考命題。

1058　紀曉嵐戲謔和珅

清·紀曉嵐（1724-1805）幽默詼諧，逸聞趣事頗多。他對乾隆信任和珅，任其貪污殃民，固然奈何不得，但對和珅位高權重，一手遮天，卻也憤恨至極，時常冷嘲熱諷。一次，和珅附庸風雅，請紀曉嵐題寫園林匾額，紀不像過去那樣堅拒，很樂意題寫了二個字："竹苞"。和珅得墨寶，叫名工雕刻掛於堂上，常向來客炫耀，自鳴得意。直到某日乾隆聖駕光臨，初也不以爲意，繼而忍俊不禁，揭開奧秘，拆爲"個個草包"四個字，告知和珅，和珅方知受謔，暗恨紀曉嵐。

1059　秦檜與文天祥同是狀元

秦檜與文天祥同是宋朝狀元。秦檜字會之，江寧人，北宋政和狀元，任御史中丞，被金兵擄至北方，成爲金太宗之弟撻懶親信。後被放回，他投見高宗（趙構）謊稱殺死金兵，奪船逃回，因他狡猾點詔，後被任爲宰相，力主和議，殺害抗金名將岳飛，又貶逐張浚趙鼎等許多忠義之臣，使朝政日非，國力衰退，終至國亡，遭到萬世唾罵。文天祥字履善，江西吉安人。南宋寶佑四年（1256）狀元，爲官後力主抗禦外侮，元兵南下時，他募兵勤王，後被任爲右丞相，與元兵談和時被扣留，設法逃歸，歷盡艱險，再次率兵抗戰，兵敗被俘，拒絕誘降，1283 年在大都（今北京）被害，時年 48 歲。

1060　梁啓超的一家

在中國歷史上，很多使人驚歎的文化世家：西漢的司馬談、司馬遷父子；東漢的班固、班彪、班昭一家；唐代的杜審言、杜甫爺孫；宋代的蘇洵、蘇軾、蘇轍兩代……到了清末民國又有了梁啓超一家，真是書之不盡。

梁啓超（1873-1929）可謂天縱奇才，12 歲中秀才，16 歲中舉人，他能破除遺民心態，蔑視陳規陋習，與時俱進，愛國憂民。特別是他對家人能以平等相待，循循善誘，潛移默化。他的弟弟梁啓勳，成爲一代詞學名家；梁啓雄對先秦諸子有獨到的闡釋；他的九個兒

女，梁思成是現代建築學的宗師；梁思永是中國現代考古學的主要
開創者；梁思禮是新中國的著名火箭專家；這三兄弟都是中國科學
院院士。女兒梁思莊是圖書館專家；梁思懿是新中國紅十字會重要
成員；梁思順、梁思甯、梁思達雖不是人中翹楚，也能學以致用屬
於專家的人才；還有一子梁思忠，美國西點軍校畢業，年輕即爲炮
兵上校，可惜 25 歲便犧牲了。這一門望族，很可以說明"遺傳基因"
和家風家教的影響。

1061　　張學良生得光明，死得哀榮

　　張學良於 2001 年 10 月 15 日在夏威夷平靜謝世，享年 101 歲。
他的傳奇一生盡人皆知。雖長期遭受不公正的待遇，過著幽禁生活，
但他畢竟是一位偉大的愛國主義者，光明磊落，淡泊名利，始終熱
愛祖國家鄉。他在年輕時期與楊虎城發動"西安事變"，促成國共
第二次合作，爲抗日勝利作出歷史性的貢獻，受到江澤民在唁電中
稱之爲中華民族"千古功臣"；臺灣同胞也給以崇高的評價，而在
紐約的百零四歲的宋美齡，聞噩耗後，也派專人辜振甫夫人嚴倬雲
代表前往弔唁。張氏可謂生得光明，死得哀榮。

1062　　陳獨秀與胡適的異同

　　陳獨秀與胡適同是安徽人，又同是"五·四"運動發起人之一。
但兩者的年紀、性格、品質、學識和走的人生道路，卻大不相同。
"五·四"時期陳已 40 歲，胡才 20 多歲，當時胡寫那篇《文學改良
芻議》本來是寫給《留學生季刊》用的，不過另投了一份給《新青
年》雜誌，陳收到後即刻發表在《新青年》上，自己也發表了一篇

《文化革命論》加以附和、讚揚和補充。從此風雲際會，"五·四"運動一發不可收。若照胡的設想，先要經過大家討論才付諸行動，最少要推遲十年時間。陳真是急進的革命家，不像胡那樣步步爲營研究研究。這是他們性格、思想的差別。他們兩人對待愛情的差別更明顯。陳敢於和妻妹高君曼同居，又敢逛花街妓院，風流瀟灑，直到老年還與 20 出頭、花枝招展、常高唱流行歌曲的潘姓女士結婚。而胡雖然與表妹曹誠英、美國的韋蓮絲女士有過情戀的糾葛，但總不敢碰出火花張揚於世。至於兩人在學術上一重濟世，一重考證，各走一路，並互相詰難又互相憐惜，更是人所共知的美談。胡曾對陳說：你若不作政治領袖，專心學述研究，想來也不會身陷囹圄。當陳被囚時，胡曾四出奔走營救。而陳也曾對胡說：你若只作學術研究，也許不會被人鄙視。陳曾任中共總書記，而胡自稱是"過河卒子"，後來出任駐美大使，回台後，出任中央研究院院長多年，又曾在臺灣競選總統，這樣說來，兩人又好像殊途同歸了。

1063　　老舍為黃秋耘撰聯

當代廣東作家黃秋耘，於 2001 年 8 月病逝廣州，享年 84 年。他一生艱苦淡樸，朋友滿天下，卻也受到"四人幫"的無情打擊。我記得老舍早年曾爲他撰一聯：

> 一代文章千古事；餘年心願半庭花。

1064　　刺貪詩聯

當今中國到處大談文化，事事冠以"文化"銜頭，而且公然奢言"財能通神"、"金錢萬能"。有人爲此撰聯：

> 衣食住行，莫非文化；吃喝玩樂，敢不拜金。

更有人對買官賣官劣行寫了一首詩：

> 有客匆匆拜早年，相迎恰是二更天；
>
> 紅包訂購青雲路，一紙橫書十萬元。

再有夫婦共同貪污依法受到懲處，有人仿照杭州岳墳前下跪的秦檜與王氏塑像互相指責的口吻撰成二聯：

> 咳，僕本喪心，有賢妻何至若此？
>
> 啐，妾雖長舌，非老奸不到如今！
>
> 哼，賤婦愚哉，非吾直上青雲，何來彩電？
>
> 嗤，莽夫謬矣，是我親縫綠帽，始得烏紗。

1065 張大千與畢卡索以及齊白石

1956年張大千（1897-1983）在法國巴黎會晤世界名畫家西班牙的畢卡索，是轟動當時藝壇的新聞。在會晤中畢卡索捧出五大本畫冊，每本三四十幅畫， 張大千打開一看，全是畢卡索摩仿齊白石的畫法畫的中國水墨畫，畢卡索很認真地說：要談藝術，你們中國人有藝術，其次是日本，而日本也是學習中國的。多年來我深深感到莫明其妙，爲什麼那麼多中國人、東方人到法國學藝術？中國畫很神奇，只用一根線條便把水畫得很生動，使人看到了江河，聞到了水的清香。畢卡索很喜歡齊白石畫的魚蝦，兩人同樣喜歡畫鴿子，寓意世界和平。當時曾邀畢卡索來中國訪問，畢卡索風趣地說：我不敢去中國，因爲中國有個齊白石。齊白石就在1956年93歲時獲得世界和平理事會頒發的1955年度國際和平獎金和獎品、獎章。獎金值當時人民幣35000元，齊白石把一半作爲每年獎給全國優秀畫家的基金。1957 年齊白石走完他 94 年的人生道路，1963 年受世界和平理事會尊崇爲 "世界文化名人。"

1066　　再記袁克文軼事

袁克文（寒雲，1889-1931）是袁世凱的次子，朝鮮婦女金氏所生，緣於清·光緒年間，老袁奉旨出使朝鮮通商，朝鮮國王爲巴結上國使臣，贈金氏等四女爲侍妾。克文自幼聰敏好學，異於常人。性格、品質、行爲與乃兄克定熱中儲君，幫助老袁稱帝迥然不同，老袁於 1916 年稱帝失敗歿後，不數月金氏也病逝。克文分得家財 16 萬銀元，寓居天津、上海，輕財好客，聲色犬馬，沉迷骨董，遊山玩水，結交的達官貴胄、騷人墨客、幫會頭目，名伶娼妓、平民百姓應有盡有。有時還登臺演唱，一度曾嗜好鴉片，弄得體弱神衰，疲憊不堪。不數年，銀元散盡，生活拮据，靠賣文鬻字維持。當時有人把袁氏父子比擬爲曹操父子，克文也以曹植自居，一則才華橫溢，二則受兄克定欺壓。1931 年三月不幸患猩紅熱逝世於天津，他的表弟張伯駒有聯悼之：

> 天涯落拓，故國荒涼，有酒且高歌，誰憐舊日王孫，新亭涕淚？
>
> 芳草淒迷，斜陽暗淡，逢春復傷逝，忍對無邊風月，如此江山。

克文壽命不長，但著作極豐，因不自收拾，大半散失，只有《寒雲詩集》、《寒雲丁卯日記》等幾種存世。所藏書畫文物也多不知下落。我們只知道他的三子袁家騮和夫人吳健雄都是國際上有名的科學家。

1067　　縮寫的名篇

　　宋·范仲淹的《岳陽樓記》和歐陽修的《醉翁亭記》本來已是一篇精煉的散文，也還有人把它縮寫成更精煉，只有原來的四分之一，而風格、意蘊、主旨不變。即使是那首唐詩《靜夜思》："床頭明月光，疑是地上霜；舉頭望明月，低頭思故鄉。"仍有縮小文本流傳。一是：

　　"床前光，地上霜；望明月，思故鄉。"另一是：

　　"月光，是霜；望月，思鄉。"再一是：

　　"月，霜，望，鄉"。

　　這說明中國文字變化莫測，耐人尋味。

1068　　"文化大革命"中的批鬥和打倒

　　據說：在"文化大革命"時期，批鬥，是不需要請示的，揪出來就可以鬥，誰揪出來誰就可以鬥，什麼時候揪出來什麼時候就可以鬥。打倒，也不需要批准，只要上面有人暗示，或者造反派認為應該，把批鬥會一開，口號一喊，就算是罷了官，也就算是打倒了。不過如要打倒黨和國家最高級領導，還得有一個正式的程式，那就是報刊公開點名。點名也分不同形式，一種公開指名道姓，另一種冠以一個特定的名號，例如"黨內最大的走資本主義道路當權派"等等。點名在那個時候，的確是件大事，點不點名，點誰的名，什麼時候點名，怎樣點名，還是一種"待遇"。所以說是"史無前例"，結果釀成"浩劫"。

1069　　毛澤東的虎氣和猴氣

毛毛在《我的父親鄧小平文革歲月》一書中有一段話：

毛澤東曾經自我剖析："在我身上，有些虎氣，是為主；也有些猴氣，是為次。"虎氣，是王者之氣，是霸道之氣；猴氣，是鬥爭之氣，是造反之氣。集此二氣於一身的毛澤東，極其典型的融合了因二氣而造成的雙重性格。他既是主宰者，又是造反者。他以主宰者的身份，發動了造反運動；又以造反者的身份，達到了新的主宰境界。環顧古今中外，只有毛澤東，可以以這樣不同尋常的性格和方式，去造就和追尋他那不斷"革命"的理想。

毛澤東是一個偉人，是一個永遠的強者。他的所想所為，不可以常人而論之。也許這就是他的理想與現實之間常常會出現巨大的差距的原因之一。

1070　　中國第一個打電話的人

郭嵩燾（1818-1891）湖南湘陰人，道光年間進士，授翰林院庶吉士。1853 年開始隨曾國藩辦團練，鎮壓太平軍，1863 年升任廣東巡撫，後又調進總理衙門。1876 年派往當年電話發明地英國任公使。1877 年 10 月間倫敦一工廠主邀請他參加剛發明不久的電話機器，並親自試打。他命其隨從在樓下聽話。郭問："聽聞乎"？隨從答"聽聞。"郭又問："請數數目字"。隨從應曰"一、二、三、四、五。"郭在當日日記中寫道："其語言多者亦多不能明，唯此數者分明。"由此可見，這次通話效果並不如人意。

1071　　劉逸生生平

　　原暨南大學教授、《羊城晚報》編委、著名古典文學專家、詩人劉逸生先生（1916-2001）唯讀過六年小學，自學成才。他一門三傑，長子斯奮（現任廣東省委宣傳部副部長），次子斯翰都以小說、繪畫、古典文學研究著稱，有人比爲"眉山三蘇"；而享年85歲、與陸游同壽，卻逝世於中秋次夜，正是月滿之時。其次，劉氏一生很服膺龔定庵　　，爲龔作《龔自珍已亥雜詩注》、《龔自珍編年詩注》；又著《唐詩小劄》等書，風行廿世紀六七十年代，其功超過王漁洋的《唐人三昧集》，影響很大。《羊城晚報》根據上述情節寫一聯悼念：

　　　　有子比老泉，有壽齊放翁，歸去中秋夜未央，證見天心月滿；
　　　　一生友定庵，一書邁漁洋，風雅五十年不墜，端憑筆底波瀾。

1072　　軍閥練兵

　　過去的封建軍閥練兵，無不在部下頭腦中爲自己造神。據史載：袁世凱統帶的北洋軍各營，都供有袁的長生祿位牌，由軍官向士兵宣傳袁宮保是咱們衣食父母，應該祝願他老人家富貴壽考。每日在操場練兵時，官兵做問答如下："咱們吃誰的飯？"士兵齊聲回答："咱們吃袁宮保的飯。"官長又問："咱們應該對誰出力？"士兵齊聲回答："替袁宮保出力。"袁世凱就是用這些方法把士兵訓練成只知有袁世凱，不知有國家，只知有自己，不知有大清王朝的奴才，曾受到辜鴻銘的笑罵。雖成功於一時，風雲際會於清末民初，但由於政治野心和帝王思想膨脹，逆潮流而行，終被人民打倒，遺臭萬年。

1073　陽翰笙痛輓周恩來

陽翰笙（1902-1993）曾任黃埔軍校政治部秘書，參加北伐、抗日，與周恩來、郭沫若交情深厚，在中國進步文學藝術界建樹殊多。我記得抗戰期間，他編寫的《李秀成之死》、《天國春秋》戲劇，風靡全國，影響很大。抗日勝利後，又編寫攝製《八千里路雲和月》和《一江春水向東流》、《萬家燈火》等電影，推動民主革命運動。到了“文革”浩劫開始，他和周揚、夏衍、田漢等被誣爲“四條漢子”，遭到批判，並被康生、江青投入監獄達九年之久，直到 1975年，才由周恩來營救出來，繼續滿腔熱情工作。因此，1976 年 1 月周恩來逝世時，曾以最沉痛激憤的語言寫下兩首七絕悼念：

> 戰鬥何曾半日閑，嘔心瀝血挽狂瀾；
> 骨灰散遍天涯處，遺恨神州尚未安。
> 九死難酬報國心，纏綿病榻見精神；
> 周公豈懼流言毀，千古中華一巨人。

1074　魯迅誕生 120 周年

2001 年 9 月 25 日是魯迅先生誕生 120 周年，再過 20 多天到 10月 19 日，又是他逝世 65 周年。全國各地開展各種活動紀念，一個全球性的魯迅研討會在紹興舉行，可見事隔半個多世紀，人們還沒有忘記他，他的遺著依然大量印行，他的鬥爭精神依然鼓勵後人，他的思想依然在發酵，依然被熱烈地研究著，好像還活在當代。但魯迅所提出的問題，依然沒有得到徹底解決，例如國民劣根性、中國人的信仰和新文化的建構等等。有許多學者專家認爲：在這廿一世紀，魯迅不光沒有過時，而且和我們更密切了，我們應該學習他的民主、科學和愛國主義精神以及高尚的人格，反對腐朽的拜金主義，反對瞞和騙而樹立真誠的人生態度。一個國家的強大，關鍵在國民精神素質的提高，這正是魯迅超人之處。

1075 關於《阿Q正傳》的戲劇

魯迅先生的《阿Q正傳》於上世紀20年代發表後，就有人把它改編爲戲劇搬上銀幕或舞臺，如王喬南、陳夢韶、袁牧之、田漢、許幸之、佐臨、陳白塵等等。最成功的要算陳白塵改編的電影。最先改編的王喬南曾把意見寫信告知魯迅，魯迅覆信說：“我的意見，以爲《阿Q正傳》實無改編劇本及電影的要求，因爲一上演台，將只剩下滑稽。而我之作此篇，實不以滑稽或哀憐爲目的。其中情景，恐中國此刻的‘明星’是無法表現的。”但魯迅並不阻止別人改編，他告訴改編者“請任便就是”。

1076 難忘的《漁光曲》電影

配音片《漁光曲》是20世紀30年代的名片，使人難忘。它是我國著名電影導演蔡楚生（廣東人）編寫的，王人美、韓蘭根主演，主題歌曲《漁光曲》是配音的，由安娥作詞，任光作曲。該片一經放映風靡大江南北城鄉，連續、反覆放映累月不衰。它反映中國漁民的真實生活，富於革命性，1935年參加莫斯科國際電影展覽會，在21個國家120部影片中脫穎而出，獲得榮譽獎；還在巴黎放映，爲中國影片走向世界邁出重要一步。

1077　　張競生其人

張競生（1888-1970）廣東饒平縣人，是一位轟動全國的特殊人物，被稱爲"性博士"。他曾追隨孫中山先生革命，民國成立以後公費赴法國留學，獲得哲學博士學位，回國後受蔡元培先生聘爲北京大學教授。從此他在業餘研究性學，寫有《性史》一書，認爲性是自然的，合理的，不應該迴避它，而應該大膽享受它。男女平等，也應該表現在性上，女子在性方面也應該享受快樂，採取主動，理直氣壯地要求性的高潮，並舉出許多實例給讀者借鏡學習，使生活快樂，社會美滿，真是言人之不敢言，大受衛道者的攻擊。因此把《性史》書名改爲《新詩》發行，以掩人耳目。在"文化大革命"時期，他這樣的人雖然早已不是當權派或者學術權威，但依然被揪鬥，遣送回鄉，於 1970 年病逝，終年 82 歲。著名學者杜國庠曾感歎：中國不是張競生太多，而是太少，可恨時勢沒有給他造成英雄。今天看來提倡性科學、性教育，確屬不足爲奇，但上世紀初期，竟有這樣學說，就算難能可貴了。

1078　　中國首部反映辛亥革命的新聞片

我們知道中國最早的電影攝製是 1905 年北京豐泰照像館的戲曲片譚鑫培京劇《定軍山》片斷，而最早的新聞片卻是反映辛亥革命的《武漢戰爭》。這片不是電影家攝製，而是魔術家朱連奎攝製的。緣因朱連奎在西歐各國表演魔術，當時當地興起電影事業，大開眼界，便順便帶回一套攝製設備回國，又恰值辛亥革命前夜，怒潮洶湧，便與一間美利公司合作，並徵得起義軍首領的同意，進入戰場實拍。朱連奎與美利公司一個洋人扛著笨重的攝像機器在漢口租界邊緣高樓上搶拍清軍與起義軍激戰的鏡頭，剪貼成《武漢戰爭》，成爲珍貴的歷史資料。

1079　　溥儀的妙言

末代皇帝溥儀（1906-1967）被俘後只經過十多年改造，即獲得特赦釋放，"從皇帝到公民"，自然意外驚喜。1961 年辛亥革命 50 周年紀念在北京舉行，他與武昌放第一槍的熊秉坤（1885-1969），以及原是馮玉祥愛將、國民軍京津衛戍司令鹿鍾麟，同受邀請爲嘉賓，在統戰部副部長張執一有意安排下，他們三人合影留念，極爲親熱，也頗尷尬。熊是辛亥武昌起義的發難者，鹿是 1934 年驅逐廢帝溥儀出紫禁城的執行者，溥儀竟能在這樣的場合幽默地對熊說："謝謝你，你不起來推翻滿清王朝，我是得不到改造的。"又對鹿說："假如你不把我趕出深宮，我哪有今天的新生？"大家相對而笑。溥儀不愧是一位才調不俗、善於應對的人。

1080　　張恨水諷刺劫收

張恨水（1896-1963）雖被人稱爲"鴛鴦蝴蝶派"作家，但在他百多部著作中，也貫穿著人世間的善惡是非，有一定的振聾發聵的價值。其中有一部《五子登科》小說（金子、房子、車子、票子、女子），就是描寫抗日勝利後接收大員"劫收"內幕的，很使人憤慨。他還有兩首詩更把接收大員貪婪本質，刻劃得入木三分：

先持漢節駐華堂，再結輕車返故鄉。

隨後金珠收拾盡，一群粉黛拜冠裳。

收復幽燕十六州，壺漿簞食遍街頭。

誰知漢室中興業，流語民間是劫收。

1081　李登輝難銷官癮

最近報載：臺灣李登輝卸任總統後，住在桃園大溪寬暢的"鴻禧山莊"，但原每月用公帑 30 萬新臺幣租住的臺北士林區"翠山莊"，卻仍留著，享受起"太上皇"的生活，有公務車九輛，22 名隨員，12 位行政人員。只二年中在自己身上已花了大約 1.3 億元新臺幣，其中去年修建"翠山莊"就達 1400 萬，另加設備費 29 萬。他還不甘寂寞，上竄下跳大放其詞，四出爲"台獨份子"造勢，官癮難銷。我由此想起了民國初年的故事：有一位滿清遺下的大官僚去職息影，卻很不習慣，官癮時時發作，朝思暮想終至大病，群醫束手，其中一位親信知其心思，便代書手諭、函劄諭其隨從，出入也令其隨從站班迎送，儼如當年做大官時節，每日再繕寫官吏參拜稟帖數十本，送到病榻請予批閱，以滿足其官癮，這樣才把病治好。我看就讓李登輝上竄下跳、大放其詞去過官癮吧，以免生病又耗費許多公帑。

1082　孫穗芳對國人的期望

最近孫中山先生的孫女孫穗芳發表一篇紀念文章，內容我認爲很實際，道出了中國人的心聲：

"現在，大家都盼望著海峽兩岸實現和平統一，我鄭重呼籲海內外所有炎黃子孫重新認識孫中山……認真學習孫中山的 '天下爲

公’和‘博愛’精神，才能進入心靈建設，將迷失之心改爲智慧之
心，將貪欲之心改爲喜捨之心，將仇恨之心改爲慈悲之心，並且努
力保持中華文化的連續性，努力實踐孫中山臨終的呼聲‘和平、奮
鬥、救中國’……我們的國家和人民經歷了太多的苦難，我們不應
再受苦。我相信海峽兩岸的愛國人士，都能擔負起這個歷史使命，
在互信、合作的基礎上，爲全體中國人謀取最大及長遠的利益，並
爲世界帶來和平。”

1083　　林語堂看魯迅

　　林語堂與魯迅曾經有共事扶持的一面，也有意識相左反目的一
面。1936 年 10 月 19 日魯迅逝世後不久，他即在他主辦的《宇宙風》
雜誌上發表一篇筆鋒犀利、揮灑自如、怪裏怪氣、極具才子氣的文
章，其中有一段是這樣寫的：

　　“魯迅亦有一副大心腸。狗頭煮熟，飲酒爛醉，魯迅乃獨坐燈
下而興歎。此一歎也，無以名之。無名火發，無名興歎。乃歎天地，
歎聖賢，歎豪傑，歎司閽，歎傭婦，歎書賈，歎果商，歎點者，狡
者，愚者，拙者，直諒者，鄉愚者；歎生人、熟人、雅人、俗人、
尷尬人、盤纏人、累贅人、無生趣人、死不開交人，歎窮鬼、餓鬼、
色鬼、讒鬼、牽鑽鬼、串熟鬼、邋遢鬼、白蒙鬼、摸索鬼、豆腐羹
飯鬼、青胖大頭鬼。於是魯迅復飲，俄而額筋浮脹，眶皆欲裂，鬚
髮盡豎；靈感至，筋更浮，皆更裂，鬚更豎，乃磨硯濡筆，呵的一
聲狂笑，復持寶劍，以刺世人。火發不已，興歎不已，於是魯迅腸
傷，胃傷，肝傷，肺傷，血管傷，而魯迅不起，嗚呼，而魯迅不起！”

1084　魯迅的遺囑

1936 年，魯迅大病後逝世前，寫了一篇題爲《死》的文章，給妻子許廣平作了遺囑："一、不得因爲喪事，收受任何人一文錢——但老朋友的不在此例。二、趕快收殮、埋掉、拉倒。三、不要作任何關於紀念的事情。四、忘記我，管自己的生活——假如不，就真是糊塗蟲。五、孩子長大，倘無才能，可尋點小事過活，萬不可去做空頭文學家或美術家。六、別人應許給你的事物，不可當真。七、損著別人的牙眼，卻反對報復，主張寬容的人，萬勿和他接近。"

1085　馬思聰生平

廣東曾有俗話說："天上雷公，地上海豐"，意思是說上世紀初期海豐出了三個大名人：大革命家彭湃，民國政府大官僚陳炯明，大音樂家馬思聰。馬思聰（1912-1987）12 歲時隨大哥馬思奇去法國讀書，先後學習小提琴和作曲，1931 年學成回國，歷任廣州音樂院院長，中華交響樂團指揮，中華音樂學院院長。新中國成立後，任全國文聯常委，中國音協副主席，全國人民代表，首任中央音樂學院院長，作育了許多音樂人才，譜寫了許多優美的歌曲，如：《思鄉曲》、《中國少年兒童隊隊歌》等等。1966 年"文化大革命"開始，他受到迫害，與女兒馬瑞雪出走美國，歷盡萬種艱辛，竟在美國病故。他在美國的 20 多年中，時時懷念故國，創作有：獨唱《李白詩六首》、《唐詩八首》，合唱《家鄉》，小提琴獨奏曲《高山組歌》、《新疆狂想曲》，芭蕾舞劇《晚霞》，歌劇《熱碧亞》等等，都爲中外人士所欣賞。現在廣州藝術博物館特設有 "馬思聰藝術館" 陳設著馬氏的遺物、曲譜原稿、書畫等等，供人參觀。

1086　烈士吳祿貞

老同盟會員、孫中山先生戰友吳祿貞（1880-1911），湖北雲夢人，他原擬在北方與武昌同時舉義，後爲袁世凱偵知，使人暗殺，真的是"義師未出身先死，長使英雄淚滿襟！"此前，他曾任清軍將領，戍邊延吉、琿春一帶保國愛民，深得民心。當噩耗傳到延吉時，萬人痛哭哀號，其中有輓聯：

　　白山峨峨，黑水洋洋，我公之德，山高水長；

　　白山鬱鬱，黑水汨汨，我公之悲，山摧海泣。

　　延琿賴公以有，凶聞相傳，半壁河山齊下淚；

　　英烈爲國而死，招魂痛哭，百靈風雨盡增愁。

現在，他在石家莊的墓已重新修復，湖北家鄉也建起紀念園，園前的馬路定名爲吳祿貞路，作爲愛國主義教育基地。可見後人不忘先烈，碧血丹心，浩氣長存。

1087　日本人的聰明

大概因爲中國的本土文化積累得深厚，才使它很難接收外來的文化，固守的成份多，變化的因素少；而日本文化的形成，是建立在文化引進基礎上的，所以變革比中國容易，經濟的啓動也比中國來得快。記得周作人曾說過這樣的話：日本人摹仿中國文化，卻能唐朝不取太監，宋朝不取纏足，明朝不取八股，清朝不取鴉片，這就是日本的聰明處。現在，中國人也很容易接受外來文化了，美其名曰："與世界接軌"。但願學學日本人的聰明：取其菁華，棄其糟粕。

1088　　"教育" 與 "學生"

清末廢科舉興學校，許多遺老遺少很不習慣，恰巧有一間學校男女同校，鬧出學生相戀生出孩子的事，使遺老遺少幸災樂禍，四出張揚，並擬一對聯加以諷刺：

教育真乃教育；學生正在學生。

這是一副雙關對，意思是說：學校教育真的是 "教" 人生 "育"，學校學生確實是在 "學生" 孩子。但社會是發展進步的，任你怎樣醜化和攻擊，也無法逆轉廢科舉興學校這一歷史潮流。

1089　　陳寅恪一家鴻儒

陳寅恪（1890-1969），江西修水人，是清末維新派陳寶箴（1831-1899）之孫，學者陳三立（1853-1937）之子，陳衡恪（師曾，1876-1923）之弟，可謂一家鴻儒，名滿天下。陳寅恪留學日本歐美，先後任香港大學、廣西大學、燕京大學、清華大學、嶺南大學、中山大學教授，中央研究院院士、中央文史館副館長等職，桃李滿園，著作甚豐，病逝于廣州中山大學任內。

1090　　伍廷芳口才極佳

伍廷芳，廣東新會人，1842 年出生於新加坡，留學英國，歷任駐美國、墨西哥、西班牙、秘魯、古巴等國公使，也曾任民國政府外交部長。非但文才出衆，口才也極佳。當他出使美國時，有個美國貴婦人聽了他的妙論，心花怒放，跑上前去和他握手，並說：我真是十分佩服，我決定把我的愛犬改名爲"伍廷芳"以誌紀念。伍廷芳回答：很好，很好，太感謝了，那麼你以後可以天天抱著伍廷芳接吻了。

我記得廣州越秀山麓在上世紀卅年代曾矗立有伍廷芳銅像一座，後來與長堤的程璧光銅像同樣不見了。

1091　端午划龍舟原是求雨

端午划龍舟這一習俗，一向認爲是爲了紀念屈原或者伍子胥的忠貞。現在有人考證是古人爲了求雨而舉行的。因爲農曆五月正是五穀需水而又苦旱時期。而在古代，我國人民則把龍看作是興雲布雨，執掌旱澇的神物，奉祀爲"龍王"。爲乞求好收成，每於五月暑旱之際便借助龍來乞雨，而端午節划龍舟最爲靈驗。划龍舟時，舟上必置鼓擊之，據說擊鼓可使睡龍醒來，有助於興雨。左思在他《蜀都賦》中把端午節划龍舟擊鼓的目的說得更明白："潛龍蟠於沮澤，應鳴鼓而興雨。"我們一向有句俗語叫做"龍舟水"，似乎也可作印證。

1092　蔡元培的啓事

1935 年 7 月，蔡元培（1868-1940）在報紙上刊出一則啓事——即"三不啓事"：不兼職、不寫字幅、不代人介紹職業。我認爲這"三不"在今天的領導層中也具有深刻的借鑒意義。

啓事云：以元培之年齡及能力，聚精會神專治一事已感到十分

緊迫,若再散漫應付,必將一事無成。故自八月起,畫一新時代,作三項聲明:

第一項,辭去各項兼職頭銜。從民國初年開始,他的“董事長”之類的頭銜共有 20 多個,他一概辭去。

第二項,一向社會上向蔡先生求墨寶的人很多,他認爲自己的書法不佳,也沒有時間應付,同樣一概拒絕。

第三項,他認爲人際間互相幫助求職是正常事,但,社會上已有專門職業介紹所或報紙謀職啓事專欄,靠熟人謀職不可取,敗壞風氣,故也一概拒絕。

1093　　鍾敬文的自省詩

中國民間文學著名學者鍾敬文先生,廣東海豐人,今年已 100 歲了。他在大革命時期,追隨魯迅先生從事文學活動,抗日時期投筆從戎,在第四戰區政治部工作。解放前夕又從香港回到北京,創建中國民間文藝研究會,並任大學教授。這樣一位熱愛國家民族的學者、作家後來竟被戴上“右派”帽子,從 1957 年到 1978 年整整 20 年時間被強迫勞動改造。據說在“文化大革命”期間批鬥他的罪名是“反動學術權威”,他坦然回答道:“我不反動,權威倒有一點。”這些年來,幸喜他身體健康,在北京大學心繫百姓,摸索民俗文化的學理,志在民心民情民風的傳承和改造,培桃種李滿天下,真是一位難能可貴的長者。最近他寫了一首百歲自省詩,很能道出他一生的際遇和志趣:

歷經仄徑與危難,步履蹣跚到百年。

曾抱壯心奔國難,猶餘微尚戀詩篇。

宏思峻想終何補，素食粗衣分自甘。

學藝世功都未了，發揮知有後來賢。

　　按：一生淡泊、進取的鍾老，於 2002 年 1 月 10 日度過百歲華誕一周後，溘然長逝，悲哉！

1094　　聶紺弩以"團級敵特"特赦出獄

　　聶紺弩（1902-1986）於 1969 年被"四人幫"逮捕囚於山西臨汾，判處無期徒刑。1976 年得到友人營救，借黃埔二期學生、團級以上敵特之名，趁 1975 年那批特赦出獄，因此沒有屈死獄中，寫出了很多"文革"紀實詩篇，流傳後世。有人對此作詩紀之：

　　　黃埔英才第二期，奈何軍政兩無爲。

　　　飽經塵世千般劫，獨豎吟壇一面旗。

　　　壯大荒原重悟道，南冠妙筆更生輝。

　　　說來還是當官好，沒有官階赦不歸。

　　按：聶氏黃埔二期學生是實，團級以上敵特是假。他經歷 1926 年前後東征陳炯明後即到上海追隨魯迅先生從事左翼文學工作。

1095　　龔自珍父子迥然不同

　　清末龔自珍（定庵，1791-1841），杭州人，人品詩品均佳，自毛澤東把他的一首詩寫進《關於農業合作化問題》後，更爲人所知所敬。那詩是：

　　　九州生氣恃風雷，萬馬齊暗究可哀。

　　　我勸天公重抖擻，不拘一格降人才。

　　可惜的是他畢竟生命太短促，才享壽 50 歲。他的寶貝兒子龔半倫在他死後的 1860 年英法聯軍攻入北京時候，竟認賊作父，爲外族洋行工作，指引聯軍搶劫圓明園並焚毀之，實在是十惡不赦的人物，印證了"名父之子多敗德"的舊話。說來也是，大樹底下好乘涼，以先人的名聲，作爲生財有道的本錢；以前代的光榮，化作討價還價的資本；以上輩的功勳，充當無惡不作的庇護；以家庭之榮譽，幹出爲非作歹的勾當；這些敗類古已有之，於今不絕，很值得今天的"名父"深思。

1096　　林海音與《城南舊事》

有人說：中國近來多了"靚女作家"，其實"五‧四"前後已很不少，例如謝冰心、謝冰瑩、凌叔華、林徽音等等都是。最近在臺灣逝世的林海音（1918-2001）也是其中之一。林海音出生在日本，以後隨父回到臺灣苗栗故鄉，因不堪受日人壓迫，遷到北京，直到 1948 年返回臺灣，從事她的寫作和編輯工作。她把在北京生活的點滴寫成《城南舊事》，被譯成幾種文字傳播海內外。後由大陸著名導演吳貽弓搬上銀幕。她那份美麗感人的鄉愁情思打動人心，轟動了兩岸的觀衆，留下了很好的名聲，使人懷念。

1097　　徐志摩的魅力

前記徐志摩的原配夫人張幼儀，雖然被徐遺棄，但當徐因飛機失事死難時，還是送了情詞懇切的輓聯哀悼，可見張幼儀不忘舊情，深具"婦德"。更見徐的魅力動人，能夠使人不記前嫌，直到徐死後 50 年，她的娘家人要揭穿徐的虛僞面目和缺德劣跡，她也不同意，認爲要手下留情。甚至到她臨死前的遺囑，還有一項要家人在葬禮上朗誦徐的詩歌，這真使人有點"匪夷所思"。我們都知道梁思成夫人林徽音婚前也與徐頗有感情，當時林徽音與凌叔華、韓湘眉、謝冰心，人稱學生界的四大美人，除謝冰心外，都與徐有不平凡的朋友關係，莫非才子與美人一定要互相吸引？按：張幼儀是當時大名人張君勱的胞妹，出身于書香之家，也曾留學外國。她對徐志摩的單戀愛情，真是"至死不渝"了。

1098　茅盾筆名的由來

沈雁冰（1896-1981）原住在上海從事文學工作，1926 年到了廣州、武漢投身革命。1927 年"清黨"後，回到了上海閉門著作，用四個星期的時間把"大革命"洶湧澎湃的生活寫成《幻滅》，署名矛盾，交給正在編輯《小說月報》的葉聖陶（紹鈞）。葉看後感到很滿意，只是因爲沈是國民黨通緝的人員，署名"矛盾"還是容易引起注意，所以代在"矛"字上加多草頭成爲姓氏的"茅"，再成爲"茅盾"，沈很同意。從此"茅盾"的筆名就一直用下去了。

1099　千古功臣張學良

101 歲老人張學良於 2001 年 10 月 14 日病逝於美國檀香山，千古功臣國人同悲，有人輓聯哀悼：

> 正氣壯西京，口碑猶在，異邦有幸埋忠骨；
> 丹心昭北滿，大義永存，名士無緣復國仇。
> 生爲人傑，諫蔣有功，永存浩氣千秋頌；
> 死作鬼雄，禦倭未果，難掩風流一瓣香。

　　張學良雖不是文人，卻也懂得文事，一生寫了不少詩聯，情真意切，流傳頗廣。現在記些有關聯話如下：

　　一、1931 年"九・一八"後，他作爲"替罪羊"愧恨交加，曾寫一聯送給曾任吳佩孚秘書的楊雲史以自責：

　　　　兩字招人議不肖；

　　　　一生誤我是聰明。

　　（兩字即"少帥"，當時年輕，政治上還不成熟，不自覺的做了"替罪羊"。）

　　二、1980 年幽居臺灣的張學良 80 壽辰，老友張群、張大千前來祝賀，他感慨萬千，寫了一聯分贈客人：

　　　　感知遇，三張有幸閑聚首；

　　　　愧漢卿，一世無爲夢成灰。

　　（上聯抒發了他對老友前來看望的感激之情；下聯流露出自己一生蹉跎歲月的愧悔以及往事不堪回首的感傷。）

　　三、1995 年張學良和趙一荻安居檀香山，國內許多親友去看望他，他把一副充滿激情的對聯複印好分贈來人：

　　　　手捧聖經心在國；

　　　　身居異域夢歸宗。

　　（其中意味深長的是"心在國"，"夢歸宗"，但他至死爲祖國的統一和復興而深謀遠慮，猶豫、遲疑，未能圓他的"歸宗夢"，良可慨也！）

1100　　孫中山女婿戴恩賽是五華人

　　孫中山先生女婿戴恩賽（1893-1955），是廣東五華人，現在知道的人不多了。《總理遺囑》上有他的簽名，當時他隨侍在側。他是 1921 年 3 月在澳門和孫先生次女孫婉（1896-1979）結婚的，生有子戴永豐、女戴成功。

戴恩賽 1913 年畢業於上海聖約翰大學，同年考入北京清華學校（今清華大學前身），次年又由清華學校資送赴美留學，入哥倫比亞大學攻讀國際法，1918 年回國，任廣州軍政府外交部秘書、政治組組長、外交委員會委員等職，1929 年 2 月任駐巴西全權公使，孫婉隨往，1933 年回國。1949 年 10 月，除戴永豐留在廣州讀書外，其餘全家遷澳門盧慕貞老夫人處定居。後戴永豐因科學實驗中毒逝世，戴恩賽也於 1955 年 1 月病逝澳門，從此孫婉與女兒戴成功相依為命，1979 年故世，享年 84 歲。戴成功以後情況如何，尚待調查。

1101　　民國時代謾罵公安分局的對聯

最近坊間有《絕罵奇觀》一書出售，它收錄了許多民國時代謾罵當局的詩聯，雖說缺少蘊藉含蓄的甘美，卻也粗厲尖刻得使人解氣，現舉謾罵公安分局的一聯：

公安怎樣公？豬公、狗公、烏龜公，公心何在？公理何存？
每事假公圖利祿；
分局什麼局？酒局、肉局、大煙局，局內者歡，局外者苦，
幾時結局得安寧？

1102　　紀曉嵐又嘲太監

乾隆寵臣紀曉嵐（1724-1805）風流倜儻，趣事很多，似乎他對閹宦的嘲弄特別感興趣。有一年初冬，他又碰到做了宮中總管的老

太監正在讀《春秋》，並隨口送一聯給他：

> 小翰林，穿冬服，搖夏扇，此部《春秋》曾讀否？

這對聯巧妙地嵌入了"春夏秋冬"四字，同時還帶些嘲弄，意思是說：你這小傢伙，雖號稱翰林，《春秋》你有沒有讀過？紀曉嵐當然不願受此嘲弄，隨即對以：

> 老總管，生南方，長北地，那個東西還在嗎？

這下聯很淺白生動，切中對方的生理特點，而且用"南北東西"對"春夏秋冬"，可謂惡毒之至。

當時幾個太監爲老總管打抱不平，紛紛提出上聯要他對下聯，對不好便要挨揍。一個太監道：

> 三元解會狀。

（三元指科舉鄉試的頭名爲解元，省試的頭名爲會元，殿試的頭名爲狀元）這上聯很難對，一上來便用了"三"字，後面"解會狀"和"三"呼應，要對下聯絕不能用三，以免重複，如用其他數位，後面的三個字很難呼應，似乎已成爲孤對。但紀曉嵐不愧是天才，隨即對以：

> 四季夏秋冬。

幾個太監一聽就叫："不行，四季只說了三個季，沒春！"紀曉嵐一邊跑一邊說："笑話，你們太監哪裡來的春？"（春是男生殖器的俗名。）

1103　范仲淹一句名言救子孫

有道是"大樹好遮蔭"，古往今來靠大人物牽引而發達的人不少，更有靠祖宗的一句名言而度過鬼門關的。據史載：明初范從文，字復之，在任監察御史時被同僚誣陷，背著忤旨罪被判死刑。恰逢朱元璋皇帝到大理寺視察，親自審判范從文，知道他是宋朝《岳陽樓記》作者范仲淹的第十二代孫，動了惻隱之心，乃命人拿筆寫下"先天下之憂而憂，後天下之樂而樂"賜給范從文說；"赦你不死"，改判充軍甘肅。朱元璋得天下後，雖然殺人如麻，卻也有這段悲天憫人的做法，可謂難得。

1104　　康熙帝的科學精神

清初康熙皇帝很有科學精神，很早接受西方文化，無論數學、天文、地理、光學、醫學等等都很有興趣。他在宮廷中設置小旗以測風，並要各地上奏晴雨風雪的情報，從中得出"千里不同風，百里不同雨"的結論。還有，書本上"螢囊照讀"的故事流傳很久，從未有人懷疑或者否定，而他卻經過實驗證明小小螢囊發出的光很微弱，而且有帛囊阻隔，實在無法照讀。這說明讀書不難，難的是不迷信書本而獨立思考。有疑問又能像康熙這樣用實驗方法解決疑問，那就更難了。

1105　　中國的歷史地理學

當代一些青年學生很漠視歷史地理的學習，其實歷史地理學是探索自然界和人類社會的重要科學之一。近年來中國的歷史地理學者，在參與黃河、海河的治理，長江口、杭州灣的開發，地震、旱澇、海平面下沉等災害的預防，城市和地區的規劃，植被和環境的保護，以及沙漠化的防治，古河道和地下水的利用等方面，都作出偉大的貢獻和效益。我們對中國歷史地理的源頭，可以追溯到二千多年前，先秦的《山海經》描述當時的地理狀況，並反映了更早的歷史。《禹貢》問世於戰國後期，是中國最早的地理專著，《史記》中的《貨殖列傳》論述各地區的地理環境和歷史文化等等背景，《河渠書》記錄了傳說中大禹治水以來的全國水系、水道、水利工程，以及西漢一百多年間黃河下游河道的變遷。而東漢班固的《漢書·地理志》，更是全面系統的歷史地理的記錄和研究。所以說，我們在歷史地理學方面源遠流長，成績斐然，既不可夜郎自大，也不應妄自菲薄。

1106　　陳衡恪生平

前記有《陳寅恪一家鴻儒》有衡恪之名，而未記其生平，現在補記一二：

衡恪字師曾（1876-1923），曾留學日本，回國後從事美術教育，善詩文書法，尤長繪畫、篆刻，曾得吳昌碩點撥，取法前人結合寫生自成一家。他淡化官場，與齊白石深交，時常切磋琢磨藝事。齊非科班出身，初爲一般士大夫輕視，衡恪盡力爲其吹噓，使齊名聲鵲起。可惜壽命不長，只活到48歲，遺作不多，卻留下不少論著。他死時老父陳三立尙在，白頭人弔黑頭人，深爲悲痛。梁啓超說是"中國文化的大地震"，吳昌碩輓以"朽者不死"，齊白石刻一"憶君腸欲斷"印章悼念，也算是哀榮備至了。

1107　　《申報》與史量才

史量才（1878-1943？）是我國報業巨頭《申報》的總經理，原籍南京，前清秀才，卻拋棄科舉，20 歲到上海任教，對辛亥革命卓有貢獻。1921 年買下《申報》館，接著又買下《時事新報》、《新聞報》股權，人稱"報業大王"，自任《申報》館董事長、總經理，大加革新，對當時的黑暗政治的揭露和抨擊不遺餘力，是當時最有名的大報。特別在上世紀 30 年代，他聘請新從法國留學歸來的黎烈文任《自由談》副刊主編，網羅魯迅、茅盾、曹聚仁、陳子展等許多左翼作家供稿，惹得當時的蔣政權大爲不快，恨之入骨，但史量才卻鐵骨錚錚，不怕威脅壓迫，我行我素，甚至還說："委員長擁有雄師數十萬，我也有讀者數十萬。"結果，槍桿子豈能放過筆桿子，他於一次赴杭州就醫返回上海途中，在海寧附近被特務槍殺，沉冤莫雪，無可奈何。

　　按：《申報》於同治壬申年（1872）由英人集資一千六百兩銀元創刊，到光緒末年的 1908 年，以七萬五千元的代價將全部產業轉讓華人。從 1872 年創刊到 1949 年上海解放停刊，前後 77 年，是我國歷史上最長久的大報紙，對研究我國近百年史有重要的參考價值。

1108　　貪官振振有詞的怪論

　　2001 年 12 月 25 日的《羊城晚報》有一則貪官振振有詞的怪論，很可以編入"新官場現形記"。說的是原廣州市白雲區人大副主任衛紀鎏，在擔任白雲區房地產開發公司經理、區建委主任、區建設局長兼黨委書記時，貪污受賄百多萬元，據供稱都是建築商、包工頭孝敬的。公訴人問："你到香港出差有公家的旅費報銷，爲什麼還要建築商的'零花錢'？"衛答："應酬多，公家的錢哪夠用？"公訴人又問："他們爲什麼要送錢給你？"衛答："最主要的是我們工作感情、私人感情深厚。當然他們可以獲得一些工作上的便利，但是次要的。"

1109　　聰明竟被聰明誤

同上日期的《羊城晚報》還有一則新聞：原河北省國稅局局長
兼黨委書記李真，34 歲便任該職，曾大刀闊斧進行改革，把落後的
稅收大大提高，被譽爲"少年英雄"，名噪一時。但後來私欲膨脹，
一路貪污受賄千多萬元，卻仍然慷慨激昂教育部屬要好好做公僕，
如有貪污瀆職說情送禮的查辦不貸，以擡高自己的身份和威嚴。同
時也照舊謀求政績，增加稅收，並繼續貪污受賄，待機升官。他這
種陰陽兩面手法，自以爲很聰明，但結果醜事揭露、聰明反被聰明
誤，再追悔也遲了。

1110　　兩首元旦詩

2002 年元旦，我讀了兩首半個多世紀以前詠元旦的名人詩詞，
轉錄如下：

> 寧化、清流、歸化，路隘林深苔滑。
>
> 今日向何方？
>
> 直指武夷山下。
>
> 山下山下，風展紅旗如畫。

這是毛澤東在 1930 年 1 月寫的《如夢令·元旦》，真是一幅美妙
的戰地風景畫。全詞淋漓盡致、清新流暢，充滿樂觀、昂揚的革命
豪情。又 1942 年，董必武作的《元旦口佔用柳亞子懷人韻》七律，
說的是那時抗日戰爭正在最艱苦的時候，更加充滿勝利的信心，以

精忠報國換取樂土安家的壯志：

> 共慶新年笑語嘩，紅岩七女贈梅花。
>
> 舉杯互敬屠蘇酒，散席分嚐勝利茶。
>
> 只有精忠能報國，更無樂土可安家。
>
> 陪都歌舞迎佳節，遙祝延安景物華。

1111　記作家葉永烈

　　清·趙翼的詩："江山代有才人出，各領風騷數百年"，道出了"人間正道是滄桑"的哲理。中國當代文學界也不少著名作家，雖說可能不如前代的魯迅、茅盾等人，但二月河（淩解放）的清朝帝王系列小說，倒也風行一時。至於 61 歲的葉永烈，顯然是"江南才子"，11 歲發表詩作，18 歲起發表科學小品，20 歲出版第一部科學小品集《木炭的一家》，21 歲成爲《十萬個爲什麼》主要作者。此後多年從事科普創作，再轉向紀實文學創作，如《王洪文傳》、《張春橋傳》、《江青傳》、《姚文元傳》、《毛澤東和蔣介石的早期交往》……累計有一千多萬字，都是暢銷書。現在他還正在創作的盛年，以後的作品有多少，我們實在難以預計。

1112　蘇曼殊的佳句

　　年輕人總是帶些浪漫主義色彩的。我記得 60 多年前駐防在潮安城外，抵抗日寇，當時雖然過著緊張、艱苦的戰場生活，卻依然充滿抗戰必勝的信念和對美好事物的憧憬。一天，善於書法的林君績司令要爲我寫一副對聯相贈，問我寫什麼好，我竟不暇思索提出一代革命詩僧蘇曼殊（1884-1918）的佳句：

壯士橫刀看草檄，
美人挾瑟請題詩。

1113　　寓言詩話

俗語說："尺有所短，寸有所長"。人與人，物與物互相配合，互相作用，才構成多姿多彩的世界，也才有堪稱最好的東西。"牡丹雖好，也要綠葉扶持"同樣是這個意思。民間相傳有茶、酒、水賦詩言志的故事，道出茶與酒自誇實屬狂妄淺薄，而水卻說得合情合理。可惜當今之世，類似茶與酒的人太多了。原詩如下：

茶：戰退睡魔功不少，助成吟詠更堪誇。

　　敗家亡國曾因酒，待客如何只飲茶？

酒：瑤台紫府薦瓊漿，息事和親意味長。

　　祭酒筵賓先用我，何曾說著淡黃湯？

水：汲井烹茶歸石鼎，引泉釀酒注銀瓶。

　　兩家且莫爭閒氣，無我調和總不成。

1114　　"黎家山水"耀人間

曾受魯迅愛護過的畫家、書法家、木刻家賴少其先生才逝世不久，2001 年 12 月，嶺南畫派第二代畫家黎雄才先生又告仙逝，享年 93 歲。黎先生從事美術教育半個多世紀，嚴謹教學，曾編印 300 幅的《黎雄才山水畫譜》供作教材。他一生創作甚豐，獻給廣州"嶺南畫派紀念館"和他故鄉高要黎雄才藝術館的就各有百幅。我曾在抗日時期得到一幅《嘉陵江縴夫圖》，一看便知道他著重寫生，師法

自然，一如乃師高劍父，但又自成一家，人稱"黎家山水"，不僅
表現出山水的造型美，更蘊含著山水的意境、生命和精神。1954 年
武漢遭受百年一遇的水災，他參加救援，創作了《武漢防汛圖卷》，
震動畫壇，譽爲"抗洪史詩"。到他 80 歲時，還親歷珠江源流創作
《珠江長卷》，完成 60 米長到達兩江段，卻因腿跌傷無法再續了。
他的逝世，是中國藝壇一大損失。他的學生、嶺南畫派紀念館館長
陳金章輓云：

> 一輩子奮筆耕耘，嶺表奇葩增異彩；
>
> 五十年耳提面命，音容宛在念恩師。

又張作斌也以一首七律悼念：

> 嶺南飲譽雄才老，擅繪松風擅繪川。
>
> 香墨點成疏密樹，銀毫揮就淡濃山。
>
> 丹青豈獨名寰宇，盛德猶將照世間。
>
> 壽命幾人能百歲，高標千載自流傳。

1115　數位詩

　　中國文化經過五千年的承傳創造，真是千姿百態，博大精深，
歎爲觀止。詩人楊光治搜集到的一些數位詩，就是一例。本來數位
是枯燥無味的，詩歌卻是形象的，但經過巧妙的構思，也會轉化爲
優美的詩歌語言，達到藝術的境界。宋代詩人邵雍有一首七絕：

> 一去二三里，煙村四五家。
>
> 亭台六七座，八九十枝花。

　　詩人匠心獨運，把一至十的數位嵌入詩行中，描寫出清新秀麗
的春景圖。又據傳清代的鄭板橋也曾寫了一首《詠雪》：

> 一片二片三四片，五片六片七八片。

千片萬片無數片，飛入梅花總不見。

前三句用多個數位重疊地描繪雪片紛飛的景象，平凡得很，但最後一句"飛入梅花"，就使讀者隱然感到散發出來的冷香，提高了韻味，也算是數位詩的精品。

1116　倫文敘題畫諷刺庸官

南海"廣東才子"倫文敘，也寫過一首諷刺的數位詩，一次某官員拿出一幅古畫《百鳥朝鳳圖》請他題詠，他沉思片刻即揮筆寫下四句：

天生一隻又一隻，三四五六七八隻。

鳳凰何少你何多，啄盡人間千萬石。

從表面看來，前二句毫無味道，實際上卻是巧思的結果：第一句用簡單的加法共有鳥二隻，第二句用乘法和加法（3×4=12、5×6=30、7×8=56 相加）等於 98，二句合起剛好 100 只，與《百鳥朝鳳圖》切合，你說巧不巧？特別有意思的是：後二句說鳥白白吃掉許多人間五穀，以諷刺尸位素餐的官員，這就不是單純的數位遊戲了，妙極。

1117　頭髮的故事

世界上有關頭髮的故事很多，而最多又最可怕的，我看莫如中國。發生在上古的不算，即在明末以來的這四百年間，著名的就有如下的幾次，至今提起還是使人毛骨悚然：

1645 年 6 月 15 日清兵入關，頒佈了"剃髮令"：京城內外，限

10 日內，各省限自詔令到日起，亦限 10 日，官軍民一律剃髮，遲疑者按逆賊論：斬。按：當時漢族男子未成年，頭髮覆頸披肩，成年後總髮爲髻。滿族則不然，僅留顱頂髮，編成辮子，垂在腦後。清廷把剃髮作爲歸順的標誌之一，"留頭不留髮，留髮不留頭"。這"剃髮令"是實行了。到了咸豐元年（1851）1 月 11 日，洪秀全在廣西金田村舉義，建立太平天國，發佈的徹文中提出 206 年前的老帳：說"剃髮令"迫人拖一長尾巴在後，類似禽獸，頒佈了一道"蓄髮令"，同樣嚴厲，要保住腦袋，就得蓄髮，違則斬。（所以歷史上太平天國有"長毛"之稱）這樣，留起了頭髮便算歸順了太平天國，卻反了清朝廷，留與不留都可能殺頭，於是人們苦了。再過 60 年到了 1911 年武昌起義民國成立後的第 29 號公報中又規定：令到之日限 20 日，官軍民一律剪掉辮子，有不遵者以違法論。這次回應者最多，僅廣東就有 20 餘萬人，但也有遺老遺少如辜鴻銘等人仍留著辮子的。又沒有想到時間到了 1917 年 6 月 14 日，張勳的"辮子軍"開進了北京，擁溥儀復辟，於是剪了辮子的人慌了，假辮子流行，頭髮的價值大大提高。好在只流行了 12 天，"討逆軍"攻入北京，張勳倉皇逃入荷蘭使館，溥儀再次宣佈退位。算起來我們中國人從"剃髮令"到張勳復辟，足足被折磨了 272 年，不知道有多少人頭顱落地？更不知道有多少人爲此而驚心動魄，痛苦含冤？至於前不久的十年文革，紅衛兵拿留長頭髮的男女遊街批鬥，那屬於"小菜一碟"，不提也吧。

1118　　文壇排名

　　百年來中國文壇不知道產生了多少作家。有人像《水滸》那樣把他們排座次：魯（迅）、郭（沫若）、茅（盾）、巴（金）、老（舍）、曹（禺），看來也頗合理。但最近又有青年教授把茅盾剔除，而以大俠金庸塞入，引起意見很多，排出更多的不同座次。其實時間推移，大浪淘沙，人事滄桑是正常的。作家李育中有詩爲記：

> 茅盾於今頗背時，沉沉《子夜》漏遲遲；
> 少年論客嬌憨甚，卻對金庸大佈施。

1119　改動唐詩舉例

中國人歷來有把唐詩改動、藉以抒發思想感情的習慣，也算是"古爲今用"的一種。魯迅先生在東北淪爲日寇殖民地、華北繼續受侵淩、北平搬運古物南下的時候，便改動崔顥的《黃鶴樓》詩，給予不抵抗主義者以鞭撻：

> 闊人已騎文化去，此地空餘文化城。
> 文化一去不復返，古城千載冷清清。
> 專車隊隊前門站，晦氣重重大學生。
> 日薄榆關何處抗？煙花場上沒人驚。

這詩已把當時北平學生既不能愛國，又不能避難，以及官員在煙花場中醉生夢死等等現象都說到了。時至今日，這類改作唐詩已成家常便飯。例如有的學生對學校環境不滿，便改動孟浩然的《春曉》加以質詢：

> 春眠不覺曉，處處蚊子咬。
> 灑上敵敵畏，不知死多少？

還有學生反對作業過多，負擔過重，把李紳的《憫農》改成：

> 學習日當午，汗滴腳下土。
> 誰知作業本，字字皆辛苦。

更有農村的農民不滿城鄉差距，也把《憫農》改爲如下的句子以調侃戲謔：

鋤禾日當午，汗滴禾下土。

誰知城裏人，天天在跳舞。

1120　　中國的貪官

也許中國經歷封建社會太久，似乎貪官特別多。民諺有"三年清知府，十萬雪花銀"，假如知府不太清白，那就不是十萬而是百萬、千萬、億萬了。還有一首詩不知道是誰寫的，把離職貪官寫得淋漓盡致，入木三分：

來如獵犬去如風，收拾州衙大半空。

只有江山移不動，也將收入畫圖中。

意思是說：貪官像獵狗那樣一來便東嗅西尋，盡力搜括，再像大風那樣捲走不留，只有地皮無法移動，也畫成圖帶回家去欣賞，直把貪官面目描寫得惟妙惟肖。

1121　　康有為的三太太

1898 年維新變法失敗，康有爲（1858-1927）逃亡美國，到處活動、演講，名聲很大，影響深廣。有一位華僑女子叫何金蘭，年十七歲，通曉四國文字，中西文化，能歌善舞，深具愛國思想。一次，康有爲正在當地舉行演講會，何女士與一些姊妹前往聽講，竟爲康的才學思想所折服，萌生愛情，經過與家庭的曲折鬥爭，終於結成夫妻，人稱三太太，同遊世界各地。當時康是"欽犯"、亡命窮徒、原配和二太太健在中國，又是年近花甲的老人，竟有如此殷富華僑的文明活潑、如花似玉的十七歲少女癡心相愛，真可謂豔福不淺了。1913 年康母去世，這時民國也已建立，夫婦回國奔喪，全家住在上海，結束了流亡生活。何氏育有子女各一，子康同凝，1968 年被造反派迫害致死；女康同俠，1927 年車禍喪生，何氏也紅顏薄命，1914 年患猩紅熱病逝，年僅二十四歲，葬于江蘇金壇縣。

1122　　柳亞子詩頌丘逢甲

最近臺灣的李登輝、陳水扁等人走著"台獨道路"，越走越遠，國人加以抨擊，並懷念起清末抗日保台的愛國志士丘逢甲先生（字滄海）。我記得 1916 年老同盟會員、"南社"領袖柳亞子曾有詩頌揚丘氏：

> 時流競說黃公度，英氣終輸滄海君。
> 血戰台澎心未死，寒笳殘角海東雲。

1123　　康生其人

四人幫"覆歿後，一切野心家都現出了原形。非等閒之輩的康生，是江青的同鄉，並為她與毛撮合聯婚，生前雖多行不義，人神共憤，死後受到開除黨籍處分，但一貫善變，堅持以"階級鬥爭為綱"，又由於他確實多才多藝，擅長鑒賞、書畫，常以"魯赤水"署名作畫，意與齊白石並駕齊驅。更對《聊齋誌異》有深長的研究，連毛澤東的秘書、有名的大秀才田家英，也對他相敬如賓。有人說：他與歷史上秦朝李斯、宋朝秦檜、明朝嚴嵩相似，都以書畫詩文名世，但心術不正，德行不彰，自作聰明，卻被聰明誤了。

1124　　蘇東坡的人生感悟

　　蘇東坡（1036-1101）21 歲中進士，44 歲謫居黃州四年，58 歲謫居惠州、儋州共六年，北返途中患病，一年後逝世，享壽 65 歲。他從 21 歲到 65 歲，十年謫居，其餘 30 多年在密州、徐州、杭州、登州、湖州任太守，後來還入朝任過吏部、兵部、禮部尚書高位，可謂歷盡人生的酸甜苦辣鹹，所以他悟出了世事有如白雲蒼狗，變化無常，"舊時王謝堂前燕，飛入尋常百姓家，" "縱有千年鐵門檻，終須一個土饅頭，" "古墓犁為田，松柏摧為薪，" 等等道理，寫下一首千古絕唱為後人傳誦：

　　　　人生到處知何似？應似飛鴻踏雪泥。

　　　　泥上偶而留指爪，鴻飛那復計東西？

1125　　章太炎與杜月笙

　　國學大師章太炎（1869-1936）晚年脫離時代，是大家都知道的事，所以所作所為遠不如青壯時期的潔淨清白正氣萬丈。例如他索居蘇州，雖然名聲在外，但窮得可以。有一次章的侄子在上海與人發生糾紛，乞求解救。章氏一個窮儒無權無勢，情急之下便修書一封請上海流氓頭子杜月笙幫忙。杜不僅鼎力照辦，還親到蘇州拜見，臨別還在茶几下放著千元銀票，算是孝敬的見面禮物，章氏自然感激不盡，極為讚賞。嗣後屢接孝敬，越來越重，兩人的關係也越來越深，不惜以大師的崇高身份，為杜修訂家譜，受到時人指謫。這大概是章氏始料不及的。但從章氏一生行誼評論，也正像魯迅先生所說的 "瑕不掩瑜"。

1126　廖沫沙冷眼看"文革"

我們都知道，"文革"時期挨批挨鬥是很殘酷的。挨批就是挨罵，挨鬥就是挨打。"三家村"的一員廖沫沙（其他二人是吳晗和鄧拓）認爲這簡直是開玩笑，是惡作劇，滑稽可笑，以極其輕蔑的態度對待。他在被鬥得低頭彎腰時候，竟默念著"大慈大悲南無阿彌陀佛、救苦救難觀世音菩薩"，以減輕肉體上的不舒適和取得精神上的勝利快感。最後還發展到背誦古典詩詞、改作古典詩詞和創作古典詩詞。他開始背誦的是：

> 雲淡風輕近午天，傍花隨柳過前川。
>
> 時人不識余心樂，將謂偷閒學少年。

背誦三二次以後，覺得與現狀不對路很乏味，便改成：

> 雲淡風輕近午天，彎腰曲背舞臺前。
>
> 時人不識余心樂，將謂偷閒學拜年。

他經過背誦和改作，感到樂趣無窮，再發展到創作，例如前記二首之一：

> 書生自喜投羅網，高士如今愛折腰。
>
> 扭臂低頭噴氣舞，滿場爭看鬥風騷。

據說這些詩曾給共患難的吳晗同賞，吳晗也受到很深切的感動，情緒也輕鬆許多。但吳晗畢竟沒有見過這殘酷的世面，與鄧拓早早被迫害致死，而廖沫沙卻活到 1990 年病逝，寫了許多可圈可點如上的好詩文傳世。

1127　貪泉與廉泉

　　廣州市的石井石門有一泉，東晉河南鄲城人吳隱之任廣州刺史
時，傳聞以前許多官吏飲此泉而貪，認爲貪與否取決於品德與行爲，
與飲泉無關，特意大飲該泉並賦詩一首以示決心正大光明：

　　　　古人云此水，一酌懷千金。縱使夷齊飲，終當不易心。

　　後人仰慕吳刺史廉潔愛民，立貪泉碑於泉旁紀念。千百年來幾
經變遷，該碑於前世紀六十年代由廣州博物館移到觀音山鎮海樓下
碑廊保護，供遊人欣賞。另東莞市黃嶺山也有一泉水質清甜，人稱
廉泉，宋·紹熙二年（1191 年）張勳任東莞縣令時，在黃嶺山建廉
泉寺和廉泉庵。這貪泉與廉泉名稱雖然對立，而實質卻同有倡廉反
貪之意，寄託著善良人民的愛憎情懷。

1128　　李德倫德藝雙馨

　　我國當代著名指揮家、交響樂事業的開創者李德倫，不幸於 2001
年冬病逝。他德藝雙馨，只講奉獻，不計報酬，使人敬仰。1995 年
李大師年近八旬，他的學生葉慧深等，擬請他到珠海講交響樂課，
他滿口答應。但他因雙腿不靈，約法三章：第一不見領導；第二不
見記者；第三不要請吃飯，只要叫人把白粥與鹹菜送來我房子就行，
我吃飽了給你們講課就是。這與時下有些歌星影星以及其他的什麼
星大開獅子口索取高酬，動輒罷唱罷演，還要住大賓館坐小車相比，
真使人感慨繫之。

1129　　劉成禹詩讚小鳳仙

　　1915 年名妓小鳳仙幫助蔡鍔將軍脫離北京虎口，到天津轉日本
長崎，再歷盡艱險到達雲南舉起討袁大旗，得到全國回應，卒使袁

皇帝倒臺氣死，這事大家耳熟能詳。當時老同盟會員、民國史家劉成禺曾有一詩讚歎：

當關油壁掩羅裙，女俠誰知小鳳仙？

緹騎九門搜索遍，美人挾走蔡將軍。

第四句"挾走"一語雙關，一指小鳳仙有迷人的魅力，二指小鳳仙有救人的義膽與手段。

1130　賈似道的下場

南宋權臣賈似道，身爲國舅卻不知自愛，獨攬朝政，爲所欲爲，霸佔京城臨安（今杭州）的葛嶺，建造私人的花園別墅，終日與姬妾們鬥蟋蟀爲樂。他還利用權柄命爪牙大做鹽販，徵集百數十隻大船運鹽到京城各地專賣，大撈一把，有人寫詩諷刺：

昨夜江頭湧碧波，滿船都載相公鹺。

雖然要作調羹用，未必調羹用許多。

這詩傳到賈似道，竟怒把作者下獄治罪，依舊我行我素。到了1275 年元兵南下，奉詔率兵迎敵大敗，受到彈劾，皇帝只好下令抄家，貶謫邊區，後被監押人員鄭虎臣殺死，人財兩空，一生的心血都白費了，而且遺臭萬年。但多少年來中國歷史上像賈似道的人物屢見不鮮，是不是歹種惡苗的生命力特別強大？

1131　冼星海簡歷

當代音樂家冼星海（1905-1945），廣東番禺人，（現屬廣州市）青少年時期在廣州嶺南大學附屬中學讀書，後考入上海國立音樂學院，再到法國巴黎留學。抗日戰爭時期，他創作了許多進步歌曲傳唱全國，激勵抗日鬥志和信心。最有名的是《黃河大合唱》。後到蘇聯，1945 年病逝，正在英年。

1132　展望未來，高歌猛進

2002 年元旦，廣州市民特別熱烈送舊迎新。過去了的 2001 年，我們的祖國確實喜事重重，激情滿懷。別的不說，僅舉幾件大事：7 月 13 日北京申辦 2008 年奧運會成功；10 月 7 日中國足球隊獲得參加 2002 年韓日世界盃大賽，實現 40 多年衝出亞洲走向世界的夢想；10 月 20 日成功在上海舉辦亞太經濟合作組織會議，包括美國總統布希、俄國總統普丁在內的 20 多個國家和地區領導人參加，令世人矚目；11 月 10 日中國正式通過加入世界貿易組織，成為世貿成員，結束了 14 年談判的歷程；還有，2001 年全世界經濟陷入不景氣，獨有中國保持高速增長的態勢，各條戰線都有驚人的成就。這些大事在一年中出現，怎不使人歡欣鼓舞？展望 2002 年，應該更加自豪地高歌猛進，從勝利走向勝利！

1133　為韓美林、周建萍夫婦祝賀

最近韓美林藝術展又在北京舉辦，這已是在北京舉辦的第五次，有書畫、雕塑、陶藝、裝飾等等，真是多才多藝品高人勤，贏得人們尊崇的大家。他的新夫人周建萍既是才女又是靚女，是在惺惺相惜的情況下結合的。周女士對人說："我不是嫁給他，我是為藝術而照顧他。"我們為有這一對相愛相依相攜並進的美滿眷屬衷心祝賀！

1134　美女的價值

美女的力量在今天的中國可謂無比的偉大。拉個廣告要美女，推銷保險要美女，公關文秘，連辦公室的清潔工也要美女，茶樓酒肆和一切服務行業更要美女，居然在招工廣告中以美女爲優先。假如到書店去翻翻書刊，小說是"美女作家"寫的美女苦悶呻吟或閨中隱私；雜誌封面是美女頭像或大腿豐乳。總之，美女統帥一切，使人眼花繚亂，想入非非，拜倒石榴裙和高跟鞋下。遺憾的是偏偏有些美女不爭氣，少讀書少看報，鬧出一些笑話，丟人現眼。例如著名影星趙薇——小燕子，竟穿上有日本軍旗的服裝，爲某雜誌作封面女郎，引起軒然大波，受各方面的指謫，任你一再公開道歉也無濟於事，還受到人身襲擊，聲價大跌。還有奧運會跳水冠軍伏明霞，更出了二次洋相，使人大跌眼鏡。一次穿著印了許多英文髒語的褲子不自覺地招搖過市；另一次在香港電視臺"百萬富翁"中答有關盧溝橋問題時說："盧溝橋是什麼橋？有什麼事情發生嗎？"使觀衆大驚失色。以上兩位明星美女，本來應該隨時隨地爲國爭光，提升國格，增加民族自豪感、凝聚力做些工作，但由於缺乏思想深度和學習，甚至唯利是圖，居然成爲不知國恥，不明國情的平庸之輩，未免失格。現在事情發生了，我認爲也不是壞事，古人云："知恥近乎勇"，只要我們的明星美女和有關的單位、家庭、社會吸取經驗教訓，在文化、思想、教育各方面加以改進，未爲晚也。

1135　章太炎的敗筆

章太炎（1869-1936）一生妙筆連篇，也難免敗筆。死後有人單一曝露他的敗筆，不及其餘，所以魯迅先生要起來說說公道話。總之小疵不足掩其大醇，他曾極力反對反動統治者，盡嬉笑怒罵之能事，狠批龍鱗，孤高大膽，視死如歸，連袁世凱也不敢動其毫毛，在這近百年，絕少像他這樣的具備學問家、革命家資質的傑出人物。他的敗筆不過曾爲死友黎元洪寫墓誌銘，得款幾千銀元，可能是歷來潤格最高的諛墓文字。其次，他也曾與軍閥孫傳芳作過飲宴中雅玩的"投壺"之戲。這位孫大帥曾說過"秋高馬肥，正好作戰消遣"的混帳話，後來被國民革命軍打倒了。

1136　　章太炎續絃趣譚

章太炎44歲喪偶，眾人爲他提親，問他擇偶的條件如何？他說："人之娶妻當飯吃，我之娶妻當藥用。兩湖人甚佳，安徽人次之，最不適合者爲北方女子，廣東女子言語不通，如外國人，那是最不敢當的。"以後還在京滬各報刊登徵婚啓事，更是驚世駭俗：一須文理通順，能作短篇；二須大家閨秀，出得廳堂；三須具有服從性質，不染惡習。老友蔡元培先生看了說："老弟不用選得太辛苦，我包在身上，淑女必爲名士妻。"隨即介紹名媛湯國梨，不僅條件全適合，且是才女，比章氏年輕十多歲，結婚後一直舉案齊眉到1936年病逝。這也算是名人有關婚姻的軼事。

1137　　陳西瀅與魯迅

我們知道魯迅生前曾與陳源（西瀅）論戰多時，在魯迅雜文裏可以找到許多有關的文章。有些人完全站在魯迅這邊，認爲西瀅反動，政治上與當時的軍閥一氣。現在經過半個多世紀的歷史考驗，已知道他畢竟是"五‧四"運動中的知識份子，從言論到行動都體現了時代的精神。所著的《西瀅閒話》就有很多對軍閥充滿仇恨，敢以批判的文章。今天我們處的時代不同了，應該對一切事物實事求是，就事論事，重新分清是非才好。

1138　　光未然的一首詩

最近逝世的詩人、歌詞作者光未然，原名張光年，抗日時期與音樂家冼星海合作的《黃河大合唱》最著名。"文革"時期他無例外地被打倒，整壓得死去活來。"四凶"覆沒後，他逢到春天，青春之火重新熾烈地燃燒起來，負責文壇領導工作，成績斐然。他把北京人稱"文壇黃埔"的"文學講習所"升格爲"魯迅文學院"，在他的關切中培養了許多中青年作家，也湧現了許多立志當作家的小青年。他生前曾出版過一本日記式的回憶錄：《文壇回春紀事》，把半個世紀以來中國文壇的起伏多變翔實地記錄下來，還寫了一首悽愴無奈的七絕：

　　爲何生不逢良辰？一代風雲百代驚！
　　中年遺憾晚年補，捧出新篇謝後人。

1139　　章太炎與袁世凱

章太炎生平軼事多多。他自稱"章瘋子"、"章神經"，他罵慈禧、罵光緒、罵"老猿"（袁世凱）毫不客氣，不怕殺頭坐牢。1914 年袁世凱把他軟禁在一間大屋裏，生活如常，只不准他外出生事，他受不了，向他的學生黃侃口授《中國文學史》，並在壁間到處貼著"袁世凱"名字，以杖痛擊，稱爲"鞭屍"，還進而規定僕役要對主人稱"大人"或"老爺"，不准稱"先生"，每逢初一十五要向主人行禮，他的學生錢玄同忙問何故？他說：只因"大人"、"老爺"都是前清的稱呼，"先生"是我們革命黨人拚死爭得的代用品。現在北京仍是"大人""老爺"的世界，封建皇帝盤踞的地方，豈配用"先生"？讓他們叩頭叫"大人""老爺"吧。他在軟禁中曾絕食自殺過，到了1915年下半年，袁世凱準備登極，有人請他也寫勸進表，他照寫送上：

> 某憶元年四月八日之誓詞，言猶在耳。公今忽萌野心，妄僭天位，非惟民國之叛逆，亦且清室之罪人。某困住京師，生不如死，但冀公見我書，予以極刑，較當日死於滿清惡官僚之手，尤有榮耀。

這就是章太炎對惡勢力膽大包天的神勇，與歷史上許多癲狂士子大異其趣，很使人拜服。

1140　說說曹操

我們讀《三國演義》很恨曹操，認爲他是梟雄奸臣，傳說有些讀者一看到書中曹操的名字，便行撕去。其實他是真英雄，真文人，有真作品，連毛澤東也讚歎"東臨碣石有遺篇"，非附庸風雅純由幫閒的詞臣代筆的君王所能比擬。我們知道乾隆皇帝寫了四萬首詩，到今天卻無人記得半句，而曹操的"對酒當歌，人生幾何"，"何以解憂，惟有杜康"，"老驥伏櫪，志在千里"等等名句，卻至今還常掛在人們的嘴上，或者引用在文章上。總之他是文武雙全的人物。更突出的是他曾用金錢贖回被匈奴族拘留的"胡笳十八拍"作者蔡文姬，爲蔡邕整理詩文。可見曹操很重視文化，也很有實績。然而，另一方面他又確實猜疑成性，不能容忍反對他的人，以權術加以屠殺，如對禰衡、孔融、楊修等等。他有句名言"寧教我負天下人，休教天下人負我"。大抵歷來的帝王概莫能外。本來所有的臣下文人很應該從這類歷史中吸取教訓，不去觸動虎鬚，好好收斂。然而，偏有不信邪不信鬼不知死活的人與當權者作對，一聽到"大鳴大放""言者無罪"有機可乘，便自動出洞吱吱喳喳，那怎麼不惹人討嫌遭到殺伐？正像唐・杜牧《阿房宮賦》寫的："秦人不暇自哀，而後人哀之；後人哀之而不鑒之，亦使後人而復哀後人也。"

1141　賽金花其人

清末民初的賽金花，原本姓趙，是蘇州城的雛妓，又名傅彩雲。十六七歲時，被同治朝的狀元公洪鈞看中，納爲小妾。當洪鈞受命爲駐俄、德、奧、荷等國公使時，因原配夫人不願隨行，於是帶她上任，居住柏林。幾年後洪鈞回國，不久病故，她離開洪家在上海、北京重操舊業，先改名曹夢蘭，後又改爲賽金花。因爲曾是狀元的如夫人，名聲於是鵲起，經常與上層人物接觸。1900 年八國聯軍攻入北京，她正在北京石頭胡同娼寮，也是德軍駐地，很自然成爲德軍官兵的泄慾工具，經過拉皮條的人甚至無聊文人的渲染，說這位狀元如夫人早與聯軍統帥瓦德西在柏林熟稔，現在重逢北京兩情綣繾，在枕上歡娛中曾爲國家做了許多工作，免得聯軍更嚴重燒殺姦淫搶掠，不再追究光緒、慈禧的罪責，並減少戰爭賠款等等，一時傳得天花亂墜，天下知名，她也樂得借此擡高身價，熱鬧生意。直到前世紀二三十年代，這些傳聞已造成事實，我記得曾孟樸的《孽海花》就是演繹這些傳聞的小說。後來劉半農還答應爲她寫傳，因病早逝未果，她曾以知遇深情寫出輓聯悼念半農。從此一直有人加油加醬、越傳越虛，把她說成是偉大的民族英雄、豪俠名妓。中國歷來就有這樣的傳統作法：當國家民族危亡而男人無用時，便捧出女人甚至妓女來救場，大做文章，宋元之際，明清之際都是如此。

1142　　再記邵洵美

前記有關於邵洵美的下落，最近讀到曹聚仁在上世紀 60 年代寫於香港的文章，才知道曹聚仁認爲邵不像魯迅所批評的那樣是盛宣懷的外甥兼孫女婿、十足的公子哥兒，洋場闊少。雖然不是好人，也不是壞人，卻是一位很有趣的人，可以做朋友的人；其次，上世紀 20 年代初，邵從英法留學回國，與謝壽康、徐悲鴻、張道藩等義結金蘭，也與林語堂相友善。邵的父親是上海富翁邵月如，祖父是清末封疆大吏、洋務派邵友濂。邵友濂曾告誡子孫：幾十年後會發生世界大戰，如果逃難避亂，最好到美國。林語堂就聽從這話，於1936 年 8 月舉家到美國定居的。但邵洵美卻因放不下上海時代公司的業務留在上海，釀成以後的許多坎坷磨折，很是悔恨。再次，邵洵美與美國人項美麗確實很親密，項美麗這名字就是邵代起的。抗日勝利後，邵曾訪問美國，與項重逢，項老實不客氣叫自己的丈夫讓位給邵，美國報紙傳爲美談……總之，邵洵美應該在中國文壇有他一席之地，1968 年他因貧病交加死得比一般牛鬼蛇神更爲淒涼。

1143　　我們奮鬥的長遠目標

中國幾千年來儘管有人盛極一時，璀璨輝煌，但始終還是不得善終。究其原因，固然有其本身才德的侷限，主要還是社會機制問題。正義者、利民者、高尚者，很難活得長久和安樂，因爲惡勢力不能容他，必然迫害他；權勢者、壓迫者、醜惡者，更是時常處在自危或互疑互鬥互殺的境地中，毫無幸福善終可言。所謂善終，就是活得幸福，活得善良。作爲一個人，善良一生，善存到終；作爲社會，善風拂面，善事盈盈；作爲政治，善人當家，善舉爲幟；作爲經濟，善財多發，善業多開；作爲文化，善文充世，善言成風，與此同時有惡必懲，有醜必除。假如我們有此雙管齊下的社會機制，那麼無論是人的本身，還是社會百業，都會進入良性迴圈，長治久安，臻於至境。這就是我們奮鬥的長遠目標。

1144　廣州的春節花市

廣州已被國際組織稱爲文明城市，也稱花城，真是花城無處不飛花，花入尋常百姓家。特別是每年農曆春節的花市，更是"春風拂檻露華濃"。從臘月 28 日到除夕深夜才花意闌珊，香散萬戶。明末屈大均的《廣東新語》有說：明代廣州已有花市，可見歷史悠久。清朝咸豐年間，廣州的春節已發展到今天的北京路和西關的十八甫兩個中心花市，但見長街上不分日夜，男女老幼，特別是青年情侶湧上花街，喜氣洋洋，好像被花香薰醉，手上捏著、胸前抱著、空中擎著綠肥紅瘦的年桔、桃花、臘梅、吊鐘花等款款而行，美目相盼，陶然快樂。這情況一直唯有發展沒有衰落。記得上世紀 60 年代，郭沫若遊廣州春節花市曾有詩記事：

金桔滿街桃滿市，牡丹含豔桂含香。

墨蘭簇簇青峰劍，玫瑰團團白玉堂。

爆竹轟鳴聲動地，電臺播送夜增光。

遊人手把花成束，迎得春風上面龐。

　　且說"年年歲歲花相似，歲歲年年人不同"，今（2002）年廣州春節花市更見興旺熱烈，除了市內各區設有花市外，還在芳村和順德陳村提早舉辦花展，既擺滿平常各種花卉、盆景，又有洛陽、荷澤的名貴牡丹和中外罕見的時花異木。據報載：當名花拍賣時，有人以八萬元高價拍得一盆奇特的蘭花，這樣花大錢賞花是好事還是壞事？我真是說不清。我是平民百姓，一向與花無緣，今年孫兒卻也捧回一盆牡丹，可見廣州人賞花深情的普遍了。因為天氣溫暖，牡丹很快在廳中盛開，使我們全家第一次與武則天怒貶過的尤物一起觀看春節晚會節目，倍感歡樂，真有點"花開富貴"的味道了。

1145　　余光中的《鄉愁》

　　臺灣著名作家余光中，1928 年生於南京，1952 年畢業于臺灣大學外文系，歷任臺灣師範大學、香港中文大學、高雄中山大學教授。已有詩文作品 50 部出版問世。他擅長抒發思國懷鄉之情，題材廣泛，新詩《鄉愁》最著名。他坦言：他對鄉愁恐怕永遠也化解不了，還要加深。因為這鄉愁不僅對故鄉對親人的思念，還包含著對整個中華民族、整個神州大地的眷戀。這是永遠揮之不去的中華魂。他還在文章中寫道：大陸是我的母親，臺灣是我的妻子，香港是我的情人，歐洲是我的外遇……燒我成灰，我的漢魂唐魄，仍然縈繞著那片厚土。那無窮無盡的故國，四海飄泊的龍族叫它做大陸；壯士登高叫它做九州；英雄落難叫它做江湖……

1146　陳獨秀重見天日

我們知道陳獨秀（1879-1942）是"五・四"時期的健將，又是中國共產黨的創建人、領導人之一，後因"右傾"離黨被蔣介石囚禁，幸托國共兩黨共同抗日之福，得到釋放遷到四川江津"隱居"，直到 1942 年病逝，就地安葬。因他的元配夫人高曉嵐被違棄後一直住在原籍安慶，（後陳與高曉嵐之妹高君曼結婚）曾囑兒子陳松年：我死以後葬在我自找的墳地內，將來你父親也和我合葬。像這樣的生不同林死要同穴的遺願，松年不敢違背，於抗日勝利後的 1947 年扶父靈回安慶與先母合葬，不敢聲張，只在一堆黃土上加塊刻上陳獨秀科考時用過的"陳翰生"名字石碑，每年清明前來偷偷拜掃，（"文革"時期連偷偷拜掃也暫停。）一直到 1979 年陳獨秀百年誕辰，松年再去看墳，什麼也沒有了，得到當地農民指點才找到位置。松年爲了永久保存墳地，大著膽子公開秘密，以陳延年、陳喬年、陳松年、陳鶴年四兄弟名義請求安慶市政府撥款修理，雖然只有幾百元，只能修成簡單的墳堆，墳前石碑刻上"陳公仲甫字獨秀，母高太夫人合葬之墓"字樣，但也算石破天驚，不再遮掩了。1981 年松年的女兒長瑾趁著撥亂反正改革開放之機，爲爺爺的歷史問題特寫信給鄧小平同志，得到批示：陳獨秀墓作爲文物單位保護，由地方撥款重修，上報中央。由於批文沒有對墓主評價，經辦人只把土堆改成水泥墳墓，四周鋪以石版，圍以石欄，碑高及人，上刻"陳獨秀之墓"，既非同志，亦非先生，雖蓋棺也未論定。最近據報載：已擴修墓園，墓爲圓頂，頂高四米，直徑七米，通體用漢白玉砌成，極爲壯觀，算是第一期工程。第二期工程將修成更加廣闊的陵園云云。從此，一代英傑經過生前死後的"大考"，已重見天日；所有一切大起大落、毀譽交加的複雜人物，是需要時間老人去偽存真，刪繁就簡，才能塑成最後的真實造型的。

1147　馮玉祥與西北軍

馮玉祥將軍（1882-1948）一生軼事多多，是中國聞名的西北軍主將，很有報國大志，從士兵升爲上將，以軍營爲家，以士兵爲子，引用基督教義治軍，訓練出了很多優秀將校和精兵，能征善戰。他曾推翻曹錕賄選的政府，驅逐紫禁城裏的廢帝，並完成了辛亥革命許多未竟事業。特別在抗日戰爭中，他的部屬宋哲元、張自忠等等經歷著血雨腥風，打響盧溝橋上第一槍，艱苦卓絕，前仆後繼，勇敢犧牲，以後鏖戰冀北，支援臨沂，潢川斷後，漢水佈防等戰役，爲民族大義國仇家恨立下彪炳戰功，聞名於世，永記史冊。但由於政治思想和性格的侷限，也表現出一些敗筆，時而受到排擠，時而被人拉攏，在敵友我的漩渦裏游離不定，遭到暗算，特別1930年蔣馮閻的中原大戰，不僅兵敗，還給人民留下極大的創傷，受到指謫。此後他雖然有所覺醒，但部隊已風流雲散，難得有所作爲，只好獨自呼號奔走，爲國事竭盡餘力，終於1948年乘船由美國回歸，途經蘇聯裏海因輪船沉沒而犧牲，成爲千古憾事。

1148　廣東方言

現在通行於珠江三角洲一帶的廣州話，又稱白話，也有人稱爲粵語。粵是廣東的別稱，其實廣東沒有一種語言能把全省的鄉音統一起來。大致上宋元以降，形成三分天下的局面，一是廣州話，二是潮汕話，三是客家話。二千多年來中原人有幾次大南遷，秦皇統一和開邊是第一次高潮，先到嶺南的人，當然佔據比較豐腴肥沃的珠江三角洲地區，他們就是廣府人的祖先。唐五代時期北方戰亂紛擾，中原人又一次從江西、福建遷到潮汕地區繁衍生息，成爲潮汕人。以後到宋元時代爲了避免戰亂，又有一批中原人遷入廣東東江、韓江一帶安營紮寨，開墾五嶺山區的貧瘠地方，這就是客家人。至於原住民百越族，除了受中原移民同化以外，便被迫逐漸退到五嶺山高林密的腹地，過著艱苦的生活，據說現在的苗、瑤、壯、侗、黎、畬等少數民族就是他們的後裔，仍保存著原有的方言。這一百幾十年來，北方人又迭次移民入粵，成爲"新客家"，雖然會對當地文化各方面有所影響，但要想改變上述方言的格局，恐怕很難做到，所以爲了有利於人們生產生活的溝通和進步發展，必須提倡用普遍話統一語言。

1149　　大躍進放衛星

1960 年前後的春節，到處貼著以毛詩詞集句的紅對聯，如"風景這邊獨好，江山如此多嬌"等等，我記得著名作家老舍還新作一聯："壯麗關山迎曉月，風流人物在中華"，爲人所樂用。大家趁著大年初一便來一個"開門紅"，高擎大躍進、人民公社、總路線三面紅旗，日戰夜戰，忘乎所以。我提出畝產一萬斤，你又提出二萬斤，他更提到三萬斤大"放衛星"。結果深挖密植，個粒無收，大鍋飯於是拆臺，還到處是水腫病，直到死亡。當時物質真缺乏到連雞蛋也難以看到，還說形勢大好，不是小好。據說河南輝縣發出的食油票以毫爲計算單位，著名作家張賢亮被打成"右派"，勞動在農村，按每人每兩個月配給食油一市兩，他只好用眼藥水瓶裝油，保證在六十天內每天炒菜都能倒出一滴。往事歷歷，真是不堪回首，就當作《封神榜》或者《天方夜譚》的故事吧。

1150　　商衍鎏父子情深

商衍鎏、商承祚父子同是現代國學、史學大家。商衍鎏（1872-1962）是清代末科探花，卻很開明進步，樂於接受新事物，他擁護維新，又親赴歐洲傳佈漢學。回國後曾任國民政府的顧問、秘書長等職務，後鑒於政治腐敗，辭官賣文爲生。自民國至新中國成立，寫了許多以時局爲題材的詩文，以抒發憤激之情或歌頌之意。他在一張父子合影的照片上題詩一首：

> 舊學商量加邃密，新知培養更深沉。
>
> 與兒細繹前賢句，論古參稽用重今。

可見他們父子的深情如海。晚年任中央文史館和廣東文史館副館長，與子孫生活在廣州。至於商承祚（1902-1991）一向接受父親不貪戀仕途富貴的薰陶，醉心於讀書研究和教育事業，歷任北京師範大學、清華、北京、東南、金陵等大學，而終於中山大學。著作豐富，成名之作是《殷墟文字類編》。他對古文物的鑒別、保存貢獻尤大，所有自費搜羅的珍稀古文物，慨然捐獻國家，使中華文化永遠流傳于世，爲人稱道。

1151　　李準的氣量

前世紀 60 年代因寫出《李雙雙小傳》和《老兵新傳》等作品而聞名的李準（1928-2001）於最近病逝，享年 73 歲。《老兵新傳》的電影我曾在塞外農場改造時看過，是寫一位轉業軍人創建北大荒農場艱苦奮鬥的經歷，很是動人。可以說李準是早早成名的一級作家，曾任中國作家協會副主席。他雖然不算是"英年早逝"，但據他的好友包立民說也未免過早，是死於氣量的不夠寬廣。因為當今文壇已成為商場或官場，他爭強好勝，時常感到年資、水平低於他的，而職別、地位卻高於他，彷彿受了委屈，鬱悶於胸，憤憤不平，以致一碰到不順心的事，便心理失衡，情緒激動釀成舊腦血管病復發，終於不治。可見所謂"淡泊明志""榮辱不驚"等等，就在作家或其他高等知識份子中，也不是很容易修養到家，真正做到寬容與大度的。

1152　閒話清宮戲

　　近年康熙、雍正、乾隆的清宮戲，大顯銀幕熒屏，一齣接一齣，有人說是"康、雍、乾祖孫三代大鬧新中國"。其實一部中國歷史，儘是"英雄打天下"的歷史，"成則為王，敗則為寇"，打的地盤越大越英雄，有什麼值得我們歌頌的？宮廷裏儘是些荒淫無恥、男盜女娼、骨肉相殘、爭權奪利的勾當。他們認為普天之下莫非王土，視人民為奴隸，特別對知識份子，"清風不識字，無故亂翻書"，大興文字獄，可利用時利用，目的已達時殺之、棄之，可以說清代比暴秦更殘忍。至於對外閉關自守，落後於人，淪為殖民地，連小日本也長驅直入於內地，屈辱比威風的日子多，實在是歷代最黑暗、最愚昧、最沒出息的，直到今天還沒有把遺毒肅清。然而，那層出不窮的"帝王系列"把三位元主子像親爹那樣捧上九霄，偏把文字獄、大建皇家園林、南巡遊樂、閉關自守等等罪責不提，專在兒女情長、奇情異事方面下足工夫，投一些吃飽飯無聊的人之所好，多看了真爲中國人的膝蓋而悲哀，打恭作揖、跪地叩頭、三呼萬歲、遵命遵旨、喳喳喊喊喊個不停，奴才像十足，還想使人再做奴才嗎？是不是清宮戲寫來演來不費勁、既保險又賣座，名利雙收？抑是沒有復興祖國振興中華的現實題材可寫？

1153　　有關馬的楹聯

今年又是壬午馬年。前次馬年我曾寫過《馬年說馬》應景，現在似乎沒有新意可寫了，聊且抄幾副有關馬的楹聯湊趣。

相傳明末農民起義領袖李自成，少年即通文墨，知府馮馴出上聯試之：「馮二馬，馴三馬，馮馴五馬諸侯；」（五馬諸侯即知府太守的別稱）李自成對曰：「伊有人，尹無人，伊尹一人元宰。」伊尹是助商湯滅夏桀的賢相，高過太守，對得很使馮馴拜服。

周恩來年輕時曾書一聯贈東渡日本留學的王樸山同學：「浮舟滄海，立馬昆崙。」又：辛亥革命志士黃興（1874-1916）也有一聯贈友人：「當風縱怒馬，跨海屠神鯨。」這些都是志向雄偉，氣魄恢宏，洋溢著英雄本色、豪傑襟懷的佳聯。

另有一聯卻匠心獨運、極具趣味：

「孝子放羊上雪山，白白白；關公騎馬過赤壁，紅紅紅。」

上聯的孝子、羊、雪山都是白色，下聯的關公、赤兔馬、赤壁都是紅色。

1154　　郭沫若、夏衍爲于伶祝壽

郭沫若（1892-1978）和夏衍（1900-1995）、于伶都是好朋友。1942

年于伶在重慶陪都恰逢 37 歲生辰，大家相聚聊天，夏衍興會很濃，賦詩一首爲于伶祝壽，自認爲是急就的打油，詩曰：

> 長夜行人三十七，如花濺淚幾吞聲。
>
> 杏花春雨江南日，英烈傳奇說大明。

郭沫若讀了也認爲詩調太過低沉，由於相知極深，隨即不客氣改成：

> 大明英烈見傳奇，長夜行人路不迷。
>
> 春雨江南三七度，如花濺淚發新枝。

兩詩同樣把于伶的劇作《長夜行》、《花濺淚》、《杏花春雨江南》、《大明英烈傳》等嵌入，也點明了 37 歲壽辰，但看來做舊體詩的功力，畢竟郭沫若比夏衍勝一籌。

1155　　《禁止饋送檄》

《清朝野史大觀》載有張伯行的《禁止饋送檄》一文：

> 一絲一粒，我之名節；一釐一毫，民之脂膏。寬一分，民受賜不止一分；取一文，我爲人不值一文。雖云交際之常，廉恥實傷；倘非不義之財，此物何來？

張伯行是康熙朝進士，河南義封人，曾任福建、江蘇巡撫和禮部尚書，爲官清廉，注重名節，關心民瘼。這檄文雖短，卻觀點明確，鏗鏘有聲，堪作今天反腐倡廉座右銘，隨時體味力行。

1156　　胡愈之沈茲九是天生的一對

胡愈之（1896-1986）是現代著名報人、國際評論家，他主編的

《世界知識》雜誌風行國內外。當 1940 年抗日戰爭進入艱苦階段，他受到特務的迫害逃亡到香港，不久受南洋華僑領袖陳嘉庚主辦的《南洋商報》聘爲總編輯，如魚得水，辦得有聲有色，不知疲倦。不久巴人（王任叔）、沈茲九也參加該報工作，大家早已在上海相識。沈茲九對胡愈之給以很大的幫助，查資料、抄稿件、校對小樣，甚至日常生活也照顧得無微不至。從此兩人感情日深，又都是孤身一人在海外，終於發展到相戀而結婚。沈茲九曾說："愈之和我由於工作關係密切，漸生感情，一天在一家咖啡館裏，請幾位朋友慶賀一下，就開始共同戰鬥生活了。朋友們說我倆文化素養、鬥爭經驗那麼協調，身材和風度又那麼和諧，是天生的一對。" 1948 年他們夫婦回國，周恩來總理在河北省西柏坡特意接待他們，嘉許他們在南洋工作的成就和辛勞。

1157　詠元宵的好詞

農曆正月十五叫做上元節，又稱燈節、元宵，更是中國傳統的"情人節"。據說開始於唐初，唐玄宗時連續三夜長安城門不閉，到處張燈結綵，任由官民遊行賞燈，以示太平盛世，到了宋太祖時，更下詔延長燈節爲五天，汴京一片金碧輝煌，火樹銀花，燈海人潮，大概很像今天廣州市除夕前的花街。既然夜間男女同在外面遊樂賞燈，自然就難免產生許多愛情故事，多少年來，騷人墨客不知道寫了多少有關這方面的詩詞，請試讀歐陽修（有說是朱淑真女詞人）的一闋《生查子》：

去年元夜時，花市燈如晝。月上柳梢頭，人約黃昏後。

今年元夜時，月與燈依舊，不見去年人，淚濕春衫袖。

這是一首通過對比手法描寫婦女熱烈追求愛情而惆悵傷感的好

詞，一向爲讀者所喜愛。還有一闋辛棄疾寫的屬於喜劇性的《青玉棠》詞也很有名，常爲人引用：

> 東風夜放花千樹，更吹落、星如雨。寶馬雕車香滿路。
>
> 鳳簫聲動，玉壺光轉，一夜魚龍舞。
>
> 蛾兒雪柳黃金縷，笑語盈盈暗香去。衆裏尋他千百度。
>
> 驀然回首，那人卻在，燈火闌珊處。

按：上闋的花、玉壺、魚龍都是彩燈。下闋的蛾兒、雪柳、黃金縷都是婦女所戴的飾物。最後寫出在燈光中發現心上人的驚喜情懷，真是神來之筆。

1158　吉尼斯世界第一食

2002 年的元宵節，深圳市的下沙村一頓"大盆菜"席，竟吃出了吉尼斯世界之最的好名聲，誰說我們缺少創造力？這也算是盛世豐年的奇聞。據報載：這席共擺了 3800 桌，用料 52 噸，（包括蘿蔔 16000 斤，鮮蠔 7600 斤，鮮鱔魚 7600 斤，豬肉 7600 斤，鴨子 3000 只，南乳 9500 塊……）大廚師 150 人，兩米寬的大鍋 150 口。共宴請世界各地賓客 4 萬多人，使方圓 2 平方公里的場地擠滿人群，吃聲四起，喜氣沖天。按："大盆菜"又叫"新安盆菜"（新安是寶安舊稱），相傳宋朝末年，元兵大舉南侵，宋帝與一部軍民南走，逃到香港九龍一帶，當地村民慌忙通知左鄰右舍把過年剩餘飯菜，供應饑寒交迫的宋軍。一盤盤百家菜，此刻勝似平時的宮廷宴席，皆大歡喜。出於意外的是：這件帶有民族感情的特殊行爲，竟沿襲下來成爲風俗，藉以聚親會友並作婚姻添丁、入夥豐收等等的慶典方式。"大盆菜"顧名思義即是一盆菜，用烹煮好的 15 道菜層層裝盆而成，從上往下依次是：煎蠔、炸鱔、烤鴨（燒鴨）魷魚紅燒肉……越往下味道越好。吃剩的還可以"打包"帶回家裏到第二天吃，味道更好云云。

1159　聞一多賣印與吳晗賣書

抗日戰爭到了上世紀 40 年代，正如魯迅在《八月的鄉村》的序文中寫的："一方面莊嚴地工作，一方面荒淫與無恥。"一些發國難財的人終日花天酒地、不知人間何世；前後方軍民，卻過著饑寒交迫艱難險惡橫遭殺戮的日子，就是許多高等知識份子的生活，也日趨惡化，難以維持。聞一多（1899-1946）執教昆明西南聯合大學，為解決無米之炊，不得不在教書之餘利用專長掛牌為人刻印以補家計。此舉得到聯大校長梅貽琦的支援，並由梅貽琦、馮友蘭、朱自清、潘光旦、蔣夢麟、楊振聲、羅常培、沈從文等著名教授簽名發出啟事推薦，定出潤例。因此求刻印者甚眾，士林卻為之哀歎。同在聯大任教的歷史學家吳晗，也因妻子袁震長期患病，陷入入不敷出的窘境，只好被迫把珍藏多年的圖書割愛賣給圖書館，以換取生活費，當時他的好友植物學家蔡希陶曾戲贈一聯調侃，形象地概括吳晗的苦澀與無奈：

　　書歸天祿閣，人在首陽山。

　　按：聞一多於抗日勝利後，與李公樸同為特務殺害；吳晗則在"文革"初期因《三家村劄記》、《海瑞罷官》案被迫害致死。

1160　豐子愷的《護生畫集》

豐子愷（1898-1975）是弘一法師（李叔同，1880-1942）的學生，

師生感情很深。1927 年 10 月 21 日豐子愷 30 虛歲生日那天，決心皈
依佛教，請弘一法師證授戒律，取法名"嬰行"，成爲居士。以後
師生緣份更深，1929 年弘一法師 50 壽辰，豐子愷畫了 50 幅護生畫
由開明書店印成集子發行，作爲慶祝和紀念，並勸導世人愛護生靈，
淨化社會風氣。後來弘一法師 60 壽辰，同樣畫了 60 幅護生畫，作爲
續集印行，以後 70 到 100 歲冥壽也都不忘繼續繪畫，就是身處逆境，
被打成"反動學術權威"，也堅持不輟，使《護生畫集》出至第六
集。這些畫集作爲今天保護環境和野生動物的宣傳讀物，我看也是
很適合的。我們真沒有想到像這樣一位熱愛國家民族、熱愛新中國、
熱愛生命的長厚仁慈、純潔友好的豐子愷先生竟在"文化大革命"
時期遭受迫害，一團本來還很旺盛的生命之火，於 1975 年提早熄滅
了。

1161　　三代八人女畫家

　　2002 年"三·八"國際勞動婦女節，廣州市 87 歲的老人吳麗娥
和四個女兒、三個孫女，共同舉辦三代同堂八人巾幗畫展，轟動一
時，很值得一記。吳麗娥的文化水平原來不高，唯讀過二年小學，
由於她的努力自學和兒女們的鼓勵點撥，於 75 歲時開始作畫，並寫
出 21 萬字的《命運的雲，沒有雨》的自傳。再經過十多年的磨礪，
畫的"黑貓系列"，已使行家讚歎。她的兒女都是當代著名的書畫
家，各有特長：蘇華、蘇家芬、蘇家芳、蘇小華（另兒子蘇家傑女
婿林墉同樣是著名書畫家）。三個孫女是林藍、韋璐、蘇芸，出身於
廣州美術學院，正在上升的青年畫家。她們這老老少少一家子，你
畫我說，我看你問，你寫我題，樂也融融，滿室春風，與歷史上的

宋·三蘇、民國·陳寅恪、梁啓超等一家子的書香墨氣相比絕不會
遜色，真是當代藝壇的一大景觀，盛世佳話。

1162　民為貴

　　我記得孟子有"民爲貴，社稷次之，君爲輕"的說法。但中國
古人的"子"字輩，卻大抵都主張衆人皆愚，唯有統治者聰明才可
以天下太平。老子、莊子就是主張棄智，傻頭傻腦的；孔子也說：
"民可使由之，不可使知之"。《呂氏春秋》則說百姓從事農業則純
樸，易於役使，君王地位才可以得到鞏固。歷代統治者，對老子等
先哲先聖莫不遵崇照辦，希望百姓四肢發達，頭腦簡單，安於現狀，
成爲群氓。連"文化大革命"時期也說"知識越多越反動"，把"臭
老九"打進十二層地獄。但人類對知識和真理的追求屬於天性，愚
民愚了幾千年，也不曾有過千秋萬代帝王霸業，自作聰明的人，往
往反被愚民推翻，這真是不可思議、意味深長的歷史事實。君不見
林彪、"四人幫"把人民當作"阿斗"任意擺佈，以爲天下歸我，
於今安在哉。

1163　郴州今昔

　　湖南南部的郴州，古時是山嵐瘴氣、貶臣放逐之地。杜甫、柳
宗元、劉禹錫、韓愈、秦觀、王船山等都曾到過。秦觀（少游）還
在這裏寫下憂國傷時、自憐身世的《踏莎行·郴州旅舍》。秦觀死後，
蘇東坡讀了很感動，加了跋文，又由大書法家米芾書寫，掛在廳堂。
後人再把它刻在郴州蘇仙嶺的摩崖上，稱爲"三絕碑"。時間推移
到上世紀80年代，中國女子排球隊在郴州建立基地集訓，首次獲得

世界冠軍。後來連續四次集訓，四次參加世界比賽，獲得冠軍，人稱"五連冠"。我把這二項歷史事件勉強湊成一聯：

中國女排五連冠；秦蘇米芾三絕碑。

按：秦觀《踏莎行·郴州旅舍》：

霧失樓臺，月迷津渡，桃源望斷無尋處。可堪孤館閉春寒，
杜鵑聲裏斜陽暮。

驛站梅花，魚傳尺素，砌成此恨無量數。郴江恨自繞郴山，
爲誰流下瀟湘去。

1164　鄭和七下西洋

史載：明成祖永樂 3 年（1405），爲了宣揚國威、溝通和發展國際關係，（有一說是成祖爲了追殺政敵建文皇帝）詔令鄭和第一次率船隊下西洋，最後一次是 1432 年至 1433 年，共七次，每次耗時約 20 個月。在 28 年航海生涯中，一向都說曾到過東南亞、南亞、伊朗、阿拉伯、非洲東岸和紅海沿岸共 30 多個國家和地區。前三次到達的地方主要是越南、柬埔寨、菲律賓、印尼、新加坡、馬來西亞、泰國、緬甸及印度等國。每到一地都以使者的身份登陸訪問，向當地賜以錦綺紗羅、瓷器金銀等物以聯絡感情，顯示國力。第四到第七次經斯里蘭卡、馬爾地夫群島、到東非的索馬利亞等地，並到麥加朝聖。第六次還特別受到孟加拉的熱烈歡迎。

到了永樂皇帝死後，朝廷由保守派當權，重農輕商，閉關自守，失去了與外界交往，並向歐洲直接通商的好機會，連建造遠航大船的工藝技術和鄭和七下西洋原歷史記錄也失去了。最近有歐洲研究人員從文獻中發現鄭和曾遠航到美洲，比哥倫布發現新大陸還早 72

年，幾乎環繞全球，到達南極水域，所用航海地圖曾被歐洲沿用。中國是最早的航海大國，世界航海史應該改寫云云。假如這一新說成立，我們又可以從中得到啓發：固步自封，閉關鎖國就會落後，落後就會挨打。鄭和雖然是宦官出身，但他的眼光是開放遠大的，功績不小，應該給他一定的歷史地位。

1165   纏足的惡習

中華民族的發明創造、有利於社會發展人類進步的很多，但也有不少誤國殃民、遺毒難消的歪門邪道。纏足就是其中特殊的一種。據史載：纏足始於唐宋年間的宮庭，倡導推廣者是南唐李後主，也就是寫出“問君能有幾多愁，恰似一江春水向東流”名句的亡國之君。上有好者，下必甚焉，千百年來不知道有多少婦女爲此而受其毒害，遭到不幸。直到西風東漸，才有維新人物倡導天足，成立“不纏足會”。1912 年 3 月 13 日孫中山更頒大總統令禁止纏足，內容簡練理直，特抄錄如下，爲今天的新潮婦女追思同胞姊妹之苦而勵志自愛自強。在中國的纏足，可以說正如頭髮的故事一樣，充滿血腥淚痕，絕對不能忘記：

纏足惡習流傳，歷千百歲，害家凶國，莫此爲甚。夫，將欲圖國之堅強，必先圖國民體力之發達。至纏足一事，殘廢肢體，阻礙血脈，害雖加於一人，病實施於子孫，生理所證，豈得云誣？至因纏足之故，動作竭蹶，深居簡出，教育莫施，世事罔聞，遑能獨立謀生，共服世務？以上兩者，特其大端，若他弊害，更卜難數。昔者仁人志士有天足會之設，開通者已見解除，固陋者猶抱成見，當此除舊布新之際，此等惡俗，尤宜先事草除，以培國本。爲此令仰該部，速行通令各省一體勸禁。其有故違禁令者，予其家屬以相當之罰。切切此令！

1166　　梁啓超與王國維

　　人世間以衣著容貌論斷人者有之，以言談舉止論斷人者亦有之，更有以品德性格修養等等論斷人者也不少。可以說：從人的各種表現，都可以看出其人生大概。現代名人梁啓超（1873—1929）和王國維（字靜安、號觀堂、海寧人，（1877—1927））都是思想家、史學家、文學家、美術家，北京大學、清華大學教授。但他們的高足們都從梁先生的居室看到滿屋是書，書架、案頭、床頭、地板都堆滿著，斷定主人博而不精。而王先生的居室藏書不多，擺放得有條不紊，因此斷定主人精而不博。由此引伸，又從梁、王兩先生授課和學術研究的風格不同，得出論斷：梁先生上課時，口若懸河，滔滔不絕，下課鐘聲響了，他也不知道。而王先生卻很慎言，話語不多，卻很中肯，使人回味，下課也準時。梁先生研究中國文化史，文章寫得汪洋恣肆，一瀉千里；而王先生專於詩詞、史學研究，所寫《人間詞話》惜墨如金，沒有廢話。進而還論斷梁先生胸襟開闊，與時俱進，必然壽終正寢；而王先生孤僻固執，與老師羅振玉（1866—1940）以清朝遺老自居，並任廢帝溥儀南書房行走，抑鬱寡歡，必然死於非命。這些高足們的論斷，似乎是唯心論，其實是唯物論。果不其然，王國維受不了慘澹的生活，時局的變化，北伐軍的迫近，以及羅振玉因故疏遠等等打擊，竟於 1927 年 6 月自沉於頤和園的昆明湖，留下了爲溥儀做實孤臣孽子的話柄。

1167　　華君武戲謔黃篤維

當代畫家、80多歲的黃篤維，也善書法，畢業於廣州美術學校和上海美專，與著名漫畫家華君武很友善。因黃篤維常在書畫上使用行草署名，使人看成是"罵誰"，喜歡幽默的華君武為此向黃篤維開了一個不小的玩笑：從北京寄來一封掛號信，寫明"黃罵誰收"，當郵遞員送上門來，一對身份證名字不符，任他如何解釋也不給信。最後黃篤維說清楚信是愛開玩笑的漫畫家華君武寄來的，故意寫成黃罵誰，這樣，郵遞員才笑著把信交給他。後來黃篤維自作漫畫像，自題了幾句俏皮話：

"我的名字叫篤維，君武謔戲係罵誰……"

亦藝壇一趣事也。

1168　唐伯虎詩諷術士

我們講科學與民主已有百年，應該說已具有征服自然，改造自然的能力，但算命卜卦封建迷信行業還很流行，連大都市廣州的街頭巷角還明擺著，真使人汗顏。我記得幾百年前明·唐伯虎，就曾對這類變金變銀的江湖術士騙子，寫詩諷刺一番，難道我們的觀念還不如當年的唐伯虎？詩曰：

破布衣衫破布裙，逢人便說會燒銀。

如何不自燒些用，擔水河頭賣與人。

1169　廣州的木棉花

今年是暖春，廣州市花木棉早在正月就紅似火綻開了。據明·屈大均的《廣東新語》記載：漢初南越王趙佗時，木棉已有風火樹之稱，可見木棉在廣州已有二千年以上的歷史。現在廣州市主要名勝地都有老木棉樹。如鎮海樓、農講所舊址、黃埔軍校、烈士陵園、六榕寺、中山紀念堂等，其中以中山紀念堂東北角的一株最老，已有 300 年，是國家一級保護古樹。至於新栽種的街樹路樹，到處都是。因其生存需要，拚命長高，以吸取陽光空氣雨露，高出一般樹種，每到春天，便在粗壯偉岸的軀幹上開出豔紅如血的大花朵，人們寄物抒懷譽之爲“英雄樹”。我們在木棉盛開時間，站立越秀山巔俯視全城，到處紅豔壯美，使人留連忘返。據說花可入藥，清熱祛濕，可惜花期不長，不多天便落紅滿地了。

　　木棉的品格，歷來爲書畫詩文家所鍾情，遺留下的美妙書畫詩文很多，清·居巢、居廉，民國的陳樹人、關山月、黎雄才、趙少昂等都有木棉名作傳世。葉劍英元帥一舉粉碎“四人幫”後的 1978 年 5 月來到廣州看見木棉花滿樹，一時詩興勃發，借景抒情：

　　　　百年贏得十之八，老驥仍將萬里行。

　　　　小憩羊城何所遇？英雄花照一勞人。

1170　　《儒林外史》的幽默

　　誰說中國人板板六十四？古往今來的文人學士不知道創造出多少使人會心微笑的諷刺故事，或者使人忍俊不禁的大笑話。清末吳敬梓的《儒林外史》就曾受到魯迅的讚揚，裏面描寫的范進中舉一事，歷來被人傳述和引用，認爲是科舉制度下最不幸的可憐蟲，至於吝嗇寒酸的嚴監生也描寫得很深刻，耐人品味。說的是：嚴監生臨死之時，已不能說話，卻伸著兩個手指不肯斷氣，只爲燈盞裏點了兩根燈芯，嫌費了油。待他的妻子把燈芯挑減一根，才點點頭把手指放下，很快斷了氣……

1171　　郭沫若題杜甫草堂

唐代大詩人杜甫，大家都知道他很關心民瘼，寫了許多有關民間疾苦的詩篇，爲人崇拜，稱爲詩聖詩哲。上世紀 50 年代，郭沫若訪問成都，參觀杜甫草堂，以激動的心情，留下一副對聯：

> 世上瘡痍，詩中聖哲；
>
> 民間疾苦，筆底波瀾。

1172　　廣州的郵政

廣州的郵政通信源遠流長，早在元朝年間便在廣州設驛站傳遞公文。清・道光 14 年（1834），英國商人在沙面設立了第一間外國郵局，隨著鴉片戰爭失敗以後，列強紛紛在中國各地設置郵局，史稱"客郵"。另明末清初廣州一帶還出現了民辦專營通信的"民信局"，以及專爲海外華僑辦理通信匯款的"僑批局"。1866 年由外人主權的廣州海關兼爲郵政，引進了外國先進的管理制度。1897 年，廣州成立大清郵政總局，算是一間國家郵政機構，辦公地點設在廣州沿江西路的一間大樓。此樓屢建屢廢，災難重生，經過 1912 年、1916 年、1938 年、1942 年的興廢，直到 2000 年 12 月才遷入新址天河東路駿源大廈。不用說，中國郵政早已完全獨立自主，原日的沿江西路大樓整修爲三層"廣州郵政博覽館"供人參觀。

1173　　應該重新評價太平天國

　　一部太平天國史，讀後很使人感慨。一幫好端端的農民起義軍，經過二年的戰鬥便佔領南京，再經過十年卻被清滅。追究原因當然很多，但最主要是的洪秀全庸碌無能、腐化墮落、不思進取、疑忌異姓，用人唯親。例如對異母兄弟洪仁發、洪仁達和外甥蒙得恩等，封王重用，殘害忠良石達開、李秀成等，內訌不止。到了最後，洪秀全簡直就是邪教主，毫無理性可言，怎能不失敗滅亡？過去的歷史學家，都認爲洪秀全是農民革命領袖，肯定是社會發展歷史進步的動力，對以後孫中山的辛亥革命也影響很大，功績不小。但經過時間的考驗，又似乎應該根據歷史真實重新評價了。

1174　　美國的西點軍校

　　與中國黃埔軍校同爲世界知名的美國西點軍校，位於紐約北面的西點小鎮。建校至今足有二百年。它入學考試嚴格，中間甄別更不放鬆。每年招收學生一千四百人，到四年後畢業只剩下一半。二百年來該校出的總統兩人：格蘭特和艾森豪威爾，將軍四千名，中級軍官數萬名。因爲教育嚴格認真，節假日也不准回家，學生稱之爲"野獸營"，畢業後多才多藝，既可以從軍，也可以從政，更可以從商。學生不用掏錢，由國家每人每月提供七十至二百美元津貼。四年時間，每人要花納稅人約九十萬美元。畢業後必須服役五年以上才可轉業。一出校門便獲得少尉軍銜。美軍前總司令麥克阿瑟，曾任該校校長，他說：我們要的是戰場上的獅子，由一頭獅子帶著一群羊，也可以戰勝一隻羊帶著的一群獅子。對學生要求準時、守紀、嚴格、正直、剛毅。大出我們意外的是校園內有雷鋒的半身塑像，還刻上雷鋒的日記中名言，鼓勵學生學習雷鋒的"釘子精神"，並興起漢語熱，在外國語系中學習漢語的學生平時每天還要讀"人民日報"，並將派往北京師範大學進修漢語。至於用中國古代兵書《孫子兵法》作爲教材，那早已行之有年了。

1175　電視劇又有差錯

現在的電影電視編導，大概是學養不足，或者是粗心大意，往往會産生錯誤，使觀衆啼笑皆非。例如：最近的《康熙王朝》電視劇，寫康熙的祖母博爾濟吉特氏，生前是太皇太后，死後才被諡爲"孝莊……文皇后"（諡號共十三字之多），但她在劇中口口聲聲自稱"我孝莊"，好像死人說話。其實她生前哪裡有這"孝莊"名字？還有，胡編亂造與歷史不符的事實也很多，例如《上海滄桑》電視劇，上海道台對女兒說："你母親是先帝賜給我的一個妃嬪，可惜她嫁我的時候，肚子裏沒有什麼'東西'"。按：清代皇帝的妃嬪絕對不能賜給臣下，即使是宮女要是她被皇帝幸過，終生也不能嫁人，要是她肚子裏有"東西"，就是"龍種"，更不能放棄。怎麼竟編出道台說著上面的外行話？真使知情人笑掉牙齒。

1176　率直的仁人志士

從古以來，率直大露鋒芒者，一般都不得善終。劉邦問功臣韓信：你看我能帶多少兵？答曰：十萬。再問：你又能帶多少？答曰：多多益善。這樣就使劉邦猜忌，種下以後殺身之禍。宋高宗趙構與秦檜同謀求和自保，岳飛卻要直搗黃龍，還我河山，抗敵鋒芒畢露，同樣不免"風波亭"之災。再說文人，李太白瀟灑飄逸，恃才傲世，雖有明皇賞識，貴妃垂憐，但不容於官場，只好浪跡江湖，窮途潦倒，借酒消愁，結果投入河中去撈月亮了。蘇東坡同樣一生豪放不羈，鋒芒畢露，不善圓滑，以致屢遭人忌，貶謫南荒，險喪性命。就說三十年前的張志新、遇羅克吧，同樣不願"明哲保身"，低頭認錯，堅持認定的真理，以致爲"四人幫"慘殺。假如中國歷史上少了上述那樣的直來直往、敢作敢爲仁人志士，而多了玲瓏圓滑、唯唯諾諾、見利忘義、四平八穩、謹小慎微、不願出頭承擔責任的窩囊貨，那社會怎樣還能發展、進步？那歷史還不是陰沉暗淡無光嗎？

1177　季羨林平易近人

當代著名學者季羨林，很是謙虛，自認是一個微不足道的人。曾有一位年輕人提著大包小包東西在北京大學燕園裏不知所措，向一位穿著布衫的長者點頭，便把大小行李放在長者身邊說：師傅，有勞你看一下，兀自到各處閑逛回來，發現這位長者依然爲他守著行李，寸步未離。這位長者就是季羨林先生。還有一次，北京六郎莊一位掏糞工人愛好書畫，爲了慶祝香港回歸祖國，與友人舉辦畫展，請一位小有名氣的人題寫橫幅，以壯聲色，卻未得到高擡貴手，乃特請季羨林，季先生知道他是掏糞工人，欣然命筆："六郎莊農民書畫展"，而且由此兩人還成了忘年交。然而，這樣平易近人的季先生，卻被"四人幫"打成"反動學術權威"，批鬥受苦了許多年，真是不亦怪哉了。

1178　秦怡的人生

前個世紀二三十年代的秦怡,已是一位美麗的名演員,生於 1922
年,今年 80 歲了。中央電視臺特地訪問了她,問她一生中有哪些遺
憾的事?她說:一、一輩子沒有演過自己感到滿意的戲(她一共演
過話劇 30 台、電影 35 部);二、我的孩子和家族是不幸的,孩子小
時候就患了精神分裂病,至今未癒;三、丈夫大家都知道是大名鼎
鼎的"電影皇帝"金焰,1947 年結婚,1958 年便患上胃病,曾經大
出血,醫治無效,1983 年去世。多少年來,這樣的家庭婚姻,全靠
她煩忙苦撐,當然談不上幸福了。但她很知足,她覺得人在一生中
最需要的是愛和理解,愛自己也愛別人,正因為你去愛別人,別人
才會愛你,所以說:愛別人也等於愛自己。愛別人多一點,本身就
是一種幸福。

1179　　中西合璧的對聯

前記有三句不離本行的對聯,多以中英文合璧。據說始於郭沫
若,緣於 1936 年魯迅逝世,郭送輓聯:

　　畢生事業尤拉氏;曠代文章數阿 Q。

魯迅是首創利用拉丁文字進入漢語人名的,故有上聯。下聯寫
魯迅的《阿 Q 正傳》為曠代文章,也很恰當。

還有,一位數學老師英年早逝,其教英語的妻子輓云:

　　為 X、Y、Z 送了君命;

　　叫 W、F、S 依靠何人?

上聯的 X、Y、Z 是代數符號,數學老師一生就是為解這些未知
數而勞累致死的。下聯的 W、F、S 分別為英語妻子、父親、兒子的
第一個字母,用以表達全家三代人對死者的哀痛悼念深情。中英文

合璧言簡意賅，情辭懇切，別開生面，確是佳作。

1180　　該怎樣評價葉名琛

　　1860 年的第二次鴉片戰爭，稀裏糊塗英軍便攻入廣州，兩廣總督葉名琛束手被英軍俘虜，由香港運到印度加爾各答囚禁而死，全國震動，認爲葉名琛備戰不力，貪生怕死，不能死節，死有餘辜，有人寫出民謠大加謾罵：

　　　　不戰不和不守；不降不死不走。

　　　　二十四史翻完，千載奇人未有。

　　百多年來，這事似乎已成定論。但近據查考《香港紀事報》有說；葉名琛被俘在英艦上或者以後在印度加爾各答囚地，都不失其清朝一品大臣的風度，處處重視大國禮儀，還寫了一首懷念鎮海樓的詩，並關心時事，每天由翻譯讀給他聽。後來竟意外猝死，死前沒有病痛，當地醫生也無法解釋死因，有人推測這是因爲中國帶來的食物已經吃光，英軍供應的他不願吃，是絕食而死的。假如這推測是實，那麼，葉名琛也算是不食周粟的伯夷叔齊，或者是以死報國的忠臣義士了。然而，歷史上的事物有些很難說清，正所謂：數英雄，論成敗，古今誰能說明白，千秋功罪任憑說……我們姑且抄存這一節聊備一格吧。

1181　　章明評論瓊瑤

　　大陸作家章明在一篇《春夜續記》裏評論臺灣的瓊瑤，有這樣的話：

　　瓊瑤的作品是敗壞青年道德品質最大的殺手。她的那些"寫盡戀愛百態"的無數小說和電視劇在臺灣省受到許多人抵制，被文化界公認爲"瓊瑤公害"，火爆一陣子以後，就漸漸地沒有市場了。女士的運氣真好，適逢大陸改革開放，她的作品鋪天蓋地而來，幾乎沒有受到什麼抵制。但是紅火了一陣子以後，也漸漸地沒有市場了。……冰雪聰明的女士"富則思變"，將她的創作處方略作修改，在原有的"戀愛百態大補湯"的基礎上添加"一步登天"和"大富大貴"兩味猛藥，如法炮製出小說和電視劇《還珠格格》，果然一炮打響，少男少女如醉如癡，太妙了！不用費心費力，不用寒窗苦讀，只要玩世不恭，瞎碰亂撞，裝瘋賣傻漫天撒謊，醜小鴨立刻就會變鳳凰，還珠格格萬歲！瓊瑤女士名利兼收，賺了個盆滿缽滿以後，立即趁熱打鐵，炮製出了《還珠格格》二集、三集，……這種好買賣重複一百次也不夠，不做才是傻瓜……。

1182　　閒話打油詩

　　據說唐人張打油的《雪》詩："江上一籠統，井上一窟窿，黃狗身上白，白狗身上腫。"字詞俚俗，被稱爲"打油詩"，以後凡是俚俗的詩都謂之"打油詩"。其特點有三：寫作隨意；內蘊顯豁；語言通俗。品格的高下，決定於作者的識見、思想、修養，不能一概而論。有許多高人也很樂意寫打油詩，使讀者感到睿永自然，幽默風趣，會心微笑。有人以爲俚俗的打油詩全出於文化低下的人，其實未必。《梅窗小史》載：益都趙秉忠，狀元及第。春州府縣公宴，值大雪，聯吟，道曰：剪碎鵝毛空中舞；府曰：山南山北不見土；縣曰：琉璃碧瓦變成銀；公曰：麵糊糊了青州府。左右皆竊笑，高層人物附庸風雅也不過打油水平也。

1183　郭沫若賦詩贈海嬰

1948 年冬，解放戰爭節節勝利，魯迅夫人許廣平和獨子周海嬰由上海經杭州、南昌、長沙、廣州到達香港，旋與郭沫若、馬敘倫、沈志遠、沙千里、翦伯贊、候外廬等乘"華中輪"北上。當時已是十一月中旬，天氣漸冷，許廣平恐怕海嬰在香港置備的衣服不堪禦寒，臨時買了毛線帶到輪船上連日編織毛衣褲，被郭沫若看見情景，遂向海嬰要了一本小冊子題了一首詩，很有唐人孟郊《遊子吟》味道：

> 團團毛冷線，船頭日夜編。
> 北行日以遠，線編日以短。
> 化作身上衣，大雪失其寒。
> 乃知慈母心，勝彼春暉暖。

後面還有附言：1948 年 11 月月杪，由香港乘"華中輪"北上，同行者十餘人。廣平大姊在舟中日夕爲海嬰織毛線衣，無一刻稍輟，急成之以備登陸時著用也。因成此章，書奉海嬰世兄以爲紀念。郭沫若十一月廿八日。

1184　金聖歎的絕筆

金聖歎（1608—1661）因哭廟案遭清廷殺頭，獄中寄家中書，已見前記。又在臨斬前，據野史載還有戲弄劊子手的絕筆：

> 字付大兒看：鹹菜與黃豆同吃，大有胡桃滋味，此法一傳，我無遺憾矣。

按：才子金聖歎軼事頗多，如上絕筆，書於殺頭前，而猶如此閑情逸趣，豁達開朗，視生死如吃生菜，似不近人情，姑記之存疑。

1185　項羽祠與虞姬墓

安徽靈壁垓下地方，至今還有項羽祠和虞姬墓。虞姬墓以夯土壘成圓丘，周圍砌磚爲邊。據說"文革"期間原墓已毀，至改革開放才修復，中間豎一顏體碑文："西楚霸王愛妃虞姬之墓"兩側有一聯：

　　虞兮奈何，自古紅顏多薄命；
　　姬耶安在，獨留青塚向黃昏。

聯是由不相關聯的舊詩句拼湊而成，也頗恰切。可見歷史上人物只要有一點值得人稱讚處，即會永遠受到崇拜。

1186　唐弢與魯迅

唐弢（1913—1992）本名唐端毅，用了很多筆名，如越臣、風子、晦庵等，浙江鎮海人。早在上世紀 30 年代即已聞名文壇，他是魯迅提攜的青年作家之一。他一生崇敬魯迅，著有《魯迅美學思想》等書，並爲編輯《魯迅全集》盡了最大的努力。1938 年全集出版後，還繼續搜集未收入的遺作 40 多篇，作爲補遺於 1946 年出版。以後還再把佚文佚稿 35 萬字於 1951 年出版續編。這樣，魯迅的全部著作得以流傳，這使許廣平很是感激。

唐弢與魯迅算是知音、忘年交，1934 年才由《申報自由談》主編黎烈文相約見面，當時在場的很多都是爲"自由談"寫稿的人，如郁達夫、曹聚仁、茅盾、陳子展等。魯迅一見唐弢便說：唐先生

寫文章，我替你捱罵。原因是 1933 年至 1934 年魯迅曾以"唐俟"筆
名寫了不少攻擊時弊的雜文，一些反動文人以爲唐弢就是唐俟，便
群起而攻之。唐弢在他《生命冊上》一書中，憶舊懷人，談到有關
與魯迅交往的往事很多，既讚賞魯迅的革命思想和戰鬥精神，又描
述了魯迅幽默風趣方面的人情味。

1187　　傅斯年其人

傅斯年（1896—1950）在"五・四"時期是北京大學的高材生、
學生領袖。他跟隨陳獨秀、胡適、魯迅等爲當時的運動作出了貢獻。
1928 年應蔡元培之邀，主持國立中央研究院史語所，達 20 年之久，
數度親往安陽指導殷墟考古發掘工作，爲中國提供大量歷史第一手
資料。1931 年"九・一八"事變後，他極力主張抗戰，反對華北自
治，預言抗日力量存在四萬萬人民中，必然得到最後勝利。同時還
抨擊南京當局的不抵抗主義和腐敗，提出罷免孔、宋的職務。然而，
到了抗日勝利後，他的親美敵蘇擁蔣反共的立場徹底顯露，於 1949
年隨著"史語所"遷到臺灣，第二年病逝。他可以說是"名滿天下，
謗滿天下"的複雜人物，很值得人們深思借鑒。

1188　　中國流失的寶貴文物

中國是文明古國，蘊藏著大量的文物資源，但自 19 世紀下半葉
到 20 世紀上半葉，因爲國家貧弱，外敵侵淩，以致文物也在劫難逃，
只要到歐美日本博物館參觀考究，便可以看到中國的文物琳琅滿
目，使人瞠目結舌，百感交集，特別對幾次因戰敗被搶掠去的寶物，

更爲憤慨和羞恥。據不完全統計：目前在 47 個國家 200 多個博物館中，就有中國的文物百萬件以上，還有不計其數外國私人藏品。以繪畫爲例：據考查研究統計，中國流失在外的歷代名畫，約有二萬三千件，其他陶器、青銅器、甲骨、瓷器、玉器、漆器、雕塑、佛像、織繡品、金銀器皿、典籍等等很難統計。我們對這一現象，應該怎樣打算挽救？

1189　沈從文的達觀

現代的文學史應該少不了沈從文的位置，他前期的小說散文，都很爲讀者欣賞。但不知道是何原因，解放後他竟被冷落起來，不再從事新作，一味玩弄文物骨董，寫他的中國古代服飾史。他曾說：我和我的讀者行將老去，不免使人傷感。但他卻曠達開朗，淡泊名利。在"文化大革命"被打倒時期，他除了接受不斷的批鬥外，還很積極把天安門左側歷史博物館女廁所打掃得乾乾淨淨。以後下放到湖北咸寧，他同樣坦然接受"改造"，在給他表侄美術家黃永玉的信中，輕鬆地寫道：這裏荷花真好，竟使苦難的日子，飄蕩著荷花的芬芳。他還把看菜園的經驗寫得風趣盎然：牛比較老實，一轟就走；豬不行，狡詐之極，貌似走開了，卻冷不防從身後包抄過來。同時，他還樂意傳達同是"牛鬼蛇神"的資訊：史學家唐蘭先生在碼頭看磚，錢鍾書榮任倉庫保管員等等。似乎天下太平無事，很能理解李白的詩句："古來聖賢皆寂寞"。他是湘西鳳凰人，也許那裏的好山好水，孕育了他這一份無奈的達觀。

1190　周作人的人品

我記得是上世紀 30 年代初，日本帝國主義侵佔東北三省，進而製造華北自治，國難深重，周作人（知堂，苦茶齋主人 1885—1967）在報刊上發表了一首飄逸的律詩：

前世出家今在家，不將袍子換袈裟。

街頭終日聽談鬼，窗下通年學畫蛇。

老去無端玩古董，閑來隨份種桑麻。

旁人若問其中意，且到寒齋喝苦茶。

當時有的譽之爲"性靈"的極品，有的斥之爲毫無國家民族觀念的下作，甚至還預測他必然墮落下去。果然，盧溝橋事變後，平津很快失陷，周作人竟沒有像其他文化名人那樣內遷，還當起了漢奸。近讀周海嬰著《魯迅與我 70 年》，使我進一步瞭解周作人的墮落當漢奸，其來有自。海嬰在書中說：1919 年父親（魯迅）賣掉紹興祖居將全家遷往北平，搬進八道灣。沒想到八道灣新居很快竟成爲周作人日本妻子羽太信子稱王享受的一統天下，她擺闊氣講排場，花錢如流水，接來日本娘家的許多親屬，買的是日本貨，過的是日本生活，先趕走周建人叔叔，再用毒辣無恥的手段，把污水潑向父親，父親也被迫遷出。祖母和朱安（魯迅原配夫人）受不了這樣的環境，接著搬到父親那裏。"九·一八"以後，局勢稍爲動蕩，羽太信子便把八道灣門上的"周宅"牌子換上"羽太寓"，甚至還掛上日本太陽旗，表示是日本人的住宅，周作人對此心安理得。到了1936 年父親在上海逝世，屍骨未寒，周作人還把這八道灣兄弟公共房產契約換寫，把戶主姓名改爲他自己，還找了中人簽字。這事在上海的母親（許廣平）和周建人都不知道。最使人憤慨的是：祖母和朱安的生活費用，周作人一向不理，自父親逝世後到 1937 年一月開始，周作人才勉強承擔每月 50 元。但當時物價飛漲，祖母的生活很辛苦。周作人已當了漢奸,生活很富裕,出入有汽車,開銷很大,但對老母寡嫂的辛苦困難,仍然不予理睬。如此苛刻,還寫信給友人或者寫文章訴苦說:自己留在北平苦守,是爲了奉養老母云云。其實這時期,母親在上海還是盡力寄款奉養婆婆,深感不足而耿耿一生。

海嬰還說:抗日勝利後,周作人因附逆被判刑關在南京,1948年我和母親由東北到北京,與章川島先生去看八道灣 11 號,有一老婦詢問來者是誰,章先生執禮甚恭,簡單回答了幾句,忽見老婦站起,對著我破口大罵,用漢語罵得不過癮,還用日語,指指劃劃,氣勢兇猛,像是我侵入了她的領地。章先生連忙拉出我到外院告訴我:她就是周作人的太太羽太信子。按理說:我是她的侄子,又是初見,上一輩就算有天大仇恨,也與我無關。她這種窮兇極惡的模樣,直到五十多年後的今天,還歷歷在目。後來建人叔叔和母親把我們兩份房産捐獻給政府。

海嬰對周作人夫婦的惡劣缺德言行還描述了很多,我們只從上述周作人的自私、狹隘、對兄弟母嫂的刻薄冷漠,以及對日本妻子的縱容懼怕,就已可以推斷:像這樣的人不做漢奸投敵賣國,還有誰去做?現在有些人,不很清楚周作人的底細,時常提出他一些文章如何性靈,如何閒適,如何爐火純青,大加拔高、讚歎,忘記人品與文品的關係是不是有誤讀者?是不是矯情?其實,漢奸文人的作品有什麼值得弘揚的?

1191　令人噴飯的閒章

我國的文人雅士,喜用閒章表現個性。清·鄭板橋很崇拜明代著名畫家徐渭,刻有"青藤門下牛馬走"一印;現代園林建築學家、紹興人陳從周有一閒章："我與阿 Q 同鄉"，算是幽默佳作；聞一多曾為自己刻過"叛徒"一印，他曾說："我要做舊世界的叛徒！"無獨有偶，首倡以裸女為模特的著名畫家劉海粟，也有一印叫"藝術叛徒"。其他如畫家吳湖帆，一隻鼻孔常塞，久經醫治不癒，感慨系之，便刻一印："一竅不通"。女畫家周煉霞，一目受傷，一目尚好，於是請人刻一閒章："一目了然"。這些印文都詼諧脫俗，雅謔有趣，令人噴飯。

1192　　再記張佛千的楹聯

臺灣楹聯名家張佛千教授，曾為大陸的巴金、蕭乾、新鳳霞寫過嵌名聯，很是自然別緻，受人稱道。最近他又寫了不少不嵌名聯，也很值得欣賞。例如由黃苗子請寫賀啓功 90 榮壽的一聯：

中國字萬歲，一支筆千秋。

啓功是清皇朝的王孫貴冑、大陸最有名的書家之一。而中國字成為藝術，可謂世界獨有，故以上聯呼萬歲讚頌。下聯可用於作家畫家，但有了上聯，則確定是書家。"千秋"喻不朽，也指生日。

另為臺灣女作家龍應台寫一聯，是隨口的大白話：

放火只是開了頭，下海就應幹到底。

意思是：龍應台以印行《野火集》關切國家社會而開始成名，後從事政務，任臺北市文化局長，借此聯勉勵龍女既然以高才下海，就應該一直幹下去，再競選市長或者其他更高的職位。

張佛千還為大陸的嬸母百歲榮壽，寫了一聯慶賀：

瀛洲酒獻三千里，海屋籌添一百春。

兩岸相距（臺北與安徽廬江）原只有一千七百多公里，但因要由香港轉道，故有三千里，這是實寫。下聯"海屋添籌"事本《東坡志林》："嘗有三老人相遇，問年。一人曰：海水變桑田時，吾輒下一籌，邇來已滿十間屋。"後人便以"海屋添籌"爲祝壽通用語。類似的賀壽聯還有爲著名教授桂裕、顧毓琇兩人百歲榮壽分別寫的：

　　　杏壇澤被三千士，海屋籌添一百春。

　　　爲山書讀十萬卷，看海添籌一百春。

　　按：顧毓琇老人是江澤民主席的老師，當江訪問美國曾特地訪他，表示尊敬和祝賀。

1193　中國科技的里程碑

　　1964 年的一天，中國第一顆原子彈在新疆羅布泊爆炸成功，那半空中一大朵黑色的蘑菇雲，至今記憶猶新。1980 年 5 月 18 日，又把洲際導彈在南太平洋首爆成功。這些都是中國科技進步的里程碑。洲際導彈發射基地到南太平洋爆點有 9000 多公里，導彈以超音速 20 倍的速度疾飛，到達目的地爆炸與原設計誤差只有 250 米，（原設計誤差 2000 米。）爆炸時，海水像揭開水蓋一樣沸騰起來，激起水柱高達 200 米，直徑 30 米，那一大團蒸氣團，也像原子彈爆炸時的蘑菇雲那樣壯觀。經過各項測驗，首爆成功。這事距今已有 20 多年了。

1194　劉半農也是一家鴻儒

　　江浙一向文風鼎盛，人才濟濟，一家都是鴻儒的很多，前已有記。劉半農（復），劉天華、劉北茂也是一例。上世紀二、三十年代，他們都在北京大學任教。劉半農是"五‧四"闖將，早已成爲赫赫有名的作家、學者，盡人皆知，而老二劉天華也是蜚聲海內的國樂大師，最小的劉北茂，也是北大英文系頗受學生歡迎的青年教師、翻譯家。不幸的是 1932 年 6 月，劉天華到北京天橋收集民間樂曲時，染上腥紅熱不治而逝。二年後的 1934 年，劉半農又因赴內蒙古考古並調查方言，染上回歸熱而去世。兄弟都以身殉職，正當有爲的英年，使人痛惜。剩下的劉北茂繼續在北大任教，抗戰期間，誓不做亡國奴，歷盡艱難奔赴陝西漢中，任西北聯合大學教授。爲激勵軍民抗戰信心，還繼承兩兄的衣缽兼學音樂，創作出不少極具民間通俗情調的歌曲如：《漢江潮》、《前進操》、《飄泊者之歌》等，傳唱全國。

1195　　章太炎名號的由來

章炳麟又名太炎（1869-1936），他在學術上的地位，有人讚譽爲"三百年來第一人"。他讀遍經、史、子、集，深入鑽研音韻學、文字學、訓詁學，也就是古人所謂"小學"，旁及印度佛學等等。這看他的薪火相傳，衆多門人如魯迅、錢玄同、范文瀾、朱希祖、黃侃等名人，便可了然。所謂"三百年來第一人"，是指超越有清一代，上溯至明末的顧炎武、黃宗羲（字太沖）、王夫之多位大師。他取顧炎武的"炎"字和黃太沖的"太"字，湊成"太炎"爲名號，以表仰慕尊崇顧、黃兩大師之意。章太炎在推翻清廷建立民國和反袁世凱的鬥爭中，不顧生死，功績非凡，彪炳史冊，不過到了晚年受到混亂腐敗的時局影響，漸趨頹唐，這是應該加以理解的。

1196　　"到處逢人說項斯"

　　中國歷來有爲人吹噓、推薦的美德，使人才不致埋沒而得以發揮所能。這本來是好事，但近來吹噓之風特盛而且混有異味。有關係的人固然互相吹噓，沒有關係、不知底細、爲了功利目的，也大吹特吹，天花亂墜，使人肉麻。殊不知唐代李白因爲《上韓荆州書》吹捧了韓荆州，尙且爲後人詬病，認爲是一大敗筆，何況我們這些人做這事不受人指謫？凡事應該實事求是，不能虛浮，虛浮則失去原來的意義。

　　按：唐代的項斯，原來沒沒無名，後來由禮賢下士的工部尙書楊敬之加以吹噓，終成進士。楊敬之還寫了一首詩以記此事：

　　　　幾度見詩詩總好，及觀標格過於詩。

　　　　平生不解藏人善，到處逢人說項斯。

　　這就是歷史上留下珍愛人才的一段佳話，也爲文壇留下了一個"逢人說項"的典故。

1197　　張賢亮喜歡女人

　　寧夏自治區文聯、作協主席張賢亮，是改革開放後先富起來的作家。他生於 1936 年，原是江浙富家子弟，早早被劃爲右派，勞動改造 20 多年。其間痛苦可想而知。平反後出版的作品都很有名，以《靈與肉》改編的、由謝晉導演的影片《牧馬人》，一舉獲得很多獎項。以後他除創作小說、散文外，還建造一座"西北影城"，在國內外獲獎的《紅高粱》影片的許多外景，就是在這裏拍攝的。來拍影視劇的收錢，遊客觀光也收錢，不光他個人收入多，而且也富了附近的人。這樣他闊起來了，成爲大富大貴。據說由於他青年到壯年都在勞動改造，與女人疏遠，也許“物以稀爲貴”吧，他渴望女人，熱愛女人；也對女人的生理很生疏，當他去掏糞坑看見帶血的許多紙巾，以爲謀殺了人，竟氣急敗壞地報告上級，鬧成一場可笑的驚慌。他對來開會的女作家或者一般女友，都特別表示親切，彬彬有禮，讓給上座，並由她們在影城商店任選禮品，不用交款帶走。即使社會上一些有困難的女人來信請解決困難，也樂意辦妥。這也算當代文壇一件軼事。

1198　　汪靜之也是喜歡女人的作家

詩人汪靜之（1902-1996）早已故世，他也是一位喜歡女人的作家。他小時讀私塾，最愛長他一歲的姑母曹誠英（就是那位與胡適有一段情緣，一生爲胡適背著十字架的女教授）。到了杭州讀書的時候，曹爲他介紹許多美麗活潑的姑娘，稱爲“八大美人”。最後他選擇第二大美人符祝英爲終身伴侶，相濡以沫。他自認：“我的詩與愛情是緊密相聯的，我喜歡這些聰明、善良、美麗的女子，我在詩中直率表露愛慕之情，我把愛情看作是最美好最高尚的感情。”後來他接受魯迅的勸告：現在不是寫愛情的時候，他就不寫了。他認識文化名人很多，葉聖陶、丁玲、胡也頻……他說：丁玲年輕貌美，富於才氣，談吐率真，她的《莎菲女士日記》，是葉聖陶給發表的，但正因爲這本書，丁玲被批鬥得死去活來。

汪靜之於1984年第二度隱居杭州，曾作啓事：我於1965年回杭州隱居，到1979年浙江作家協會還不知道我住在杭州。我一生過的是半隱士生活。湖畔詩社恢復活動後，社交不可避免，近來不相識的來訪者日漸增多，不堪其擾。因此決定再隱居……口占《隱居緣起》：

> "腦中潮似佛，頭上髮如霜。蠶老絲難吐，心焦愁夕陽。"
> 汪靜之。1984 年 7 月 25 日。

1199　毋忘國恥

　　鑒於日本首相小泉以及許多議員先後參拜供有日本戰犯神位的靖國神社，以及中國近年來一些青壯年人對抗日戰爭知之甚少，甚至麻木不仁，有的穿著皇軍服、佩軍刀和軍功章照像，以此爲榮；有的著名電影明星穿著日本軍旗服裝作爲封面女郎；因此引起警覺，提出國恥紀念的命題。我們知道，中華民族百多年來飽經憂患滄桑，特別是自 1931 年 "九‧一八" 到 1945 年 "八‧一五" 的 14 年抗日戰爭和反法西斯戰爭，可以說無愧於人類，進行最早，過程最苦，時間最長，貢獻最大。僅按 8 年抗戰計算，中國損失 6000 億美元，死傷了 3500 萬人，若從 "九‧一八" 開始的 14 年計算，損失則爲 1 萬億美元，死傷 4000 萬人，在二戰參戰國家中居第一。其中最少有 350 位旅長以上的將領犧牲，南京被屠殺 30 餘萬人，細菌、化學武器致死的 100 萬人，"試刀"、"衝刺" 訓練而被殺的 200 萬人，抗日部隊戰場死傷的 380 萬人，"三光政策" 致死的 320 萬人；100 萬婦女被凌辱殺害，無數建築物、糧食、資源、文物、財產等被破壞焚燒掠奪不知多少，真是曠世浩劫，罄竹難書。我是親歷其境而倖存者，很贊同把 "九‧一八"、"七‧七" 等紀念日用法律規定下來隆重紀念，內容包括警笛長鳴、下半旗誌哀、舉行大會等等，直到 "世界大同" 的到來。

1200　周文與魯迅

　　周文（1907-1952）四川人，原名何開榮，"左聯時期"常用筆名何穀天，因敬仰魯迅（周樹人）又取周文爲筆名，並以此行世。1933 年夏，他第一次見到魯迅，從此魯迅對周文的文學活動和人生道路有著決定性的影響。周文的成名作《雪地》被魯迅介紹到美國出版的中國小說集《草鞋腳》，又把小說《父子之間》介紹到日本《改造》雜誌連載。正是"人受寵而必驚，馬加鞭而愈奮"，周文接著寫了許多小說、散文，也多由魯迅過目，介紹到《申報・自由談》等報刊發表，名滿天下。

　　周文是"左聯"的共產黨員，被捕兩次，出獄後生活困難，魯迅便急著叫人送去生活費，這在魯迅日記和書信中都有記載。可以說魯迅是他的恩師，使他在外國人心目中與郭沫若、茅盾齊名。魯迅逝世後，十分悲痛，寫了許多紀念文章大大弘揚了魯迅的人品文品，也表達了他崇敬之情。他繼承魯迅倡導的"文藝大眾化"的工作，縮編外國名著《鐵流》、《毀滅》爲通俗本，定價低廉又容易閱讀。還主編多種大眾文學刊物，出版《大眾文庫》和《大眾畫庫》，深受大眾喜聞樂見。1939 年他不容再在國統區，到了延安，更發揮出他的才幹。全國解放後，任馬列學院秘書長兼教員，卻於 1952 年"三反"期間，被陳伯達整死，反誣其自殺，英年早逝，千古遺恨。直到 1975 年才平反，以後多次由有關單位舉辦"周文研討會"以紀念這位文壇名人。

1201　廖冰兄 "向錢看"

著名老漫畫家廖冰兄，1915 年生，現任中國美協理事。1932 年開始發表畫作，自學成材，我很記得他在當時的許多報刊上發表的尖銳活潑、簡練辛辣、針砭時弊的佳作。他也因此而受到迫害，長期做“運動員”。近些年寶刀未老，他牽掛著窮困失學的兒童，捐獻許多賣字畫錢助學，解決不少問題，他在全國各地“雪中送炭”，自己卻極力節約，童心未泯，常對人說：我家無父無子，無翁無媳，無主無僕，人人平等，通通是朋友。又說：我現在不畫漫畫了，我畫銀紙，寫銀紙，我現在向錢看，爲什麼？因爲有了錢，就可以幫助更多窮困的人。我的錢生不分給兒孫，死不帶進棺材，用錢多做點好事，幫多點好人。他有四個子女，分別叫凌依、凌兒、凌珊、凌思，（零一、零二、零三、零四的諧音）這名字既好記又好聽，使人讚歎。他說：名字嘛，符號而已，做人品德排第一。這就是廖老人如其畫、畫由心生、話如其人、清白爽朗、凜然正氣、仁心濟世的寫照。

1202　黃世仲的《洪秀全演義》

我在小學時代曾讀過一部《洪秀全演義》石印本，至今記憶猶新。它是耐人尋味的愛國章回通俗歷史小說。洪秀全其人其事，自有歷史定評，但毛澤東把他列入“向西方尋找真理”的四個中國人之一，卻已是事實。《洪秀全演義》是廣東番禺人黃小配【又名世仲，筆名高山世次郎，（1872-1912）】寫於 1905 年的。他是早期的同盟會員，在穗港各地從事革命活動，他以滿腔的同情心描寫洪秀全締造太平天國的史事，顯而易見是爲了配合“驅除韃虜，建立民國”的需要而寫的。雖然內容不少與歷史真實不符，例如錢江其人，原是太平天國的無名小卒，且早已投敵被殺，而演義卻寫成綸巾羽扇、足智多謀、用兵如神、功勳卓著，好像三國時代諸葛亮孔明大軍師。但此書一出，加上書前有章太炎的序文吹噓，竟風行各地，對辛亥革命影響很大。

《洪秀全演義》是以其人們喜聞樂見的民族形式、抒發愛國激情的。無論氣氛、情節、佈局、人物性格各方面，很明顯都摹仿《三國演義》、《水滸》的筆法，其悲壯熱烈處，真能使鬼哭神號，我讀此書時，曾爲翼王石達開的西奔和李秀成、陳玉成的壯志難酬，以及太平天國被曾國藩推翻、風流雲散而淒然落淚。黃小配還著有《宦海升沉錄》、《大馬扁》、《五月風聲》等書，也深得好評。《大馬扁》是搏擊康有爲的保皇派的，《五月風聲》是他自己參加 1911 年 3 月 29 日 "黃花崗之役" 的慘烈悲壯記述。可惜民國成立後的 1912 年，他卻爲軍閥殺害，年僅 40 歲，一代英烈，長使英雄淚滿襟！

1203　　酒仙葉聖陶

葉聖陶（紹鈞，1894-1988）是現代文學家、教育家盡人皆知，而他又是酒仙卻恐怕知者不多了。上世紀 30 年代，他在上海開明書店編輯《中學生》雜誌時，與經理章錫琛、學者王伯祥等成立 "酒會"，他被推薦爲 "會長"，擬下章程：一次能喝紹興黃酒五斤以上收爲會員。當時也頗嗜酒的裝幀、書畫、篆刻家錢君匋也想入會，但酒量只有三斤半，乃請會員豐子愷（豐是吃素的佛教居士，但不戒酒）轉圜通融，子愷礙於情面，只好報請葉會長核定，葉批示：

"先作爲預備會員"。並鼓勵錢君匋好好鍛煉，以期早日轉正。到了建國前夕，葉聖陶等一大批民主、文化人士由香港北上解放區，他與鄭振鐸、宋雲彬特地買了一打白蘭地酒在輪船上每餐喝一瓶，中途加入了報人徐鑄成，同船的柳亞子見了，稱之爲"四大酒仙"。以後他們大半定居北京，嗜酒的酒仙更多一醉方休的聚會了。

1204　馬思聰帶冼星海拜師

文化名人大抵都有惺惺相惜、薪火相傳的美德。著名音樂家馬思聰於1923年11歲隨長兄馬思齊到巴黎拜奧別多菲爾爲師學習小提琴，成績優良。以後回國在廣州辦學並結婚。1928年又考進了巴黎音樂學院深造，是該學院第一位黃種學生。1929年廣東番禺人冼星海（1905-1945），已是24歲的大青年，比馬思聰還長大，也到了巴黎，想勤工儉學學習音樂，找到馬思聰，請他介紹給奧別多菲爾做學生。當時冼星海音樂水平不高，小提琴拉得不好，奧氏聽了皺著眉頭，問明他的歲數，眉頭更皺，因爲學習小提琴應從少年學起才有成功把握。馬思聰便幫著向老師說明冼星海的貧苦身世和決心學習的堅強意志，老師起了同情心，說："好吧，從今天起，你就是我的學生了，現在不要你的學費，但願上帝每天賜給你48小時。"並送了一疊飯票給他到食堂裏開膳，使這二個中國青年感激得說不出話來，緊緊握住老師的手。後來冼星海也成了著名的音樂家，爲抗日戰爭譜寫了許多激昂慷慨悲壯的進步歌曲，卻不幸於1945年病逝於蘇聯旅途上，馬思聰聞知深爲哀悼惋惜，又是"人生長恨水長東"。

1205　鄭板橋判點鴛鴦譜

　　清代揚州八怪之一的鄭板橋（1693-1765），其實是最正直敦厚的性情中人，不過他恨吃人的禮教，爲官清廉愛民，不同流俗，很有個性而已。當他在山東濰縣作宰時，有一對崇仁寺和大悲庵的僧尼私通，被人捉住送到縣衙核辦，鄭板橋親自過問，見那和尚和尼姑低頭羞澀、愁眉不展、脈脈含情而又年齡相仿，很是匹配，便怦然心動，當即判他們還俗，結爲夫婦，成家立業。兩人歡天喜地拜謝而去。鄭板橋還爲此寫了首七律：

　　　　一半葫蘆一半瓢，合來一處好成桃。
　　　　從今入定風規寂，此後敲門月影遙。
　　　　鳥性悅時空即色，蓮花落地靜偏嬌。
　　　　是誰鈎卻風流案，記取當年鄭板橋。

1206　鍾敬文與秦牧的忘年交

　　秦牧（1920-1992）與鍾敬文（1902-2002）同是當代的名作家，又同是廣東潮汕地區人。年齡相差十七、八歲，但卻是長達半個世紀的忘年交。他們各有所長，在中國文學史上都有一定的地位。1940年，由於惺惺相惜，他們齊會於廣東戰時省會韶關市，以後雖在不斷的戰亂中，還是親密無間，時有見面。到了1977年，打倒"四人幫"，春回大地，秦牧調到北京參加新版《魯迅全集》編輯工作，得與原在北京師範大學教書的鍾敬文較多的相聚，鍾贈秦一首詩：

　　　　憶君返棹自西洲，萬里風濤話壯遊。
　　　　十載冰霜花事盡，一宵雷雨瘴氣收。

重光日月需才筆，映雪襟懷恥末流。

嶺表故人京洛客，明湖待泛載春舟。

當鍾敬文 80 壽辰時（1983），秦牧也寫了一篇《探索民間文學60 年》散文，介紹鍾教授卓越的成就和貢獻。1992 年秦牧猝逝於廣州，鍾教授悲痛至深，寫了悼文並附輓聯弔唁：

揮筆千百篇，激濁揚清真健者；

交情五十載，知心談藝更何人？

以後還念念不忘秦牧，關懷《秦牧全集》的出版。他們的忘年交穿過悠悠歲月，閱盡人世滄桑，跨越生死界線，所表現的深情，真像淙淙甘泉，永遠沁人心脾。

1207　　潘達微的 "絕命詩"

我們都知道潘達微（1879-1929）是辛亥革命志士，他不顧個人安危，以慈善機關名義自費把 72 烈士屍體叢葬於黃花崗（原叫紅花崗），這就是當年人稱 "諮議局前新魂錄，黃花崗上黨人碑" 的由來。民國成立後，潘氏淡泊名利，不願爲官，爲避免袁世凱等人的迫害捕殺，隱姓埋名在上海、香港等地辦雜誌、開照像館，吟詩作畫。後因患肺病，弄得骨瘦支離，辭絕親友探望。1929 年 8 月 27 日死於香港寓所，葬於黃花崗 72 烈士墓側，亦云生的光榮，死得其所。當他病重時，曾畫一幅病梅，題詩四首以表浩茫心跡：

殘年底事感酸辛，雪壓霜欺老病身；

料得江南春不再，落花凝淚傍慈雲。

花開花落寂寞春，調羹往事恥重論；

榮枯閱後真無味，悔向塵中此問津。

天涯掩淚病難支，心血都成畫上脂；

莫問羅浮春夢事，至今重說尚迷離。

玉笛無聲五月過，一花一葉奈愁何；

淒涼欲證前身事，證到前身又怎麼？

1208　諸葛亮、王羲之的籍貫

最近山東濟南市中心建築了一座廣場，樹立著十二位山東先聖先賢的銅像，供人瞻仰：舜帝、管仲、孔子、孫武、墨翟、孟子、諸葛亮、王羲之、賈思勰、李清照、戚繼光、蒲松齡。（據說還準備多加辛棄疾和近現代名人）我記得諸葛亮"躬耕南陽"之句應該是湖北襄陽人，而現在卻被認為是山東琅邪陽都（今沂南）人，根據是諸葛亮早孤，由袁術手下做官的叔父諸葛玄照顧，帶到南陽定居。其次，王羲之在我的印象中是浙江紹興人，因為他那篇《蘭亭集序》分明說在山陰。原來他是東晉南渡的人物，與諸葛亮同是山東沂水邊的老鄉。以上兩人的來歷似乎都說得有據有理，應該相信。

山東人一向很自豪於一山（泰山）、一水（黃河）、一聖（孔子），其實何止一聖？孔子的思想，孫武的兵書，固然是世界性的，就是其餘的人也很不俗，不僅山東人以他們為傲，全中國人也以他們為榮。我祝願各省市都能搜羅發掘值得紀念的人物、史績，建成自己的文化廳堂，為後人瞻仰學習。但僅借此以炫耀和滿足"我的祖宗很闊"，那是阿Q精神、民族劣根性，不足取也。

1209　蒲松齡與《聊齋誌異》

清·蒲松齡字留仙，號柳泉居士，淄川人（1640-1715），由於他寫出《聊齋誌異》，受到郭沫若稱譽"寫鬼寫妖，高人一等；刺貪刺虐，入木三分"，而且還飲譽海外，與《天方夜譚》、《浮士德》同日而語。他一生貧苦，只教私塾，到72歲才舉貢生。在失意無聊中常採集民間故事傳說，與青燈黃卷作伴，神魂動蕩，彷彿絕代佳人從天而降，溫柔多情，粲然而笑，進而結婚、生子，科場得意，榮華富貴，還有什麼比這更省事美妙的豔福？真是書中自有俏女鬼，開卷忽有狐美人，蒲老先生寫寫復寫寫，積成《聊齋誌異》一書。他苦悶難紓，禮教又不能容他放肆，一念入綺，便創作出這許多美麗、離奇情節的故事了。蒲氏一生著述頗豐，還有《聊齋文集》、《聊齋詩集》等，但都不如《聊齋誌異》響亮，它展現人間真、善、美和假、惡、醜的眾生相，極富想像和民俗趣味，以極大的同情心賦予幽冥的狐鬼仙魅以人性，在《三國演義》、《水滸》等通俗小說之外，另闢蹊徑，探索新境，自成一家，這是他成功的地方。我想：假如他一直在科舉、仕途得意，聲名不會有這麼顯赫的。

1210　鄭板橋幸不爲乾隆垂青

據說：清·鄭板橋（1693-1765）初任山東范縣縣令時，是抱著立功天地、大幹一場的宗旨的。所以一上任便叫人在縣衙圍牆上鑿了許多洞與外界相通。他感到"縣門一尺情猶隔，況是君門隔紫宸"。乾隆13年（1748）春，東巡泰山封禪，這位山東濰縣縣令也上山湊熱鬧奔跑40多天。當然皇帝吃的是山珍海味，百味兼呈，而板橋卻依然白粥、饅頭、鹹菜充饑。當時他已50多歲，累得不亦樂乎。誰知乾隆根本沒有和他接觸，小小七品縣令實在不在皇帝眼裏，加上他也孤芳自賞，不善鑽營吹捧，也樂得如此。直到乾隆回朝，他也下山。從此，他的幻想破滅，官場春夢清醒，不僅沒有給他調升，連一點嘉獎的公文也沒有收過，遑論物質上的恩賜？他知道做官走錯了路，還是辭官過平民生活、賣字畫去好。他幸而不爲乾隆垂青，得以專心藝事，結果成爲風流倜儻、快快活活、詩書畫三絕、蜚聲海內外、千古流傳的大家。這和上代人蒲松齡有異曲同工之妙。

1211　秦檜也有好後代

俗話說："忠臣十二代，奸臣十三代"，意思是說壞人更枝繁葉茂、瓜瓞連綿。且說：秦檜謀害岳飛 75 年後的南宋嘉定 10 年（1217），有一位秦檜的曾孫秦巨，文武雙全，報國心切，老將趙放舉薦他領兵抗金，但有人反對，認爲秦檜後人當大任，必然誤國，寧宗對雙方意見均不採納，而封秦巨爲戰略要衝蘄州通判，兼領守備任務，後來金兵犯蘄州，秦巨堅守危城，因救兵不至，城被攻破，他不投降也不突圍，與全家七人自焚於烈火中，成爲抗金的英雄。

據野史傳聞：時間推移到清·乾隆年間，秦檜後裔秦間（澗泉），才華出衆考中狀元，一天與友好遊杭州西湖岳王廟，爲接受友好的敦請表白心跡，在岳飛墓側寫上墓聯：

　　人從宋後羞名檜，我到墳前愧姓秦。

很得友好讚賞，譽之爲"荷花潔白，出淤泥而不染"。以上秦巨、秦間兩位大人都是秦檜的後裔，但人各有心，心心各異，好在他們命大福大，有聲有色，假如他們活在廿世紀的"文化大革命"時代，只憑著"老子英雄兒好漢，老子反動兒混蛋"這一條"血統論"、"成份論"，我看就夠他們受的。

1212　補記金岳霖與梁思成、林徽音夫婦

金岳霖（1896-1984）長沙人。留學美國獲得博士學位，歷任各大學教授，與梁思成、林徽音（因）一向很好，有如家人，共同生活了幾十年，直到死前還與梁、林的兒孫同住，終身未娶，有人說：他一生暗戀著林徽音。前記他為梁、林夫婦寫過一副嵌名聯：

梁上君子，林下美人。

梁聽後很高興說："我就是要做梁上君子，不然我怎麼能打開新的研究道路？豈不還是紙上談兵嗎？"林徽音聽了，反應卻不一樣，她說："真討厭，什麼美人不美人，好像一個女人沒有什麼可做似的，我還有好些事要做呢。"金岳霖鼓掌讚賞他們夫婦的發言。我們知道，金岳霖還和徐志摩、錢端升兩對夫婦感情很好，一幫才子佳人，熱鬧著抗戰時期各地艱苦生活的冷峻氛圍，包括昆明、重慶、北京。

1213　　臺靜農生平

臺灣大學教授臺靜農（1902-1990），很早受到魯迅的愛護，共同與李霽野等人組織"未名社"出版書刊，同時還編著了一本《關於魯迅及其著作》小書在開明書店出版，是我最早讀到的有關魯迅專論的著作。臺靜農涉獵廣闊，詩歌、小說、理論、書畫、篆刻都擅勝場。他服膺於魯迅的"真的猛士，敢於直面慘澹的人生，敢於正視淋漓的鮮血。"三度被捕，曾任廈門、山東大學教授，結識朋友很多，如蔡元培、許壽裳、沈兼士、老舍、張大千、陳獨秀等。於1946年渡海到臺灣任臺灣大學教授，原以為是暫時寄寓，名其居室為"歇腳步"，殊不知兩岸分離人為隔絕，一住就是半個世紀，西望長安，難遣思念故地情思。所幸桃李滿天下，遺下著作甚豐，雖說曲終人去，卻留下了人們無盡的薪盡火傳、春暉如昔的追懷景仰。

1214　徐悲鴻、郭沫若名字由來

中國人取名大都有寓意，前已有多則記述。現在再憑記憶補記一二：徐悲鴻小時貧苦，入學困難，借貸無門，誰也看不起他，他感到前途渺茫，悲從中來，好像秋冬長天的孤雁，以是取"悲鴻"為別字以自詡自勵，發憤求學，並赴法國留學繪畫，終成一代大師。其次，郭沫若名字很多，而以沫若、鼎堂為著。沫若是取其故鄉四川樂山兩條沫水和若水頭一個字而成，意思是飲兩水清流長大的，永遠不忘故鄉。

1215　調改盧瑞華的一首七絕

我們有些公僕，往往工作有了成就，意得神閑，便會詩興勃發，吟起舊體詩詞來。雖不敢說他"附庸風雅"，賣弄風騷，卻也不夠虛心，不和內行人商量，以致鬧成笑話，連最基本的韻律也不協調的情況。2002年5月16日的《羊城晚報·花地》，就刊登一首盧瑞華省長的《羊城美》七絕，原詩和題記如下：

喜見廣州環境優美，市場繁榮，人們日忙工作夜遊珠江，遂起詩興：

> 雲裳綠染奪天工，車水人潮意各濃。
> 忙罷一日笑相約，今宵乘龍聽江風。

我們一讀便感到拗口，第三四句略作調改，便順當多了：

> 忙罷一天相笑約，今宵乘浪聽江風。

1216　塞翁失馬，焉知非福

古今中外因禍得福的人很多，所謂"塞翁失馬，焉知非福"，便是此意。總之，人生道路是人走出來的。"我的朋友"臺灣作家周伯乃，曾主編"中央月刊"、"中央日報"、"實踐雜誌"、"世界論壇報"副刊和許多文學雜誌，創作的小說、散文、詩歌、文學理論已有卅多部，已是 60 有餘的人了，現任臺灣中國文化大學董事會祕書、開封大學客座教授，時常奔波兩岸講學旅遊，爲溝通文化而操勞。他原是廣東五華人，是我的同鄉，16 歲時，即 1949 年春，他正在一間中學讀書，卻被國民黨胡璉兵團擄去當兵，運到臺灣。當時他的家人和他自己痛哭流涕，認爲是無法挽救的大禍。事實上也確實與家人斷絕音信多年，生死莫測。殊不知經過他努力向上，勤奮學習、工作終成名人，業績輝煌。我還有好幾位同鄉同樣被擄去當兵，受盡磨折，現在都在臺灣成家立業，生活美滿。這怎樣說好呢？有的人就牽連到命運上去了。

1217　黃埔軍校

黃埔軍校是世界知名的軍校，創辦於 1924 年 6 月國共合作的時候，引來了全國的青年菁英，接受革命的軍事、政治教育。軍校大門外掛著這樣新鮮的對聯：

> 升官發財，請往他處；貪生怕死，莫入此門。

橫批是：“革命者來”。

還有帶著江湖義氣的聯語：

安危他日終須仗；甘苦來時要共嘗。以及校訓“親愛精誠”和其他的口號標語，朝夕惕勵薰陶，培養著團結友愛，不愛錢不要命，勇敢犧牲，共同打倒軍閥和帝國主義，復興中華，建設祖國的革命觀，他們在校訓練時間很短，先後畢業派到國民革命軍中去當幹部，正像麥克亞瑟形容美國西點軍校學生：一隻獅子帶著一群綿羊，也能無敵於天下，分東西兩路北伐，摧枯拉朽，勢如破竹，不一年便把軍閥吳佩孚、孫傳芳百萬人馬趕到長江以北，這是奇蹟。可惜，這些黃埔學生到了 1927 年“4·12”事變後，便行分化，大多數跟著他們的校長蔣介石到了台灣。現在廣州市長洲島的黃埔軍校舊址，已闢爲革命歷史教育基地。

1218　罕見的簡短演說

有許多人講話或演說，先來個導言，以後一、二、三、四，甲、乙、丙、丁地一大篇，有如老婆娘的裹腳布又臭又長，使聽者生厭。但也有不少人講話或演說簡單扼要，恰到好處。1936 年 10 月 19 日魯迅逝世，上海舉行公祭大會，著名報人鄒韜奮（1895-1944）登臺演說：“今天天氣不早，我願用一句話來紀念魯迅先生：‘許多人是不戰而屈，先生是戰而不屈。’完了。”還有，美國的萊特兄弟于 1903 年 12 月 17 日駕駛動力飛機成功地遨遊藍天，人們爲此舉行酒會，主持人要萊特兄弟講話，推辭不脫，哥哥便發表一句言簡意賅的雋語：“據我所知，鳥中最會說的當屬鸚鵡，而鸚鵡是永遠也飛不高的。"

1219　　范成大與陸游的交情

　　人們交友一向認為志同道合，思想感情一致，才能水乳交溶、肝膽相照、相濡以沫、始終如一。若說"文人相輕"，那是走向反面的結果。南宋詩人范成大（1126-1193，蘇州人）、陸游（1125-1211，放翁，紹興人），曾有過上下級關係，范成大任成都知府兼四川制置使時，陸游任他的參議官，位置不高，但兩人卻同懷北伐、收復中原故土的愛國志向，情同手足，酬唱很多，這從他們的遺集中可以讀到。范成大當年出使金邦時，寫有七絕《州橋》：

　　　州橋南北是天街，父老年年等駕回。
　　　忍淚失聲詢使者，幾時真有六軍來？

　　陸游時時誦讀這詩，感慨系之，在他臨終前也寫了一首絕筆詩《示兒》：

　　　死去元知萬事空，但悲不見九州同。
　　　王師北定中原日，家祭無忘告乃翁。

　　陸游臨終念念不忘的還是收復中原、國家統一。他早有詞云：

　　　胡未滅，鬢先秋，淚空流。此身誰料，心在天山，身在滄州。

　　這不是他們的悲劇，而是時代的悲劇，歷史的悲劇。我希望這悲劇在中國不要重演，即使正在重演，也要趁早收場，改演相對的喜劇。

1220　　北洋軍閥政府的內閣

從 1911 年民國成立、袁世凱掌權，到 1928 年北伐軍勝利、張作霖離開北京回東北、於同年 6 月 4 日在皇姑屯被日本炸死爲止，共16 年的北洋軍閥政府，便宣告覆沒。其間北洋軍閥政府經歷著 46 屆內閣，你方唱罷我登場，更換頻繁有如穿梭，多者數月，少則幾天，平均每屆約五個月，真是世界少有的政壇奇聞。可以這樣說：在這16 年時間裏，中國製造了 46 名內閣總理，其部下的什麼長之類的大官，就很難計算了。他們做了多少壞事，花了多少人民的血汗錢，炮製了多少戰亂和國恥，把國家民族推向滅亡的邊緣等等罪惡，則更加罄竹難書。我們讀這段中國歷史，真像讀“五胡亂華”費腦筋，但我們還是應該知道這段歷史，“前事不忘，後事之師”，“忘記歷史，等於背叛。”

1221　　羅家倫生平

“五·四”運動中的北京大學生健將羅家倫（1898-1969）與傅斯年齊名，他們創辦的《新潮》月刊，與《新青年》雜誌彼此呼應，介紹新思潮，開一代新風，促進運動前進。以後，羅家倫由校長蔡元培推薦赴英、美、德、法留學考察，回國後爲蔣介石所用，歷任北伐軍參議，清華大學、中央大學校長，越老越右。抗日期間，任新疆省監察使兼中央政治學校代理教育長。抗日勝利後，任中央黨史編纂委員會副主委，後又出使印度，到新中國與印度建交，才下旗返臺灣任考試院、國史館一些閒職以終。

當他任新疆省監察使時，曾寫了一首《新疆歌》又叫《玉門出塞》的歌詞，很有文學味道，不愧是老手：

左公柳拂玉門曉，塞外春光好。

天山融雪灌田疇，大漠飛沙旋落照。

沙中水草堆，好似仙人島。

過瓜田，碧玉蔥蔥；

望馬群，白浪滔滔。

想乘槎張騫，定遠班超，

漢唐先烈經營早。

當年是匈奴右臂，將來便是歐亞孔道。

經營趁早，經營趁早，

莫讓碧眼兒射西域盤雕。

現在，中央提出西部大開發的戰略決策，這首歌詞可謂著了先鞭，吹了前奏。歌詞中的"左公柳"是清·左宗棠（1812-1885）與曾國藩、曾國荃兄弟剿滅太平天國後，出任陝甘總督，以欽差大臣督辦西北軍務，"攻撚""攻回"，平定阿古拍叛亂時，在西出一路上種的楊柳樹。人們為了紀念左宗棠這一功績而命的嘉名。

1222　寧波慈溪城南公園的對聯

浙江寧波慈溪城南公園西門石牌坊，有人撰寫了一副對聯：

古城宜畫宜詩，淡雅清幽，風光宜細品；

此地可歌可泣，激昂憤慨，歷史可沉思。

上聯是說慈溪舊城毗鄰農業文明的河姆渡，先後出過五百多個進士，風景人文都很不錯。秀麗出於淡雅，深沉見於清幽。以詩作比，不要讓人一讀就懂，一懂就厭；以畫作比，不要瞥一眼就透底，了無餘味。淡，是濾掉雜質的淳，不是清湯寡水，如此方可言雅；

清，是含衆味而不見其形，不是缺乏內涵，如此方見其幽。淡雅清幽，是美學上最高境界。下聯隱舉1841年鴉片戰爭，朱貴父子和四百壯士在該地和英軍勇戰，奉獻了生命，而一些奉旨守土的大官，卻隔岸觀火，或者臨陣脫逃，以致遭到戰局失敗。後人建立朱貴祠和烈士墓以紀念、追思。總的說來，這副對聯用質樸通俗的詞語，狀寫舊城的風光氣質，文明積澱和歷史傷痕，使人追思、警惕，接受教育，豈止觀景而已哉。我以爲這副對聯，還有普遍性，既可以刻在廣東的虎門、黃埔，也可以刻在其他曾留下敵人鐵蹄和烈士血跡的地方。

1223　孫中山先生結婚吟詩

今年是匈牙利革命詩人裴多菲誕生180週年，我們都知道他那首詩：

> 生命誠可貴，愛情價更高；
> 若爲自由故，兩者皆可拋。

但鮮爲人知的是孫中山先生與宋慶齡在前世紀初假座日本梅屋慶吉家裡結婚時，孫先生曾朗誦過裴多菲另一首詩：

> 我愛的是春天／你愛的是秋季／春天正和我相似／秋季卻像是你／假如我退後一步／你跨一步向前／我們就進入了寒冷的嚴酷的冬天／可是／如果你退後一步／我再跨一步向前／就一起住進了美麗的熱烈的夏天

1224　卓別林的幽默

上世紀 30 年代，卓別林是世界知名的笑星，我們只要看他的日本鬍子和瘦削的體形以及走路的特殊腳步，便會笑痛肚皮。他演的多是啞片，卻容易看懂。他生平幽默故事很多，有一次他在看電影，鄰座的小偷把手伸進他的口袋，即被發覺，小偷說：對不起，我想掏手帕，卻掏到你的口袋了。卓別林不聲不響一個大巴掌打過去，說：對不起，我想打死臉上的蚊子，卻打錯地方了。又在 1938 年，卓別林創作諷刺希特拉的劇本《獨裁者》，有人說：這劇名我已先用，我有版權，是我的無形資產，你要用也可以，但要交轉讓費 2.5 萬美元。卓別林不慌不忙，在上面加一個"大"字，變成《大獨裁者》，並幽默地說：你的是一般的獨裁者，我的是大獨裁者。對方無話可說，省了 2.5 萬美元，可謂一字值萬金。還有一次，科學家愛因斯坦寫信給卓別林說：你的電影《摩登時代》，世界上的人都能看懂，你一定會成爲偉人。卓別林覆信寫道：你的相對論，世界上沒有人弄懂，但你早已成爲偉人，我很欽佩你。

1225　　華僑萬歲

我們炎黃子孫爲了生存和發展，有一部份遠適異國，艱苦奮鬥，安家樂業，永遠不忘故鄉，關心祖國的興亡安危。前世紀三四十年代，大約有一千萬僑胞，居住在南洋、美洲、歐洲各地爲抗戰作出很大的貢獻和犧牲，千萬不能忘記。他們受著當地外人的欺凌和剝削壓迫，更從心坎裏熱愛祖國母親。他們繼承和發揚支援孫中山建立民國的志氣和熱情，從 1937 年全面抗戰開始，除了少數奴顏婢膝、賣國求榮的漢奸外，都在嚴酷的現實面前，與祖國的軍民同甘共苦，共赴國難。當我進入軍校進修，一位中學同學魏祖謀，便在南洋聞風來信鼓勵我學成後努力殺敵，並匯款濟用，我至今記憶猶新。據資料記載：自 1937 年至 1942 年，祖國發行六次公債券 30 億元，華僑就認購了 11 億元。著名華僑陳嘉庚等人還投鉅資在內地建設樹膠廠、製藥廠等，以解決抗戰物資缺乏問題。以後各地華僑，還以 "月捐" 的形式長期捐款。更有印尼華僑馬細旦，因殘疾長年以手代步，把行乞所得捐給祖國；緬甸華僑葉秋蓮女士，把自己的手飾、家產全部出賣慷慨輸將，以後無以爲生，入寺爲尼，毫無怨尤。菲律賓和泰國等地的華僑，還有把結婚費、喪葬費節省下來獻給祖國的。據統計在 8 年抗戰中，華僑捐款 13 億 2 千多萬元，至於華僑寄回老家的僑匯，更多至百億元，這也支援了祖國的抗戰。（以上數目假如折合今天的幣值，當是十百倍了）1940 年軍政部長何應欽作報告：光是 1939 年華僑的捐款和僑匯就有 13.3 億元，而同年的軍費才 18 億元，華僑竟擔負了絕大部分軍費。還有捐軍需物資也很多，據政府報導：抗戰頭三年華僑捐獻的飛機 217 架，救護車、汽車一千多輛，坦克 23 輛，其他如棉衣、醫療藥品器械等等則無法計算了。更有一批熱血青年華僑，唱著抗戰歌曲，離開溫馨的家庭，漂洋過海，歷盡艱辛回到祖國，接受戰火紛飛，腥風血雨的洗禮，在前方或後方灑下鮮血和熱汗。即如滇緬公路上的汽車華僑司機，在飛機轟炸、道路險阻、疾病流行的惡劣環境中，輸送了幾十萬噸軍用物資回祖國，其中就有一千多人犧牲了寶貴的生命，英魂與祖國同在。我們回顧往事，應該爲華僑愛國精神和行動而謳歌：華僑萬歲！現在，他們在祖國日益強大的鼓舞下，當對祖國的建設和統一大業作出更大的貢獻。

1226　茅盾的風雅閑情

一般的文人雅士，都具有倜儻風流、幽默風趣的本色。不光在平日喜歡飲酒賦詩、喝茶聯對、琴棋書畫、談笑戲謔；卻在雞鳴風雨，戰火紛飛、艱難困頓的時刻，也難免逸興遄飛，風雅閑情，留下許多為人樂道的遺聞軼事。1938 年全面抗戰的第二年二月，上海南京已經淪陷，茅盾、邵力子、老舍等人在漢口成立中華全國文藝界抗敵協會，成員中的茅盾、胡風、高龍生、胡考、老向、老舍、鳳子、邵力子等，經常聚在一起談論創作和國內外形勢。老舍對鳳子一向很親熱，頗多讚譽，而胡風卻偏愛高龍生的繪畫，與胡考時有好評。有一天，茅盾抽著捲煙，向大家吟出一聯：

老舍老向鳳子；胡風胡考龍生。

這聯把在座的六位文藝家名字疊成對聯，寓有深意，而又對仗工整、貼切幽默，大家連聲說好。

1227　茅盾與郭沫若的友誼見證

1962 年秋天，廣東文藝界領導陪著茅盾到佛山市民間藝術研究社參觀秋色和剪紙，看到郭沫若於 1961 年參觀時留下的一首七絕：

憑將秋色千張紙，奪取乾坤萬象春。

神以人靈神已廢，如今百姓盡為神。

茅盾覺得郭老這首詩寫得很好，讚美了創造這些藝術的人民群眾，便也題寫了 "剪紙鬥彩，秋色迷人" 半邊對聯。後來郭老作第二次參觀，看見這半邊對聯，並知道是茅盾讀到他上述的七絕詩題寫的，乃接著題寫 "作字題詩，春風滿座" 下聯。如今這兩位大師都已作古人，所留下的這些珠聯璧合的文藝瑰寶，成了雙方友誼的見證，永在人間。

1228　悼茅盾輓聯

現代文學巨匠茅盾（沈雁冰 1896-1981）於 1981 年 3 月 27 日逝世，他的浙江桐鄉故鄉人士以沉痛的心情爲這位偉大人物舉行追悼會，並送輓聯，其中一副寫道：

> 八千里出生入死，歌浦潮聲、珠江蜃氣、渝州夕霧、
> 京國朝霞，大筆淋漓，盡化爲蒼生霖雨；
> 六十年漚心瀝血，清明即景、子夜長歌、霜葉情思、
> 白楊禮贊，天才縱橫，全都是傳世文章。

上聯寫出了茅盾的革命足跡和經歷，下聯嵌用他的部份宏篇巨著。整聯充滿激情，氣勢磅礡，表達了深切懷念和景仰之情。

1229　我愛雜文

我愛雜文，尤愛雜文作家的正義感。以前的魯迅、唐弢固無論矣；即如當代的邵燕祥，洞若觀火的眼力，深邃明智的思維，使其作品汪洋恣肆，鞭闢入裏，具有無可置疑的論辯力。舒展嫉惡如仇，愛憎分明，寫出了一語中的，入木三分，辛辣尖刻，振聾發聵的作品。牧惠以豐富的文史知識，溶入當代社會現實，深入淺出，莊諧雜陳，使人擊節讚賞。何滿子、馮英子出身報人，博聞廣記，學養豐富，其雜文看似平凡，其實綿裏藏針，辨微知著。章明的雜文語言得體，精巧奇特，意味深長，引人入勝，掩卷沉思。……

雜文的內容無非是：諷刺、揭露、批判、抨擊、針砭；藝術特徵則是幽默、辛辣、尖銳、精悍。它是淨化人們的心靈，改造國民

性，遏制腐敗醜惡的投槍匕首。有人說：現在的時代不同了，雜文已失去作用。其實任何時代也有真善美與假惡醜的矛盾鬥爭，不能放下雜文這一武器。我希望有更多更好更犀利更精采的雜文出現，當然也希望我們的社會少發生屬於雜文的材料。

1230　一首"啞語詩"

舊詩詞的平仄字音，本來是一種聲調，並不包涵什麼思想感情。但中華文化畢竟廣博精深，無美不臻。番禺人屈九卻在以前政治運動頻繁、人事變化很大的時代，寫出一首"平仄詩"很有意思，抄下公諸同好：

> 平平仄仄平平仄，仄仄平平仄仄平；
> 仄了難平平易仄，平平仄仄亦平平。

第一二句是說人生好壞禍福相替很平常，沒有什麼可怪的。但在史無前例的"文化大革命"時期，假如被打翻在地，卻很難平復翻身過來；至於被看中提拔的"革命派"，也很容易又被別人打翻在地。這就是第三四句的意思，使人感到世事無常無所謂，應該以平常心待之。這位屈九仁兄也算是一位善於表達、很懂意境的大詩人，這首詩大概也可以叫作"啞語詩"，別開生面，不可多得。

1231　開發西北、新疆是時候了

在清朝中葉以後，中國的東北、西北遼闊的國土，給沙俄侵佔去的不知有多少，這是大家都知道，歷史有記載的鐵的事實。就西北來說，是多民族雜居的地方，能否成為多民族的幸福樂園，增強凝聚力和對中央的向心力，全靠各項建設的成功來實現。新疆自治區是西北的重點，有豐富的各項資源，遼闊的疆域和特殊的地位，是亞歐大陸橋的橋頭堡，地勢險要，與中國內地隔著一大片戈壁，只有猩猩峽一線可通，真是一夫當關，萬夫難攻，歷來是國內外野心家的逐鹿場。我們現在談建設西北和新疆，最重要最急迫的是交通運輸，機場、鐵路、公路等基礎建設，齊頭並進。我們特別要強調新疆的地位，它是西亞大陸的中心，有 166 萬平方公里的面積，約占全國總面積的六分之一；常住人口只有 1864 萬餘人，約占全國人口七十分之一，發展的餘地很廣闊，自然資源很豐富：目前已發現各類礦產 138 種，儲量居全國前十位的有 43 種，其中石油、天然氣、煤炭、有色金屬和鹽類資源很是可觀：石油儲量約 208.6 億噸，占大陸總儲量百分之 30；天然氣儲量約 10.3 萬億立方米，占大陸總儲量的百分之 34。其他有色金屬等等不計其數。還有許多稀有金屬，這些都是我們在廿一世紀保持國民經濟高速增長、健康發展的可靠物質條件和保證。應該說：開發西北、新疆是時候了。

1232　重視友情、自學成材的沈從文

沈從文（1902-1988）生長在風雷激蕩而又閉塞的前世紀二三十年代的湘西鳳凰。少時貧苦、頑皮，被母親送入軍營當兵，從此加深了他對人生和社會的體驗，以後隻身來到北京，浪跡他鄉，艱苦自學，走上文壇。他的《邊城》成爲歷久不衰的名篇。50 年代卻因不合時宜，研究起歷史文物，寫出《中國歷代服飾研究》。可以說：他的長期生命歷程中，榮辱交錯，廢譽參半，卻又能夠自強不息、豁達樂觀、忍辱負重、成名成家。

沈從文初期在北京抱著他的夢想，忍饑耐寒刻苦讀寫，但寫的

多是石沉大海，幸得郁達夫的扶持鼓勵，得以堅持不懈，向北京報刊「大轟炸」，《晨報》副刊的主編徐志摩是他的「伯樂」，除儘量發表他的作品外，還寫評論讚譽他的才華，宣佈文學新人的出現。更介紹許多當時知名的作家與之相識。後來又得到胡適、楊振聲的特別培養，任他爲上海中國公學教師（大學體制，胡適任校長）。這時他勤於寫作教學，提高了能力，還追求到一位賢淑的終身伴侶、學生張兆和。後來再到山東青島大學任教師，確立了文壇的地位。因此，他對有知遇之恩的郁達夫、徐志摩等的不幸逝世，都沉痛地哀悼。他一生視友情如生命，講信用、重義氣、滴水之恩，必以湧泉相報，實在是其來有自。他曾說：「我深深相信，在任何一種社會中，這種對人坦白、無私的關心友情，都能產生良好的作用，從而鼓勵人抵抗困難，克服困難，具有向上向前的意義。」

1233　　弦外之音，耐人尋味

中國文學上有一修辭格：反話正說，正話反說，言在此而意在彼的一法。杜甫在萬紫千紅、鶯歌燕舞中本來很是開心快樂，卻說：「行步欹危實怕春」。其實春有什麼可怕？怕是假，愛是真。假如我們拘於常情常理去解讀，那就會味同嚼臘，毫無味道。王安石也有詩句：「春色惱人眠不得，月移花影上欄杆」當時他正春風得意，看見花好月圓，心中歡喜，無法遏止，故意說「惱人」。李白早也已有詩云：「千杯綠酒何辭醉，一面紅妝惱殺人」。他愛金陵小妓段七娘，美若仙女，簡直使他神魂顛倒，他比之爲美酒，千杯不醉，一看見她的美色便「惱殺人」，不知如何是好。我們時常稱恩愛夫妻爲「冤家」，罵情郎情妹爲「壞蛋」，都屬於愛之切，恨之深的一例。我們在報上也看到新聞標題把貪污的女局長尊稱爲「女局座"，也不外是反話，很應該好好品味這些弦外之音，才能體會到其中的真意和文學上的美感。

1234　一副嵌名聯

1939 年，抗戰漸漸進入相持階段，我在第七戰區挺進第一縱隊司令部任參謀，政工室主任陳倫先生爲我製作一副嵌名聯：

> 挺出知賢彦，進行顯棟才。

言雖過譽，難以接受，但就聯論聯也屬不錯，至今未忘。而陳倫先生早已作古人矣，思之悵然！

1235　"文章滿紙書生累"的鄧拓

鄧拓（1912-1966，福州人）的父親是清末最後一科的舉人，他受到父親嚴格的教育，興趣廣泛，對各項知識都努力追求，所以具有淵博的知識，有利於以後參加新聞事業。他於 1929 年 17 歲時到上海闖蕩江湖，全面抗戰後奔向晉察冀邊區主編《晉察冀日報》，一直到榮任 1948 年創刊的《人民日報》總編輯，1959 年調任北京市委書記。他任《晉察冀日報》主編時，曾有一首《勖報社諸同志》詩：

> 筆陣開邊塞，長年鈎剪風。
>
> 啓明星在望，抗敵氣如虹。
>
> 發奮揮毛劍，奔騰起萬雄。
>
> 文旗隨戰鼓，浩蕩入關東。

又調任北京市委書記時，也寫了一首《留別人民日報諸同志》七律：

筆走龍蛇二十年，分明非夢亦非煙。

文章滿紙書生累，風雨同舟戰友賢。

屈指當知功與過，關心最是後爭先。

平生贏得豪情在，舉國高潮望接天。

以上兩詩都是鄧拓光明磊落、辛苦耕播的人生概括，也表現了他如虹如火的詩魂。遺恨的是：1966 年史無前例的"文化大革命"浩劫開始時，鄧拓即因《海瑞罷官》、《燕山夜話》、《三家村（吳晗、鄧拓、廖沫沙）劄記》文網，首先被林彪、四人幫和他們的黑軍師迫害致死。事後多年才能得到平反，詩人袁鷹步他的原韻寫了一首悼詩：

血海冤沉不記年，星霜歷歷豈雲煙？

崢嶸氣節追高範，錦繡才華迪後賢。

勁骨遭殘寧願折，娥眉見嫉敢爭先？

詩魂今日應無憾，淚溢銀河注九天。

1236　　漁翁出對難書生

傳說：有一個書生，一向寒窗苦讀，足不出戶，對外面物事很少接觸。當他趕赴科場應考時，遇一老漁翁先要考考他，口出上聯：

鰍短鱔長鰻有耳；

書生聽了一時想不出對句，抓耳撓腮，面紅耳赤。恰值漁翁的小孫子來叫爺爺回家吃飯，看到這樣的尷尬場面，便把平日熟知的常識隨口說出：

龜圓鱉扁蟹無頭。

有人以為書生是笨蛋，小孫子是天才，其實這是文學創作上生活積累和知識多少的問題，很值得深思。

1237　雅俗詩舉例

過去一些文人雅士對詩詞很多玩法，有一種先俗後雅、由俗不可耐到可登大雅之堂形成很大的反差，很有情趣。

明朝開國皇帝朱元璋，從下層出身，卻又喜歡風雅，常寫詩湊趣。當他登基之晨，忽然心血來潮，詩興勃發，吟詩道：

　　雞叫一聲撅一撅，雞叫兩聲撅兩撅。

群臣聞之，忍俊不禁，又不敢出聲。朱元璋繼續吟道：

　　三聲喚出扶桑日，掃退殘星與曉月。

群臣此時喜形於色，盛讚其氣勢不凡，確有王者之風，英雄本色。

又：明‧唐寅（伯虎）有一首《登山詩》：

　　　　一上一上又一上，一上上到高山上。

　　舉頭紅日白雲低，萬里江山都在望。

全詩淺白易懂，先俗後雅，構思巧妙，確屬名家之作。

1238　世界盃中國足球隊員的嵌名聯

2002 年世界盃足球賽，於 5 月 31 日在韓國、日本開幕，中國足球隊得以打入決賽圈，圓了 40 多年的夢想，全民振奮，都以各種方式寄以期望和祝願。據報載：北京老球迷范仰蘇，寫出了中國足球隊 23 位隊員的嵌名聯，準備向球迷們拍賣，所得款項設立一個 “金球獎“，獎勵第一個為中國隊進球的隊員；還請畫家汪國新根據對聯，創作了一幅主教練米盧策馬揚鞭，率領國腳征戰的中國畫。嵌名聯選錄如下：

  曲水澎湃衝擊猛；波瀾壯闊氣勢宏。（曲波）

  李氏雄才英武；鐵塔天王神通。（李鐵）

  江山有我雄關穩；津門自此泰山牢。（門將江津）

  高山流水逢知己；堯風舜韻鑄精神。（高堯）

  繼盼前無古人之戰績；海存百川歸流之胸襟。（孫繼海）……

  以上各聯創作起來不很容易，隊員中姓李姓楊的很有幾個，而每副所用詞語不能重複，又要求平仄對仗工整，符合每個隊員的特點。也算是中國體育界一份難得的文史資料了。

1239 再記陳衡恪

  陳衡恪（1876-1923）江西修水人，字師曾，號槐堂、朽者、朽道人。他是光緒年間湖南巡撫、維新派陳寶箴之孫，詩人陳三立（散原）之子，史學家陳寅恪之兄，與魯迅關係甚密，早在南京路礦學堂就是同學，後來同到日本弘文書院求學，共住一寢室；民國成立後又同在北京教育部共事十年，時常一起逛小市，看古書畫帖，交換碑拓，每月總要聚會三幾次，曾爲魯迅刻印數方，送畫多幅，在魯迅日記裏多所記載，要比魯迅較早成名，在畫壇上上承吳昌碩，下啓齊白石、陳半丁、王夢白。齊白石初到北京，頗難立足，幸得陳衡恪宣傳指點，藝事大有長進，因此白石一生沒有忘記師恩。應該說：陳衡恪是一個繼承中國畫傳統又開始現代變革的里程碑人物，可惜死得太早了，梁啓超在追悼會上讚揚："陳師曾在現在美術界可稱第一人，無論山水花草人物，皆能寫出他的人格。"

1240　梁從誠談祖父與父母

　　梁啓超之孫、梁思成、林徽因（音）之子梁從誠，最近來故鄉舉行"廣州講壇"，強調不搞環保的代價，每個人都得承擔。他是全國政協常委，"自然之友"會長。在接受記者採訪時，談到了他的祖父和父母，認爲自己受到他們的影響有兩點：第一是社會責任感——祖父眼見祖國危殆，便拍案而起，冒著殺頭的危險，進行維新和革命活動。父親在解放後，一向不贊成政府的北京城保護方案，結果被打成全國頭號的"反動學術權威"，而北京城牆到底也被拆掉了。第二是創新精神——這是大家都知道的事情，不必細舉。但他不贊成"血統論"。他還特別談到他的母親林徽音：作爲一個孩子來說，媽媽就是媽媽，不會看成女人的，我的母親非常簡樸，和現代"女強人"根本不是一回事，她寫詩和散文，詩興大發時，在床頭抓起手紙就寫，完全是抒發自己內心的感受。我母親是非常自然的人，我看到她只是挽起袖子、披頭散髮、洗碗刷碟的形象，她和父親同樣在任何艱苦的時候，絕不叫苦。我記得她在床上給清華大學的研究生上課，非常投入，不像久病的人，但課一上完，就像垮掉一樣。人家說她有種美，那是精神之美……這樣看來，前些年電視劇《人間四月天》把林徽音以柔媚溫情的小姐太太姿態出現，以致她的子孫不滿，就不足爲奇了。

1241　鄧拓的《詠李白》

　　鄧拓於 1958 年寫有一首《詠李白》，把李白的生平、氣質、道德、功業都概括寫到，還寄以深切的懷念與崇敬的心情，值得一記：

自昔好讀書，未嘗足五車。獨吟太白句，感慨發長籲。一千二百載，謫仙世所無。庸夫與俗子，濶跡入軒途。唯公隻身茫茫立天地，有如明月耿耿照寰區。公年六十二，遭際不尋常。家本居隴上，先世農工商。輾轉來西蜀，結屋青蓮鄉。少年棄家業，放手寫文章。心不滿封建，有志在四方。十五好劍術，高歌若楚狂。寄讀大明寺，聲名遠近揚。三十始有室，舉家任倘佯。漫遊出三峽，扁舟下楚湘。東魯越中方飄蕩，忽然奉詔入宮牆。論學在金殿，答辯草番書。翰林殊抑鬱，詩酒勝蟲魚。數見侍宴飲，下筆瀉無餘。力士脫靴羞且惱，楊妃屢讒恩漸疏。方信長安居不易，乞命還山願自如；從此行蹤滿天下，湖山到處有舟車。洛陽遇杜甫，平生得知音。漁陽鼙鼓動，一片憂時心。匡廬避兵燹，永王結托深。丹陽一敗不可救，身居囚檻意森森。出獄未安席，放逐到夜郎。行年近六十，得赦徙武昌。積稿盈萬卷，字字放光芒，訪友當塗縣，得疾乏奇方。臨終歌慷慨，亙古感蒼涼！弔公悠悠千載後，愧無生花妙筆寫衷腸！但願人間萬萬代，花開藝苑四時香。太白文光射牛斗，照耀詩壇傳統長。

1242　　鄧拓的悼唁詩

1944 年著名報人鄒韜奮病逝於上海，病重時猶以國事蜩螗，日寇尚在垂死掙扎，並期望參加中国共產黨爲念。當時鄧拓主編《晉察冀日報》寫詩悼念：

五十春秋四海名，中年蹈厲氣崢嶸。

屍灰餘燼心猶熱，寇禍燃眉事可驚。

易簀遺言憂故國，歸魂入黨托生平。

斗南今日斷腸處，又弱星華護路氓。

革命者的詩情是一團火，總是要為祖國和人民歌唱，鄧拓對一些老戰友的逝世，都是以痛惜之情哀悼的。他另有兩首悼詩也寫得既有憂傷，又有懷念，既有哀悼，又有誓言，如怨如訴，可歌可泣，感人至深，似乎就是我們今天悼念他本人的輓詩一樣：

朝暉起處君何在？千里王孫去不回。

塞外征魂心上血，沙場屍骨雪中灰。

鵑啼漢水聞濼水，腸斷燕台作弔台。

莫怨風塵多擾攘，死生繼往即開來。（弔司馬軍城）

千里飛魂入夢驚，寒窗猛憶故人情。

五台烽火連天壯，四野戰歌匝地鳴。

往事廿年歸史傳，心香一瓣弔忠貞。

新潮今日方高漲，革命長征又一程。（輓黃敬）

1243馮玉祥作聯韜光養晦

1924 年 11 月 25 日西北軍主帥馮玉祥將軍因受奉直系軍閥排擠而被迫下野，作聯以表心跡：

欲除煩惱須無我；歷盡艱難好作人。

1244　　閒話績溪

現在人們進入溫飽而喜歡旅遊，過去許多地方不為人知，現在卻名滿天下了。大江南北的通都大邑所有景點，固然如此，即屬山區小縣的山山水水，也像深閨少女走出大門，爲人所知所愛所戀。安徽省的績溪縣便是其中之一。績溪屬徽州所轄，因地狹人稠，形成重商輕農的風氣。績溪人十四五歲即出門從商，是徽商隊伍中的勁旅，統稱爲“徽駱駝”，約占人口百分之三十。他們刻苦耐勞，從無到有，從小到大，遍佈江南各城鄉，所謂“無徽不成鎭，無績不成街”，廣東的興寧人庶乎近之。他們的主行是徽墨、徽菜的經營。但歷代都出了不少知名人物，如唐代的散騎大將軍胡宓；宋代三刻秦檜的監察禦史胡舜陟；明代的“奕世尙書”胡富、胡宗憲（即提拔幫助戚繼光建軍殲倭的嘉靖 17 年進土）；清代製墨專家胡開文；紅頂商人胡雪巖；現代的學者胡適；當今的國家主席胡錦濤……都是績溪的胡姓人，真不簡單。大概這都是由於績溪的佳山勝水毓秀鍾靈的關係。

1245　　胡適幼年曾到過臺灣

　　胡適（1891-1962）的生平我們知之不少，他是安徽績溪縣人，父親叫胡鐵花，是一個亦儒亦商亦官的三棲人物。光緒 18 年（1892）年過半百受命任臺灣省台東知府，帶著年輕妻子馮順娣和幼子胡適渡海赴任。1894 年發生中日之戰，他拒絕清廷撤退內遷的詔令，留台抗日，次年歸葬故里，年僅 54 歲。從此馮順娣成了 24 歲寡婦，帶著五歲的胡適在故鄉度著艱難的歲月。胡適 14 歲那年被鄉里江冬秀的母親看中，托人做媒，硬要把比胡適大一歲的女兒許配給這位小男孩。訂婚後旋即外出求學，一走就是 13 年，直到 1917 年成了洋博士才回來與江冬秀舉行“文明婚禮”，27 歲的老新郎這才真正認識 28 歲的大姐姐。胡適曾爲此歎道：“吾之就此婚事，全爲吾母起見"，可見這個大孝子的無奈與悲哀。但胡適與江冬秀畢竟能夠白頭偕老，從一而終，也算不容易了。

1246　中國各級學校的年齡

我記得中國自辦的大學，應該是原京師大學堂的北京大學最早，從 1898 年（清·光緒 24 年）算起，已有 104 年的歷史。這與有三四百年歷史的美國哈佛大學和英國的牛津、康橋等大學相比，卻是一個小弟弟。至於中學小學哪間最早，我還沒有資料，大概也總在百年以上。再說幼兒園則於 1903 年（清·光緒 29 年）開設，當時頒的《奏定學堂章程·蒙養院章程》規定：3 至 7 歲的幼兒爲教育蒙童，以遊戲爲主要活動，同時進行一些環境認識、簡單語言、圖畫、唱歌等教學。最早設立的有武昌模範小學堂蒙養院、北京京師第一蒙養院。這"蒙養院"名稱用了近 10 年，1922 年改爲"幼稚園"，1951 年再由《政務院關於改革學制的決定》，改爲"幼兒園"。算來中國的幼兒園也有百年歷史了。

1247　鳩雀爭吵難解決

封建時代的男人，只要有錢有地位，便可以妻妾成群，如同皇帝的三宮六院。其中當然難免爭風吃醋的事發生，弄得家庭不寧，妻多夫賤。傳說古時有一個大官，退休後本可頤養天年，享受天倫之樂，正因爲妻妾的矛盾叢生，爭吵不休，無法排解，苦悶至極。一天，客人來訪，正值妻妾吵鬧得不亦樂乎，大官爲了轉移客人注意力，避免隱私外泄，乃指著壁上的《鳩雀圖》，請予題詠，其實客

人早已知內幕,欣然提筆寫了一首詩:

> 鳩一聲兮雀一聲,鳩呼雨兮雀呼晴。
>
> 老天卻也難主意,落雨不成晴不成。

詩把妻妾喻爲鳩雀,前兩句形象地形容兩者的水火不相容,爭吵激烈;後兩句是寫大官左右爲難,無法處理問題的尷尬局面,可謂聯想自然,妙趣橫生,雖屬打油,也很可以嘲諷今天一些養二奶三奶、苦樂並存的闊人們。

1248　中國足球隊早已進入世界

2002 年第 17 屆世界盃足球賽,中國足球隊正在韓國日本進行決賽。許多人以爲這是第一次衝出亞洲走向世界。其實,1936 年 8 月 1 日在德國柏林舉辦的第 11 屆國際奧運會已經進入世界了。這一悲壯的歷史事件,很值得一記:

中國足球自民國建立後,曾稱雄東亞 20 年,連奪 1915 年至 1935 年九屆遠東運動會的冠軍。但球員不少住在香港,如李惠堂就曾被譽爲“亞洲球王”(李是廣東五華縣人),盡人皆知。當時中華體協決定參加第 11 屆國際奧運會,一顯身手,乃召集海內外優秀足球員到香港編成幾個隊,經過十多場選拔賽,再與香港陸軍隊、海軍隊以及聯隊的對陣較量,選出了 22 名隊員:李惠堂、包家平、王紀良、李天生、麥兆漢、徐亞輝、梁樹棠、黃美順、梁榮照、譚江柏、蔡文禮、陳鎮和、李國威、曹桂成、楊水益、馮景祥、賈幼良、張溫源、孫錦順、卓石金、葉北華、鄭季良。領隊容啓北、顏成坤,教練黃家駿。

球隊組成後,先在香港與英軍聯隊、香港聯隊進行兩場練習賽,分別以 4:0 和 7:1 獲勝;然後再到上海進行三場練習賽,第一場以 6:1 勝葡萄牙商會隊;第二場以 2:1 勝西人足球會聯賽冠軍法國商會隊，第三場是出國前最後一戰，對手是西人足球會聯賽混合隊，結果以 2：3 失利。由於當時中國政府只承擔球隊出國的一部分經費，足球隊乃提前於 1936 年 5 月 2 日由上海出國，在東南亞途中作一系列訪問比賽，以補經費的不足，並借此鍛煉提高實力，先後與法英殖民地的安南、新加坡、馬來西亞、緬甸、印度等地的球隊賽了 27 場，勝 23 場平四場，得到 20 萬港元的門票收入。在旅途中從領隊到隊員都過著艱苦的生活，乘住下等船艙和旅館，吃粗茶淡飯，爲的是節省開支，與歐洲強隊競技，取得好成績。但球隊到柏林後，外人輕視中國，沒有人來迎接，也不給場地練習。抽籤結果，中國隊對最強的英國隊進行淘汰賽。中國隊不氣餒不怯場，奮力拼搏，上半場 0：0，下半場丟失兩球而被淘汰。很得到當地輿論的讚賞：說是個人技術嫻熟，配合默契，輸在體力因爲沿途征戰幾十場消耗太多，以致速度不如人。以後中國足球隊還本著學習鍛練提高的宗旨，訪問了德國、奧地利、瑞士、荷蘭、英國等國家球隊，進行 9 場友誼賽，結果 1 勝 3 平 5 負，取得預期的效果。現在我們祖國不同了，很應該從中得到許多啓發，把中國足球提高到與大國相適應的水平。

1249 《大公報》誕生 100 周年

今天還暢銷海內外的《大公報》，由清末維新人士英斂之（滿族）創辦於 1902 年天津法租界，1926 年由張季鸞、胡政之、吳鼎昌接辦。它生存於中國多災多難內憂外患的時期，一向本著"移風易俗，富國強民"的宗旨，克盡言責，敢講真話，以致有五次被禁：第一次由於 1905 年支援廢除虐待華工條約，觸怒袁世凱下令在租界外禁售

禁郵禁閱；第二次日寇進迫華北，發表社評抨擊，被平津衛戌司令
下令查禁。第三次 1943 年重慶版發表災區採訪報導，一方面重慶花
天酒地歌舞升平，一方面災區哀鴻遍野民不聊生，又被當局查禁，
記者被捕；第四次 1952 年香港木屋區火災災民萬餘人，港英當局拒
絕廣東慰問團入境，引起衝突，死青年工人陳達儀，香港版《大公
報》（創刊於 1938 年 8 月 13 日）轉載《人民日報》短評，致遭判罰
六個月停刊，後在祖國人民支援下停刊 12 天後復刊；第五次 1966
年 "四人幫" 唆使紅衛兵進行駐北京的《大公報》勒令停刊。我們
從這五次被禁可見它不畏強權，敢為民請命的報格，始終如一。它
初時以 "文人論政" 後以 "文章報國" 的氣慨，激發全國人民的愛
國熱情，向全世界客觀公正地介紹中國，樹立中國正確形象，為中
國衝破國際反華輿論的包圍，起著很大的作用。

　　《大公報》有三件事更值得讚賞：第一：1997 年 7 月 1 日香港
回歸祖國，一天輪番出版四次號外，當天正版達到 284 版，創下中
文報紙的兩項世界紀錄。第二：培養了許多傑出新聞人才，堪稱 "新
聞界黃埔軍校"，如胡政之、蕭乾、范長江、王芸生、朱啓平、徐
鑄成、楊剛、孟秋江、徐盈、彭子岡……第三：利用各種形式為祖
國和人民服務，如捐獻抗戰飛機、募捐賑災、號召投資振興教育以
及各項建設……。

1250　　關於《孽海花》

　　清末曾孟樸著的《孽海花》這部小說，是寫清・同治五年（1866）
以後 30 年間的官場故事，主角是狀元洪鈞（雯青）和妾侍傅彩雲（賽
金花），地點在蘇州、廣州、柏林、聖彼得堡，故事人物多有虛構，
魯迅在《中國小說史略》中，把它置於 "譴責小說" 一類。經他這

一提，便成爲中國近代的名著了。它最早於 1905 年出版，寫作時間斷斷續續有 27 年之久，這是傳統的章回小說寫作習慣，不足爲奇。曾孟樸一邊寫作，一邊發表，隨即出版單行本，讀者隨買隨看，很是方便（最薄的本子只有五回），是當時的暢銷書。近來書店還可以找到，但已不是原版書了。

1251　　張永枚的"卜居"

新詩人、軍人作家張永枚，行程萬里，著作豐富，廣東女書畫家蘇華曾贈他書法："騎馬掛槍走天下，祖國到處都是家"。最近他旅遊屈原行吟投江的汨羅江，得到汨羅市楚塘鄉農民相送小樓房一套，面臨洞庭湖，樓下養牛，謂之"牛屋"，擬卜居於此寫作。佈置完畢後，他重讀屈原的《卜居》：

> 夫尺有所短，寸有所長，物有所不足，智有所不明，
>
> 數有所不逮；用君之心，行君之意。

他就乾脆把樓房命名爲"卜居"，並書"用君之心，行君之意"刻匾額懸於門楣；又想起老舍大作《牛天賜傳》，乃順口溜曰：

> 汨羅楚塘鄉，人美草兒香；天賜兵卜居，屈原顯靈光。

文人多雅趣，張永枚半生戎馬，半生飄泊，今得一農舍，便心滿意足，大事張揚聲氣，亦當代文壇雅事也。

1252　　端午節的風俗聯話

每年農曆五月初五日便是端午節，又名端陽節、重五節、天中節、蒲節等等。特點是賽龍舟、吃粽子，相傳是紀念屈原的，也有

說是緬懷伍子胥，或者乾脆說祭祀潛龍的，專家多有考證，都有道理，我認爲不必定爲一尊，反正是民俗。現在抄錄一些有關民俗的楹聯如下：

> 美酒雄黃，正氣獨能消五毒；
> 錦標奪紫，遺風猶自說三閭。
>
> 龍舟競渡，不忘楚風遺韻；
> 詩苑抒情，更憶屈子先賢。
>
> 艾葉如旗招百福；
> 菖蒲似劍斬千妖。
>
> 艾可驅邪，處處慶天中令節；
> 粽能益智，家家逢地臘祥光。

端午節民間風俗很多，如上所述飲雄黃酒、掛艾葉菖蒲，無非是時當酷暑，意圖消災袪毒；至於競龍舟送粽子，卻是祭祀屈原或者伍子胥水中蛟龍的。

1253　　紀曉嵐詩諷諂官

據野史載：清・乾隆年間有一位汪太史，阿諛諂媚權貴不遺餘力，尤擅運用"裙帶功"，他的太太也很能配合默契，夫唱婦隨。在汪太史授意下，先拜了于相國的偏房爲乾娘，後來于相國失勢，梁某繼起掌權，乃棄于從梁，拜梁爲義父，朝朝暮暮趨前請安、奉承，使盡溜鬚拍馬手段，還每朝把朝珠先在自己懷中暖熱，再掛在義父脖子上。這些使人作嘔的行爲，簡直有如娼妓，事爲當時《四庫全書》總編輯紀曉嵐知道，乃寫詩諷刺：

> 昔曾相府拜乾娘，今日乾爺又姓梁。
>
> 赫奕門楣新吏部，淒涼池館舊中堂。
>
> 君如有意應憐妾，婦豈無顏只爲郎。
>
> 百八念珠親手捧，探來猶帶乳花香。

前四句是說汪氏夫婦趨炎附勢，朝秦暮楚的醜惡，接著的五六句以調侃詼諧的口吻類比汪太太內心世界的獨白，一切行爲都爲丈夫的官運亨通。最末兩句更把汪太太手捧朝珠掛在義父脖子上的細節和由此而來的帶著乳花香的聯想，再一個大特寫，真是神來之筆，不愧是一代才子的傑作。

1254　　閒話海瑞

史無前例的"文化大革命"是以批判吳晗《海瑞罷官》一劇而開鑼的，從此海瑞在人們心目中更有地位。他是海南人，明朝的清官和好人，和宋朝的包拯齊名。但讀明史海瑞傳又知道他在官場和朝廷是孤立的，他提出的治國意見很少被採納，只在南京巡撫任內實施了自己的政見，但時間很短，只在修理河道上有點成績，連首輔高拱、張居正也暗地阻止皇帝不要重用他，若從政績上評論他，只是一個清官，一個道德的典範。由於樹敵過多，四面楚歌，在當時沒有起到很大的影響，原因就是偏頗，他完全照著古老的道德模式，以個人的力量對抗社會上的惡勢力，在判案中也剛愎自用，造成不少冤假錯案。他缺乏調查當時的社會矛盾，譬如他以富人爲敵，使大量富人逃出轄區，只好與窮人過苦行僧生活，生產力無法發展。又如明朝的官吏俸祿是不多的，不能過正常的生活，要設法"創

收"，他不是向皇帝建議提高俸祿，而建議恢復明太祖的嚴刑峻法，
對不法官吏給以剝皮、抽筋、剁手砍腳等等，似乎能夠做到"仰不
愧於天，俯不怍於地"便算功德圓滿，皆大歡喜。其實，廉潔只是
做官的基本條件，更重要的要爲人民作主，爲官一任，造福一方，
與大多數人團結一致去做工作，講感情、講人性，食人間煙火，一
步一個腳印地實事求是地解決一切問題。海瑞的處世哲學和工作方
法，注定是要失敗得到悲劇結局的。但他的廉潔、正直卻會永遠受
到人們的崇敬和懷念，金無足赤，人無完人，我們評論古人，又似
乎不宜苛求。

1255　　科學的春天

　　2002 年的端陽節前後，北京清華大學舉行"前沿科學國際研討
會"，參加的有世界十四位諾貝爾獎得主和國內外許多大學校長和
著名教授，是中國近現代學術研討會的最高級別，就在國際學術論
壇上也算是罕見的盛會。據說這完全是 80 歲的楊振寧教授從中組織
的功德，他希望世界物理研究中心移到清華大學。
　　在研討會中面對清華大學學生的提問，諾貝爾獎得主都以各自
的經歷作出回答，有的說：你們不要聽信老家伙的意見，選擇道路
全在你們自己。有學生提問：一個成功的科學家，應該具備什麼因
素？所有的科學家都異口同聲答道：機遇。有的還說：我們原都是
名不見經傳的人，出生時誰的額上也沒有成功的標誌。1997 年獲諾
貝爾物理獎的朱棣文更說：我在加州大學伯克利分校學習，同事有
20 多人，有五六位是諾貝爾獎得主，所謂機遇，就是接近這些優秀
人才，觀察他們怎樣解決問題，並在自己身上應用，現在你們在清
華大學讀書，就是機遇，聰明的人都會去找機遇的……

我希望中國從此是科學的春天，偉大的科學家有如雨後春筍誕生！

1256　　除雀害史話

科學家早已研究出麻雀是既吃糧食也吃害蟲的鳥類，應該因時因地看待。但在1956年開始到"大躍進"期間，卻把除四害（老鼠、麻雀、蒼蠅、蚊子）列入《農業發展綱要40條》，麻雀也加以消滅。雖然有科學家反對，認爲不公平不科學，但無論城鄉都鑼鼓喧天，鞭炮齊鳴，房上樹上真人齊聲吶喊，假人隨風搖擺，撒開天羅地網殲滅麻雀，北京、上海只三天內就捕殺麻雀各五六十萬隻，到處謳歌這是人類征服自然的歷史性偉大鬥爭。時任文聯主席、中國科院院長郭沫若，有一首《咒麻雀》詩刊在1958年4月21日《北京晚報》上：

> 麻雀麻雀氣太官，天垮下來你不管。
> 麻雀麻雀氣太闊，吃起米來如風括。
> 麻雀麻雀氣太暮，光是偷懶沒事做。
> 麻雀麻雀氣太傲，既怕紅來又怕鬧。
> 麻雀麻雀氣太嬌，雖有翅膀飛不高。
> 你真是隻混蛋鳥，五毒俱全到處跳。
> 犯下罪惡幾千年，今天和你總清算。
> 毒打轟掏齊進攻，最後方使烈火烘。
> 連同武器齊燒空，四害俱無天下同。

郭沫若和其他許多人一樣緊跟形勢，無法站在科學一邊，只好去咒罵無辜的小小麻雀，歌頌錯誤的滅雀大戰。當時人的生命都隨

時有危險，視如草芥，何況是麻雀。這就是那個時代的悲劇。直到
1960 年才又由毛澤東批示：麻雀不要打了，代之以臭蟲。總共經過
五年，中國的麻雀也遭受到史無前例的浩劫。

　　按：爲麻雀說公道話的科學家有朱洗、鄭作新等人都在各種政
治運動中，被認爲爲麻雀評功擺好，利用麻雀做文章，反對領袖，
反對最高指示，挨批挨鬥，沒完沒了，直到 1978 年以後才得到平反。

1257　　空靈的佛偈

　　多年以前，我曾聽過這樣的故事：禪宗五祖考選繼承人，要求
各寫一首詩，神秀寫道：

　　　身本菩提樹，心如明鏡台。

　　　時時勤拭拂，莫使染塵埃。

跟著慧能也寫了二首：

　　　心是菩提樹，身是明鏡台。

　　　明鏡本清淨，何處染塵埃。

　　　菩提本無樹，明鏡也無台。

　　　佛性常清淨，何處有塵埃。

　　五祖以及歷來的人都認爲神秀的道行還沒有到達空靈的境界，
慧能才算修煉到家，因此把衣缽傳給他（即世稱六祖），合情合理。
我不是不吃人間煙火的仙家，不知道佛性和佛法，只從上面兩人的
偈詩看，也認爲神秀是一般的修行者，注重實際的工夫，而慧能卻
是天才，天生一副聰明的頭腦，把一切事物看成是虛無飄緲的東西。
但神秀的勤學苦煉，卻是我們學習的榜樣。

1258　　幽默大師林語堂

　　林語堂（1895—1976）因爲談性靈，談生活的藝術，一向受到大陸人的輕視，說他是洋奴，是資產階級的典型人物，但他的道德功業，卻又非同尋常。他說：文人的身份靠人格，做文人要帶點丈夫氣，帶點膽量，說自己胸中的話，獨抒己見，不隨波逐流。這就是文人的身份。又說：文章做不好沒有關係，人卻不能做不好。這些話不光是他用嘴說的，而且是力行的，有目共見。因爲他在抗日時期便遷居美國，後半生歷史大陸人不甚了了，1990 年我讀到他的女兒林太乙爲他寫的小傳，才知道林語堂實在是一個愛國主義者，在美國三十年卻不入籍彼邦。當時恰巧播放他的名作《京華煙雲》電視連續劇，演員眾多，一如《紅樓夢》，惜衣著不倫不類，化裝離奇古怪，大煞風景。他的大女兒林如斯，幾歲即能作文，出版圖書，可惜因婚變而早早自殺，也屬悲劇之一。按：林語堂死後葬於臺北寓所花園。(在陽明山仰德大道，並設有"林語堂紀念館")。

1259　　文章是自己的魂

　　文章和人一樣，因爲獨特，是各人的心話，所以才使人喜愛。獨特就是有魂，自己的魂。有魂的文章，讀者不會在意其瑕，或者說瑕即是瑜。因爲它有生命的質感。就像美女那樣再膚若凝脂，臉上也總難免淺淺的斑點，無瑕的美女，只有在畫布上才可以找到。

　　文章怕就怕純熟、漂亮、聰明流利，也有哲理，彷彿無可挑剔，但好像詞語哪裡看過，細節又似曾相識。細胞的克隆雖然能夠創造出生命力，但拿別人的靈魂克隆出來的文章，卻是死的。死的文章技巧再完美，也不會使人喜愛。

1260　葉聖陶、呂叔湘重視語文問題

葉聖陶生前，對語文問題很重視，時常把看電影和聽廣播所發現的語文問題，逐條寫出來，讓他在國際廣播電臺工作的女兒葉至美，帶交有關單位參考改正。但後來其女懶得做了。另一位語言學家呂叔湘，過去很長時間也把讀《人民日報》、《人民文學》發現的語文問題，寫成"求疵錄"交給這二個報刊編輯部參考，最近以來也不幹了，並非因為年齡大的緣故。據說皆因主其事的人都不重視這些問題，誰也不去計較寫錯一二個字或者念錯一二個音而大驚小怪。我們的劣根性很多，得過且過馬虎了事便是其中之一。但對私利的追求，卻很認真，分毫計較，真使人長歎。

1261　熟悉與陌生

中國有句俗話："熟則生巧"，"生不如熟"，其實在這個市場經濟的社會，太熟悉或太瞭解，未必是好事，未必是優勢。倦態和疲憊，遲鈍和漠然，往往產生在熟悉和瞭解之中。陌生則正好相反，它蘊含著新奇與刺激，靈感與商機，激發人的創作熱情，開闊人的視野，讓人茅塞頓開，幡然醒悟。因此走進陌生的人，往往會碰上成功的機遇，會發現嶄新的道路，會看到別有洞天的風景。我們怕冒險、怕走陌生道路，所以安定是安定了，但顯現故步自封、老氣橫秋、毫無生氣，很不足取。

1262　漫畫家江沛揚

漫畫家江沛揚，1930 年出生於廣州市，他的母親是撿埋七十二烈士忠骨、也是漫畫家潘達微的外孫女，可謂與漫畫有血緣關係，自幼得到母教繼承潘達微"激濁揚清，扶正祛邪"的遺教，並以"揚"字爲他命名，從此他便走上漫畫之路。依他的年紀，剛好趕上各項政治運動漩渦中，免不了要受到沖激，遭到苦難，但他始終沒有喪志。撥亂反正以來，一直操持舊業，任廣東省漫畫學會會長，廣東省美協漫畫藝術委員會主任，與老漫畫家廖冰兄等志同道合，親如手足。最近他自畫漫像一幅，把鼻子誇張得尖而又長，好像《木偶奇遇記》那個主角，以表示漫畫家應該有靈敏的嗅覺；而且還畫得人中長下巴短，很像專吃害蟲的青蛙嘴臉；更在漫像上題上一首順口溜：

> 死不悔改一老頭，削尖鼻子四處嗅。
>
> 斜眼睥睨醜與惡，飛來害蟲張蛙口。

這表明自己即使下地獄也不會改變志節，屬於"死不悔改"的死硬派漫畫家，將會把鼻子伸得更長更尖，蛙口張得更闊更深與害人蟲作鬥爭。

1263　順德女印家談月色

中國治印這門藝術，一向很少女人染指，《民國篆刻藝術》洋洋大觀，收錄幾百位印家，只有兩位——劉淑度和談月色是女的。

談月色（1891－1976）這姓名似乎很古怪，她原名古溶，又名溶溶，因爲排行第十，人稱談十娘，晚號珠江老人，廣東順德人，幼年曾剃度爲尼，後參加柳亞子的"南社"，書畫印皆佳，尤擅畫梅，這與還俗與同盟會員也喜歡詩書畫印、順德人蔡哲夫結婚有關。青年詩僧也是"南社"中人蘇曼殊（1884—1918）對她的藝術才華很欣賞，有"揮毫揮鐵俱清嚴"的評價。當時有人懷疑一個柔弱女子竟能運腕如此剛勁，必有人代刀，其夫蔡哲夫力闢謠言，作詩曰：

> 衰翁六十眼昏昏，治印先愁臂不仁。
>
> 老去千秋有細閱，床頭反証捉刀人。

談月色有《月色印譜》等著作行世，亦嶺南才女也。

1264　曹聚仁心儀北京大學

著名報人曹聚仁（1900—1972）雖自學成材，沒有進過北京大學，但對北京大學卻心儀不已，夢魂縈繞。當他居住香港的 1958 年，爲了想尋求兩岸和平解決統一問題，回到大陸北京旅遊，寫下一文記述對北京大學的印象，刊在香港報刊上，題目是《從紅樓到未名湖》，概要如下：

北京大學原名"京師大學堂"，於 1898 年（光緒 24 年）8 月 9 日成立，詔派孫家鼎管理，後由嚴復、蔡元培先後任校長。蔡校長治校原則第一主張思想自由，不可定於一尊；第二主張學術平等，設立英、法、德、俄、日各國文學系，學習各國文化；第三主張男女同校。有人稱之爲"中外古今派"，相容並蓄，所以能成爲最高學府、時代的風信旗，在"五·四"運動中高舉愛國主義的民主與科學大旗，創下奇績，永垂史冊。當曹聚仁看到李大釗紀念堂和毛澤東的工作處，深深感到新中國的藍圖，可以說是紅樓孕育出來的（紅樓是北京大學的主要校舍），郭沫若的《詠紅樓》詩就是這麼寫的：

> 星星燎大原，濫觴成瀛海。紅樓弦歌處，毛李筆硯在。
>
> 力量看方生，勳勤垂後代。壽與人民齊，春風永不改。

北京大學於 1952 年從沙灘的紅樓移到京西的燕園（原燕京大學），學校的面積和學生人數比以前增加數倍或十數倍。其中有人工湖而未名，故曰"未名湖"。未名湖四周都是新建築，館舍很多很大，舊的燕園以幽靜勝，今日的北大以宏偉勝，依舊是文化圈子裏的老大哥。曹聚仁還回憶當年某些少女有這樣的諺語："師大太窮北大老，燕京最好，清華還可通融"。現在清華也是新型大學，已非當年可比。總之，北京大學遷至燕園後，氣氛也更見不同凡響，某些少女應該改變觀點了。

1265　　排名的風波

中國歷來就很重視排名排座次，連《水滸傳》上的梁山好漢也有這一套，所以有人笑說應該編一本"排名學"指導大家作好這項工作。我們只要從"排名不分先後"、"以姓氏筆劃排名"等等觀察，便可窺見排名不是可有可無的事。郭沫若在"五·四"後原是文學團體"創造社"的主將之一，周作人卻是"文學研究會"的成員，雙方曾經以文學主張相論戰，熱鬧一時。前世紀 30 年代初，施蟄存、杜衡主編《現代》文化月刊曾由葉靈鳳（文學藝術家也是創造社成員）代約逃亡日本（1928—1937）的郭沫若所著《離滬之前》連載在該刊四卷一期上，同期還有一篇周作人的散文，就是因排名問題，弄得郭沫若不很愉快，提出《離滬之前》不再連載，經過葉靈鳳婉轉疏通，施蟄存的說好說歹，才答應續載，其中曲折說來話長，排名先後確屬一門學問，且看郭沫若 1934 年 1 月給施蟄存的信：

> 大札奉悉。前致靈鳳函，所爭非紙面上之地位，僕雖愚魯，
> 尚不致陋劣至此。我志在破壞偶像，無端得以偶像並列，
> 並非所安耳。大致如此，請笑笑可也。

當時尚未全面抗日，周作人當漢奸也尙未敗露，而郭沫若已恥與並列，似亦有預見之明也。

1266　周恩來逝世，聯合國總部下半旗誌哀

1976 年 1 月 8 日，周恩來總理不幸逝世，紐約聯合國總部破天荒地下半旗致哀，一些國家的外交官提出質問，秘書長瓦爾德海姆站在總部的臺階上平和地說：

中國的周恩來非常偉大，他的英靈如日月經天，彪炳史冊，我所以決定下半旗致哀，原因有二：第一，中國是一個文明古國，財富很多，人民幣不計其數，但它的周恩來卻沒有一文錢存款；第二，中國有十億人口，占世界人口四分之一，但它的總理周恩來卻沒有一個孩子。你們任何國家元首，如果做到其中之一，在他逝世時候，總部都照樣爲他下半旗致哀。

瓦氏這一席話，使愛挑剔的衆多外交官和記者啞口無言，繼之報以雷鳴般的掌聲。

1267　讀書好

自受到“文化大革命”的“讀書無用論”、“知識越多越反動”影響後，人們對讀書的興趣大大降低，直到改革開放後，雖有好轉，但仍然是浮躁、應付，缺乏傳統的讀書觀念。

讀書不光是青少年的事，古時有說："少而好學，如日出之陽；壯而好學，如日中之光；老而好學，如秉燭之明"。說明就是老人讀書也會得到回報。

讀書是精神活動，勤於思索便會受到刺激，起著對腦保健作用。但讀書又是休閑，怡情養性的好辦法之一。讀書使你理性、睿智、通情、達理，面對窮厄富貴、世事滄桑，看得透澈，不嫉妒、不浮躁、不頹唐、不輕狂，正像古人的一副聯語說的：

　　寵辱不驚，閑看庭前花開花落；

　　去留無意，漫觀天外雲捲雲飛。

人總應該跟著時世潮流走，只有讀書才能長知識、廣見聞，感到每天的太陽都是新的。新書常讀，心境常新，日子就像行雲流水那樣好過了。

1268　　"引得春風度玉關"

近來開發西北、新疆的聲勢日見高脹，我因此想起了清·楊昌浚一首《左公柳》七絕：

　　大將籌邊尚未還，湖湘子弟滿天山。

　　新栽楊柳三千里，引得春風度玉關。

按：左宗棠與曾國潘平定洪秀全後，統率湘軍赴新疆督辦軍務，趕走了英、俄支援的阿古柏叛軍，沿途種了許多楊柳，後人感他做了大好事，譽為"左公柳"。楊昌浚這首詩就是有感而發的。

1269　　胡適的趣話

胡適（1891－1962）雖然是“正人君子”，但也有他幽默風趣的一面。他除了說出“新三從四德（得）”以外，還說他發現全世界只有三個國家沒有怕老婆的故事，一是德國，二是日本，三是俄國。而義大利倒是很多怕老婆故事的，所以早已料到義大利與德、日搞不到一塊，遲早會脫離軸心國。最後他作出兩個“凡是”結論：凡是有怕老婆故事的國家，都是自由民主國家；反之，凡是沒有怕老婆故事的國家，都是獨裁或極權國家。大學者即使是片言隻字詼諧幽默的趣話，也似乎很有深意，值得研究。

1270　踢球中國古已有之

踢球運動中國古已有之，就是古書上的“蹴鞠”。有人說是黃帝所創造，又有人說起於戰國時代軍人的鍛煉。總之已有二、三千年歷史。鞠（球）的質量和蹴（踢）的規模、花樣、制度規則等等，隨著時間的推移而發展進步。戰國時代球以獸皮爲外殼，裏填物料，到了唐代以動物尿泡充氣成“氣球”。我們閱讀《水滸》知道破落子弟高俅，竟因善踢一腳氣球而做了大官；《金瓶梅》也有描寫西門慶踢球的情節；以後在文學創作如戲曲、詩詞中，更容易欣賞到踢球的描寫：從男人到女人，甚至男女同場。這時已不純是鍛煉身體，而兼有娛樂性質了。清·李漁（笠翁）寫有一首七律很生動傳神而煽情：

> 蹴鞠當場二月天，香風吹下兩嬋娟。
> 汗沾粉面花含露，塵拂蛾眉柳帶煙。
> 翠袖低垂籠玉笋，紅裙拽起露金蓮。
> 幾回踢罷嬌無力，恨煞長安美少年。

時至今日，足球更玩得花樣翻新，趣味無窮，不論球員是男是女，都會引起球迷興高采烈，得意忘形。君不見最近在日本韓國舉行的十七屆世界盃足球賽，竟使全世界歡欣顛狂、天崩地塌，不亦樂乎。

1271　　"威脅論"與"崩潰論"

中國固然朋友滿天下，但也不少敵視的人。這些年來西方盛行一個論調"中國威脅論"，放言中國綜合國力猛增，又將像成吉思汗那樣向外擴張，造成"黃禍"。這個論調唱得無人理睬了，又來一個"中國崩潰論"，說中國經濟增長的統計含有水份，是浮誇風的再版，必然崩潰，不可信以為真。無論是哪個論調，其性質都是一樣的，都是敵視中國的。目的是詆毀中國的形象，惡化中國的環境，延緩中國的發展，遏止中國的崛起，如此而已。

1272　　于右任的遺囑

1964 年 8 月，臺灣于右任老先生因病住在榮民醫院，病情日見沉重，他的老部下楊亮功去看他，問他有什麼囑咐，因為他喉嚨發炎說不出話，又無法執筆寫出，只伸出一個指頭，過了一會又伸出三個指頭，楊亮功無法理解其中意思，直至于老逝世。（1879 年出生1964 年 11 月 10 日逝世）因此，一個指頭和三個指頭竟成一個謎，除了大家熟知的那首《望大陸》詩以外，再沒有其他遺囑。

事隔多年，資深報人陸鏗看望楊亮功，楊談起上述的舊事，陸鏗左思右想認為應該作這樣的理解：于老一個指頭三個指頭是說：將來祖國統一了，把他的靈柩運回大陸，葬於陝西省三原縣故鄉。

1273　陳君葆援助香港大公報

　　前記原香港大學教授、馮平山圖書館館長、愛國學者陳君葆（1898－1982），曾在上世紀 30 年代每逢魯迅的紀念日，便邀集進步人士開會紀念。還有一次轟轟烈烈的愛國行動值得一記：

　　1951 年 11 月，香港九龍城東頭村木屋火災，釀成群衆與警察的衝突，死傷和被捕判刑多人，史稱"九龍事件"。香港《大公報》、《新晚報》、《文匯報》因爲轉載了《人民日報》的有關評論，遭到當時港英當局以煽動罪強行作出宣判：對《大公報》發行人費彝民等處以罰金、過堂費和報紙停刊，以致引起群情憤激，四處聲援，陳君葆出庭作證，力辯《大公報》等無罪，純是港英當局翻譯上的錯誤，立意誣陷。經過反復論證，粉碎了港英當局扼殺愛國聲音的圖謀，《大公報》等三報得以復刊，原判停止執行，皆大歡喜。後來陳君葆受到港英當局的報復，降爲香港大學一般教師，但 1959 年他卻與馬萬祺、費彝民赴北京參加國慶觀禮，受到祖國人民的尊敬。

　　按：《大公報》1902 年創刊於天津，先後出了上海、武漢、重慶、香港、桂林版。儘管國內版於 1966 年在北京終刊，但香港版仍一紙風行全世界，今年剛好創刊 100 周年。

1274　袁督師安息吧

　　袁崇煥（1584－1630）是我國著名的民族英雄，明·崇禎時期的兵部尚書兼右副都禦史，督師薊遼，扼守山海關，捍衛京師，屢建奇功，先後擊退清太祖努爾哈赤和清太宗皇太極的進攻，因崇禎誤中反間計，聽信奸佞讒言，含冤莫辯，卒被撤職查辦，慘遭凌遲。干城已毀，加上李自成、清軍內外夾攻，崇禎於是自食惡果自縊煤山。這事明史有詳確的記載，姚雪垠的最最長篇小說《李自成》也有生動的描述。現在，他的故鄉東莞市石碣鎮水南村，經濟繁榮，生活富裕，更忘不了先烈的豐功偉績，由著名雕塑家潘鶴創作的 15 米高的花崗石雕像，豎立在村上，還將建成紀念公園，連同原有的袁督師祠、衣冠塚等組成愛國主義教育基地和旅遊景點。袁督師安息吧。

1275　郭沫若與田漢

郭沫若（1892—1978）和田漢（1898—1968）都是中國新文學運動的先驅，也是革命隊伍中的忠實同志。他們都曾留學日本，由宗白華介紹相認識，時常通信討論文學藝術社會人生，曾出版三人通信集——《三葉集》。全面抗戰後，隨著形勢變化，他們於 1938 年二月在長沙相會，共同商議就任軍委會政治部第三廳的事。田漢以地主之誼寫詩相迎：

> 十年城郭曾相識，千古湖南未可臣。
>
> 此處尚多雄傑氣，登高振臂待詩人。

詩中的抗敵豪氣和對郭的尊崇，直衝雲霄。以後他們一同到武漢就軍委會政治部廳長和處長職務，洪深、徐悲鴻等也分別擔任各科科長，對抗日宣傳做了大量的工作。1942 年郭沫若創作的《屈原》，由金山、白楊、張瑞芳演出，轟動前後方，田漢又作詩讚頌：

> 峨嵋謠諑尋常事，誰把江郎擬鼎堂？
>
> 江入夔門才若盡，又傾山海出東方。

鼎堂即郭氏，當時重慶一些無聊文人污蔑他久不創作，"江郎才盡"，田漢故予駁斥。1947 年，田漢 50 壽辰，郭氏撰文祝賀，說田漢是革命事業中跑在前頭的先鋒，兩人交情日深。可惜到了"十年浩劫"時，田漢受到誣陷，病死獄中，與郭氏永別。

1276　　王朔：飲水不必思源

當代以寫清代康熙、雍正、乾隆三大帝而出名的二月河（凌解放），雖然闊起來了，但還保留著中國的傳統倫理道德：飲水思源，熱愛恩師，不像王朔那樣以為飲水不必思源。王朔也是當代鼎鼎大名的作家，他在《無知者無罪》文章中說：我以為飲水不必思源的原因大概出於念中學時，我的老師給我惡劣的印象，他們那麼不通人情，妄自尊大，以為知識在手，便是強凌弱的資本。在我成長的過程中，看到太多知識被濫用、被迷信、被用於歪曲人性，導致我對任何一個自稱知識份子的人都不信任、反感、甚至仇恨……王朔這段話，使我們很可以體會到他為什麼慣以出言不遜譏刺、抨擊別人，例如說齊白石不會畫人物，張大千只會畫山水等等。試問王朔賴以成名的文化知識，是從哪裡來的？

1277　　"童生考到老"

傳說清朝末年有一位王秀才，從不投機取巧，阿諛鑽營，所以每次赴考都得不到主考官的錄取。70 歲時他照舊去應考，在面試時，主考官看他白髮蒼蒼，龍鍾老態，故意出聯調侃他：

上鈎為老，下鈎為考，老考童生，童生考到老；

把"老"、"考"嵌入聯中，很有刻薄譏諷之意，好在王秀才也心平氣和，不以爲意，正直對曰：

　　二人是天，一人是大，天大人情，人情大過天。

　　他用拆字法充分把科舉的徇私舞弊，用財物搞人情關係的醜態揭露，而且對伏工整。當然，經他這一應對，這一次赴考又泡湯了。

1278　　錢鍾書的"三不願"

　　錢鍾書（1910—1998）最著名的著作有兩本，一是《管錐篇》，寫出多年積累的文藝見解；一是小說《圍城》，描寫歸國留學生在祖國的遭遇，其中有膾炙人口形容圍城的一句話："沒有進去的人，拚命要擠進去；而已在城裏的人，卻拚命想擠出來。"他和夫人楊絳在十年動亂中，以"反動學術權威"受到衝擊和苦難，但寧折不彎，名聲遠播海外。當他80壽辰時，國內有關方面很想爲他大辦祝壽節目，以示不光"牆裏開花牆外香"，牆裏也香。但錢老堅決謝絕這一榮遇。事後曾淡淡答問：我所以謝絕，第一不願用不明不白的錢；第二不願見不三不四的人；第三不願聽不痛不癢的話。

1279　　陳小瀅回國打官司

　　前記有魯迅與陳源（西瀅）的恩怨，最近我又從報上看到一篇"焦點新聞"，說的是陳源與凌叔華的獨女陳小瀅，已經67歲了，因爲同是英籍華人女作家虹影寫的一部小說《K1》，似有污蔑她的父母之嫌，竟回國打官司。我記得凌叔華是上世紀30年代的女作家兼畫家，與陳源婚後到英國加入英籍，是當時中國女作家中的四大美人之一，人人稱羨。1970年陳源去世，凌叔華與小女兒分居兩地，她獨立生活，堅持到加拿大、美國、新加坡等地講學，75 歲時，還回到敦煌旅行，不斷寫作，向全世界傳播中國歷史和文化。1990 年她 90 歲因病回到北京住入醫院，六個月後不治逝世，骨灰葬在江蘇無錫和陳源一起，陳小瀅經常回來祭掃，我還記得當她逝世時，王蒙、陳昊蘇、蕭乾、舒乙、沈從文夫人張兆和等許多名人參加追悼會。真想不到現在陳小瀅竟因愛護父母的名譽竟與虹影打起官司來，相信凌叔華地下有知，也會感到不安的。

1280　　蔡迪支自畫像打油

　　著名畫家蔡迪支 1919 年生於順德市，年輕時候受到魯迅提倡新興木刻運動的影響，和一些年紀相若的賴少其、羅清楨、黃新波等人從事木刻創作。全面抗戰後，投身救亡宣傳，當時在韶關戰時省會，常有敵機前來轟炸，警報一響，人們便四出慌忙躲避。蔡迪支原名“迪基”，與“敵機”同音，當他參加一些集會時，人一到便被嘲笑說：“敵機一架來了”。常弄得尷尬，面紅耳赤，乃決定改名，當時恰有一本魯迅推崇的德國女版畫家珂勒惠支的畫冊在案頭，他便取其“支”字改名爲迪支。那時候他風華正茂意氣風發，創作出版畫很多很好，其中有一幅《桂林緊急疏散》，思想性藝術性特強，讀者歡迎，複印多多也一掃賣光。今年蔡迪支自畫漫像，他想起上述抗日戰爭舊事，便在漫像上題了六句打油詩：

　　　　韶關遇敵機，迪基改迪支；

　　　　桂林急疏散，刀刃正逢時；

　　　　藝途長漫漫，彈指八十四。

　　按：蔡迪支是廣東畫院、《廣東畫報》創辦人之一，上世紀 50—80 年代還是廣東美協領導人。

1281　人爲什麼被毀掉

在這個世界上，人是最容易被毀掉的動物，因爲在人的一生中有許多誘惑：金錢、女色、權力、名譽、地位等等，只要其中一項在人的身上蔓延開來，便會使生命的火焰減弱或者熄滅。但人又是不容易毀掉的動物，因爲人有理智和良知，有愛情和理想，有意志和判斷力，這些像養料一樣滋養著人，激勵著人，使人不斷前進。

美國作家傑克·倫敦寫出《馬丁·伊登》後，文名鵲起，財源廣進，他建別墅購遊艇，盡情享受，接著便感到厭倦、空虛、寂寞、失落、無聊，弄得昏天黑地，失去方向。結果於 1916 年在別墅中自殺身亡，了卻一生。可見人是最容易被毀掉的，就是缺少上述的理智和良知等等養料滋養，稀裏糊塗被毀掉的。

1282　徐宗漢生平

中華民國開國元勳黃興的夫人徐宗漢，原名徐佩萱，廣東香山（中山）縣北嶺村人（今珠海香州區）。1876 年出生於上海，1907年在南洋投身孫中山的革命，加入同盟會。1910 年到 1911 年歷次起義都有她一份，因護送黃興脫險，兩人戀愛結婚，遂有"革命新娘"佳話。1912 年曾在南京創辦貧兒教養院，親赴美國籌款，備極辛勞。1916 年黃興不幸英年病逝上海，她攜子扶柩回長沙國葬。後又在上海創建"中華女界聯合會"，並於 1922 年與人合辦上海"平民女學"，雖然時間不久，但爲革命培養了一些女幹部，也積累了一些辦學好經驗。在抗日戰爭中，她曾到美洲各國募得大宗款項，支援東北義勇軍。1942 年在重慶會見了周恩來和鄧穎超，1944 年因肝病發作不治逝世於重慶。

1283　　通俗作曲家黎錦暉

　　我記得讀小學的時候，唱的歌曲都是黎錦暉創作的《可憐的秋香》、《月明之夜》、《葡萄仙子》、《小小畫家》等等。這是當時的流行歌曲，中小學生在唱，社會上的人也在唱，算是上世紀初期音樂歌曲啓蒙運動的"教科書"。以後黎錦暉還在上海辦學校，組織"明月歌舞團"到國內和香港、南洋各地演出。有一首《桃花江》，簡直給人們唱瘋了，曾發行唱盤。《桃花江》的歌詞是：

　　　　我聽得人家說，
　　　　（說什麼）
　　　　桃花江是美人窩，
　　　　桃花千萬朵，
　　　　比不上（那）美人多……

　　以後我才知道這些歌曲是低級趣味的粗俗小調，或者是"靡靡之音"，難登高尚的藝術殿堂。可見"下里巴人"與"陽春白雪"，無論哪時候都在爭辯、鬥爭著。

　　黎錦暉（1891—1967）湖南湘潭人，父親黎松安晚清秀才，與鄰村畫家齊白石交往甚密。黎錦暉兄弟八人，哥哥黎錦熙是我國著名語言學家，歷任北京大學等校教授，其他六個弟弟都學有成就，人稱"湘潭黎家八傑"。黎錦暉能夠在歌曲創作上多產，得力於父親的教育和薰陶，以及自己的天才和努力。那首撩人心弦的《桃花江》，經過"明月歌舞團"黎明暉等人的傳唱，真像一陣溫馨的微風吹進南洋和世界華人地區，桃花江美人多的消息傳遍海內外。

1284　　再記《徐霞客遊記》

徐霞客（1587－1641）生長於明朝末年，江蘇江陰人。22 歲時開始外出旅行考察，在 30 多年中，東渡普陀，北臨燕冀，南涉閩粵，西北登太華之顛，西南到達雲貴邊陲，行經 16 個省市。純屬自動自費行動，飽嘗千辛萬苦，幾次從死的邊緣脫險。他記下的我國山脈河流，岩溶地貌，植物生長，民情風俗，當時氣象等等，並作出正確的分析論斷，形成精闢可靠的科學文獻，也是有文學價值的文藝作品。是他死後由友人整理成書傳抄，直到清‧康熙年間才正式出版傳世。我覺得他的好友黃道周，題贈他的詩喻爲“下凡的天仙”，很可以概括他的才華：

> 江陰霞客本巨仙，謫降塵寰數十年。
>
> 絕壁探幽跨鶴渡，危崖古洞效蛇穿。
>
> 玉床玉柱真神宅，金鳳金龍伏路邊。
>
> 晨肇天臺應愧歎，餘人那得有奇緣。

又據英國現代著名科技史權威李約瑟博士評論：《徐霞客遊記》讀來似不像十六、七世紀人寫的，卻像廿世紀的野外勘測家寫的考察記錄。他不但在分析各種地貌上有驚天動地的能力，而且能夠系統地使用各種專門術語，開創了地理學的先河，比歐洲早了二百年。

1285　　謳歌包公對貪官能起作用嗎

報上有關貪官的消息還是不少，而且貪官的數目和貪污的份額彷彿還越來越多。大家都說：判處貪官不謂不嚴，殺得不少，但還是如“雨後春筍”層出不窮，似乎殺也不怕。至於有關肅貪整吏的宣傳，看來力度也不弱，包公的電影電視有了，介紹好人好事、清官廉吏的文章，也連篇累牘，甚至合肥市的包公墓、包公祠，也以濃墨重彩加以描寫，意在提高人們的景仰和學習，連其中的許多詩聯也不厭其煩地錄出：

> 盧州有幸埋廉相；包水無言弔直臣。
> 剛毅不阿，刑法無窮終鐵面；
> 清廉固守，貪夫到此可愧顏。
> 肅貪奸，懲腐惡，至今猶是銅鍘銳；
> 明法紀，正官風，爾後益覺河水清。
> 照耀千秋，念當年鐵面冰心，建讜言不希後福；
> 聞風百世，至今日婦人孺子，頌清官只有先生。

還有一首以景抒情的詩：

> 孝肅祠邊古樹森，小橋一曲倚城陰。
> 清溪流出荷花水，猶是龍圖不染心。

這些詩聯寫得確實不錯，但對貪官能起作用嗎？

按：包拯（龍圖，999—1062）北宋進士，做過幾任縣令、開封知府、端州太守……現在肇慶市還留有當年包公建造的古井、米倉和“擲硯洲”的遺跡。

1286　　社會的脊樑

住在大都市的廣州，所見所聞大半是鬥富鬥闊、講飲講食、一擲千金、酒色財氣的資訊，彷彿我們到處是鈔票，富得流油，連報刊登載的貪污款也動輒百萬千萬。出於意外，今天卻在報縫裏發現一篇小文章，傳出來另類的寒酸窮困的情況：

人稱東方文化大師的季羨林，如今每個月的退休金一千多元，除去保姆開支，日常生活才五六百元，吃的是普通蔬菜麵食，還樂呵呵地表示：自己開銷不大，還有點稿費補貼，日子過得可以就行了。

復旦大學教授坐牢受難幾十年的賈植芳，每月離休工資一千多元，而妻子任敏常年癱瘓在床，其單位遠在西寧，不要說醫藥費報銷，連正規的退休金也常斷檔。賈先生年已耄耋，拚命掙點稿費給妻子治病，平日生活艱難可想而知。

電影老演員劉瓊新近逝世，生前既沒有私家車，連搭公交車也要選沒有空調的，以節省一元錢車費……

以上國寶級人物，還過著這樣的清貧生活，比那些號稱"星"們差得多少？這樣的社會分配公平嗎？合理嗎？好在這些國寶級人物有一股冰清玉潔的志氣情操，從來不向國家伸手，這就是"吃的是草，擠出的是奶"的社會脊樑。

1287　　　張大千為什麼不回國

張大千（1897—1983），是張善子（1882—1940）的弟弟，同是現代著名中國畫家。大千於1949年12月成都即將解放時，搭乘著軍用飛機飛到臺灣，以後飄泊印度、阿根廷、巴西、美國，最後定居臺北市。有許多人不很理解他何以解放前夕出國，出國後經過一再勸告也不回來，認為他的思想頑固。其實，經過時間考查，他並非對新中國有什麼恩怨，主要由於他生性愛花錢，自由散漫，家庭負擔很重，對政治不關心，只宜畫畫，不宜做人大代表、政協委員開會發言。一向新中國過著平均主義的低工資生活，沒有藝術市場，賣畫沒有出路。當然，他聽到國內歷次政治運動，也使他懼怕，有人罵他是資產階級的裝飾品，罵他生活腐化，假如回來，一定不能再出去。平心而論，他是無時不懷念祖國故鄉和親朋故舊的，寫有很多詩詞繪畫題款可以證明。總之，他浪跡海外30多年，時時處處不忘自己是中國人，保持著中國人的尊嚴和國格，堅持穿中國服裝，吃中國飯菜，說中國話，讀中國書，畫中國畫。無論身居何處，不入外國籍，離鄉去國越久，思念之情越深，最後還是落葉歸根回到臺灣。這樣的自由主義藝術家，我們還怎麼樣苛責呢？

1288　　蘇東坡為羅浮山荔枝做廣告

　　浙江紹興與魯迅有關的名物和韶山毛澤東故居的"毛家飯店"，一經註冊成為商業品牌便名聲鵲起，財源滾滾。今年博羅縣羅浮山一帶荔枝豐收，有商業頭腦的人想到了宋朝大文豪蘇東坡傳播海內外，耐人吟誦的一首詩：

> 羅浮山下四時春，盧橘楊梅次第新。
>
> 日啖荔枝三百顆，不辭長作嶺南人。

　　於是也不失時機地把產品註冊為"羅浮山"這個品牌，請出近千年以前的蘇東坡老先生作廣告。結果吸引了大批遊客前來品嚐荔枝，不遜於從化、增城。同時還舉行推介會，一舉簽訂2000多噸購銷合同，其中 200 噸是通過香港公司銷往英國的。其後博羅縣的龍華鎮，也不甘落後，同樣向國家工商行政總局申請註冊"山前仙荔"品牌，名氣大增，價格高漲，各地客商紛紛到山前搶購。據報載：廣東荔枝今年已把殺蟲、保鮮各項環節處理好，成功地搶佔美國、加拿大、日本、歐盟、東南亞等國家、地區市場，估計可出口在千噸以上。

1289　丁一嵐為鄧拓獻輓聯

丁一嵐是老一輩的新聞工作者、著名播音員、原中國國際廣播電臺台長、鄧拓的夫人,曾擔任 1949 年 10 月 1 日天安門開國大典的現場播音。她們夫婦是在 1938 年《晉察冀日報》工作中通信認識的,1942 年結婚。

我們都知道鄧拓於 1966 年 "文化大革命" 開始時,即因 "三家村" 冤案逝世,1979 年平反,丁一嵐含淚獻上一副輓聯:

　　山海風波,心盟永憶;

　　萬家恨雪,雲際長明。

那時已離鄧拓逝世 13 年,但丁一嵐還記起兩人戀愛時,曾得到鄧拓許多來信和舊體詩,纏綿深沉,使人感奮,其中有一句:"山海風波定白頭",因此有上聯之語。

1290　曾留下名人足跡的廣州茶樓

前記有幾則文化名人魯迅、郭沫若、老舍等留下足迹的廣州茶樓:北園、南園、陶陶居、妙奇香、太平館等等。現在我又想起了中山五路的惠如樓(近因建設地鐵被拆),也曾是郁達夫飲茶的地方,他對廚師製作許多好吃點心讚不絕口。抗日勝利後,我住在中華北路 178 號曰元別墅(現解放北路),距離惠如樓很近,常去飲茶,也常憶起郁達夫被日本憲兵殺害和魯迅、郭沫若等來廣州的歷史事件,噓吁不已。據說改革開放初期,惠如樓工人無意中找到一塊木雕上聯:"惠己惠人,素持公道;"卻找不到下聯,老闆靈機一動借此大做文章，請出當時文化名人蘆荻、劉逸生等補出下聯："如親如故，長暖客情。"並在報上大事宣傳，一時顧客盈門，生意興隆。

廣州一般茶樓酒館前門都掛有嵌名對聯，古色古香，這也算是飲食文化之一。我記得北園酒家是：

北郭宜春酒；園林食客家。

寶漢酒家是：

寶鼎銀盤，堂開喜宴；漢宮瓊閣，雲集嘉賓。

鹿鳴酒家是：

幽林藏鹿影，水閣聽鳴禽。

1291　　中國優秀導演蔡楚生

蔡楚生（1906—1968）廣東潮陽人，是中國上世紀初期電影界大師，1968 年被"四人幫"迫害致死。他出身貧苦，耕田打工全都幹過，靠自學成材。1925 年"五·四"運動後，他參加汕頭店員工會、"進業白話劇社"，開始寫作和繪畫。1926 年隨來汕頭拍攝外景的上海一家影片公司幫忙打雜，逐步對電影發生深厚興趣。先後在幾家電影公司做臨時演員、劇務、場記、置景、副導演等，深得"明星影片公司"同鄉導演鄭正秋的提攜，並結識了音樂家聶耳受其幫助，加入夏衍、田漢等 1932 年組成的"中國電影文化協會"，擔任執行委員。1933 年編導《都會的早晨》，一炮打響。1934 年編導《漁光曲》，由王人美、韓蘭根主演，轟動全國，在上海連映 84 天，還獲得 1935 年莫斯科電影節的榮譽獎，是我國第一部榮獲國際獎的影片。以後導演由阮玲玉主演的《新女性》，達到珠聯璧合的境界。1937 年抗日開始到香港與司徒慧敏合作《血濺寶山城》、《遊擊進行曲》

和《孤島天堂》、《前程萬里》等抗戰影片，都受到觀眾的歡迎欣賞。
1944 年他回內地，眼見燈紅酒綠與哀鴻遍野相對照的戰時現實，痛
苦萬分，1947 年終與鄭君裏編導《一江春水向東流》，創造上海 71
萬票房最高紀錄，被公認爲中國最優秀的導演。新中國成立後，他
任電影局局長，還與陳殘雲、王爲一合作《南海潮》，也獲得成功。

1292　　流沙河擅寫對聯

很早被定爲"右派"的四川才子流沙河，命大福大，至今健在，
夫唱婦隨，大寫他的風流文章和詩詞對聯。幾年前活到 98 歲的老作
家蕭萸辭世，這老人一生挨整，還是著名作家劉心武念起他與祖父
劉雲門在上海有舊，盡力促成了他印行從北伐到上海回四川做農民
的回憶錄。當時蕭萸靈堂上掛著很多年青人的輓聯，多不合乎仄對
仗，獨有流沙河寫的一副最妙：

> 百年坎坷饒兩歲；
> 一星隕落冷千山。

又不久前，湖南的湘泉集團邀四川作家遊湘西武陵源，住在湘
泉酒店，老闆請眾作家留墨紀念，藉以宣傳。眾作家都對詩詞對聯
不熟悉，推出流沙河做代表，即席揮毫：

> 客宿湘泉酒醒，紗窗月靜；
> 人吟楚水詩成，芷岸風香。

1293　　"寶貝放錯了地方是廢物"

一個人如果用他的短處而不是長處來謀生，可能永遠是卑微，

或者在失意中淪落。所以選擇職業時，應該選擇最能使你全力以赴、最能使你的品格和長處得到充分發展的那種。經營自己的長處，等於存了一筆利率最高的存款，它能使你人生不斷增值。經營自己的短處，等於貸了一筆利率最高的貸款，它會加重你自己的債務。

有人說過這樣的話："寶貝放錯了地方便是廢物。"曾到過廣州的微軟公司總裁比爾‧蓋茨，是世界上最早發現自己長處的人，哈佛大學沒有畢業，便經營他的長處——電腦公司了，所以他成爲世界首富不足爲奇。

1294　再記百歲老人馬相伯

廿世紀百歲老人馬相伯（1840—1939），生於中國門戶被打開的鴉片戰爭時代，一生看著同胞受苦受難受凌辱，他雖是天主教徒，做過神甫，但毫不崇洋媚外，以救國救民爲職志。他除了創辦震旦公學、復旦大學外，還做了許多善事，不勝枚舉。特別在"九‧一八"事變後，滿腔愛國熱情，呼籲停止內戰，聯合抗日，組織"救國會"事事力行。直到全面抗戰，他已接近百歲，還長途跋涉遷入內地，參加神聖的抗戰。不幸到達越南諒山，身患疾病，全國爲他祝壽，學生于右任書寫賀聯：

當全民族抗戰之時，遙祝百齡，與將士同呼萬歲；
自新教育發萌而後，宏開復旦，論精神獨有千秋。

馬老身處異域，目睹大好河山淪陷，激起無窮憤怒，總在問人："蔣介石打了沒有？他會打嗎？現在打到哪裡？"等等。有一次胡愈之去訪問他，他對胡說："我是一隻狗，只會叫，叫了一百年，還沒有把中國叫醒。"1939 年 11 月 4 日，馬老逝世，舉國哀悼，連孤島上海也不例外。1952 年上海市長陳毅派人到越南諒山將靈柩迎回上海，安葬於息然公墓，1984 年再遷入宋慶齡陵園，以垂永久，可見全國人民對馬老的崇敬。

1295　　再記吳佩孚生平

北洋軍閥吳佩孚於 1926 年被國民革命軍汀泗橋、賀勝橋打敗後，逃到四川軍閥楊森處，住在畢節縣白帝城，讀書吟詩，韜光養晦。其間曾有日本特務前來策動出山當漢奸，不爲所動，作一聯以明志：

> 得意時清白乃心，不納妾，不積金錢，飲酒賦詩，猶是書生本色；
> 失敗後倔強到底，不出洋，不進租界，灌園抱甕，真個解甲歸田。

1931 年"九‧一八"後，他由四川遷往北京，更一再受日本特務的騷擾，始終抱著不失民族氣節的態度，巧與周旋，泰然自處。1939 年，他患上牙疾，右頰腫痛，由日本特務介紹日本醫生爲他開刀拔牙，當天暴卒於公館，以身殉國。他的好友楊雲史當時送了輓聯：

> 本色是書生，未見太平難瞑目；
> 大名垂宇宙，長留正氣在人間。

到了 1946 年二月，還由國民政府的軍政要員和許多生前友好舉行隆重國葬，是抗日勝利後北平最大的一次出殯。

1296　　"補白大王"鄭逸梅

鄭逸梅（1895-1992）一生沉緬於新聞事業，擅寫文史掌故，人稱"補白大王"。他淡泊明志，胸懷坦白，嚴己寬人，忠厚善良，得到高壽而終，南社耆宿高吹萬寫一聯贈他：

人淡如菊；品逸於梅。

他直到臨終時，猶寫作不輟，時見文史珍品於各大報，日盡一二千言，倚馬可待，是文壇報界少見的人物。他還長期兼任各大學教授，大受學生歡迎。但在"十年浩劫"時期照樣被關進"牛棚"，罰打掃課室二年之久。我近年讀到他的大作不少，都是資料翔實，實事求是，不是道聽途說的無稽之談。譬如許多人對賽金花的生平都加油加醬，說是才貌雙馨的愛國者，《賽金花本事》一書的題簽，是賽氏自題的，富於秀逸氣；《本事》卻是劉半農所作，半農與賽晤談多次，賽氏口述往事，半農一一筆錄。1934 年半農病故，賽氏撰一聯相送：

君是帝旁星宿；儂慚江上琵琶。

看起來賽氏似乎確是秀外慧中是女中豪傑。而鄭老先生卻根據所掌握的資料指出：其實不然，《本事》題簽由陸采薇書，賽氏蒙上薄紙印描的，至於輓半農聯也出於半農弟子商鴻逵捉刀，賽氏本人是沒有什麼文化的。

1297　　聶耳的天才和勤奮

天才和勤奮是事業成功的條件。據珠江電影製片廠導演王爲一回憶：1934 年聶耳（1913-1935）在上海百代唱片公司曾組建民樂隊，只有四五個樂手，王爲一即是其中之一，每人要操作兩種以上的民樂器。民樂隊組成後，經過練習很快便灌製了《金蛇狂舞》、《翠堤春曉》唱片一張，並到各地演出，真是敢想敢幹闖勁十足。同時還給大明星蝴蝶一支民歌電影插曲作伴奏，並替進步電影《桃李劫》灌製插曲充當歌曲演員等等。以後百代公司結束民樂隊，另行組建洋樂隊，聶耳離開公司，回到聯華影片公司二廠工作，作出國準備。這期間又爲影片《風雲兒女》插曲《鐵蹄下的歌女》和該片劇終曲《義勇軍進行曲》譜曲，真是拚命地幹，廢寢忘食。1935 年四月東渡日本，將轉歐洲學習（包括蘇聯），可是就在七月十七日前往鵠沼海灣游泳，被巨浪所吞沒，奪去了年輕的生命。假如他還在世，真不知道創作了多少名曲和多少革命功績，和王爲一一樣都是 90 歲的老人了。

1298　　三個王蒙一鍋粥

1992 年，有一位華裔天文學家王蒙，發現月球上有一大塊黑石，有關組織便按規定把這大塊黑石命名爲“王蒙石”。而當代還有一位作家叫王蒙，曾做過文化部部長，寫過《堅硬的稀粥》等好文章和小說。另還有一位元朝山水畫家也叫王蒙，有八幅山水畫藏在故宮博物院。有人把這三位王蒙弄混了，當作一個人，竟憤慨地說：王蒙不過寫了一些小說和散文，有什麼了不起？爲什麼故宮博物院要珍藏他的畫？更把他的名字弄到普天之下皆知的月球上去？真是不像話！有位作家王蒙的朋友寫詩道：

稀粥王蒙不作畫，探月王蒙無稀粥。

人間萬事顛倒顛，禍所倚兮福所伏。

1299　　黃永玉的《三記》

沈從文的表侄黃永玉，湘西鳳凰人，當代著名畫家，長期住在廣州。他不光善畫，且能爲文，著有《三記》畫文集，極富趣味、哲理、幽默，讀之韻味無窮，深有啓迪，例如：

物質與精神——這問題討論了幾十年，仍然沒有結果，似乎很高深，實際再淺顯不過，比如你到飯館吃飯，飯菜極好，服務員態度卻極壞，走？還是吃下去？這就是精神和物質誰戰勝誰的問題。

吵架——適用於公共汽車、電車和排隊買東西的一種有益身心的工間操，幾乎是男女老少咸宜。它既能不擇場合鍛練機智，有利於培養各種型號有高度文化教育的外交家，且能增進血液迴圈和肺活量等等。

速度——物質運動的形式。例如壞人一下子變成好人，快得連閃電也頗感慚愧。

後遺症——孫悟空隨唐僧上西天取經，回來經過在原單位上班，一日頭痛欲裂，翻滾於地，眾仙問他是否緊箍咒發作？悟空哭道：不是，只是好久沒有受緊箍咒滋味，癮上來也。

1300　　齊白石與梅蘭芳的交情

齊白石（1863-1957）60 歲時，知名度還不十分高，他和梅蘭芳（1894-1961）時有往還。有一次路過北京王府井一飯莊，適某大人物有堂會請梅蘭芳演出，他拿出名片要看梅劇，司事人不爲通傳，很是惱火，正想離去，卻見大人物和梅蘭芳進入飯莊，梅一見齊便呼齊老師（當時梅拜齊爲老師學畫），並向大人物介紹，大人物殷勤讓入首席，齊很得意，吟詩記趣：

記得先朝享盛名，布衣蔬食動公卿。

而今流落長安市，幸有梅郎識姓名。

1301　聞一多與華羅庚兩家共住

　　上世紀 30 年代末，正是抗日戰爭艱苦時候，但有的發國難財的人，卻在過著荒淫無恥、燈紅酒綠的生活。聞一多（1899-1946）與華羅庚（約 1900-1985）同在昆明西南聯大任教。有一天聞一多聽說華羅庚六口之家沒有住處，便主動請華到自家"陳家營"共住。其實聞家也不過只有十多平方米的偏廂房，只好中間隔著一塊花布分成兩家，好在大半都是小孩，不分你我東西，這是抗日時期大後方窮人的普通情況。這情況一直維持了一年多。華羅庚曾爲此寫了一首七絕：

　　　　掛布分屋共容膝，豈止兩家逢坎坷？
　　　　布東考古布西算，專業不同心同仇。

　　"算"即華氏專業數學；"心同仇"即與日寇不共戴天也。全首詩都是寫實。

1302　評卷趣話

　　抗日時期某大學招生考試，幾何試題很難解答，一考生思前想後只好寫上一首打油詩交上白卷，詩曰：

　　　　人生何苦學幾何？學了幾何值幾何？
　　　　學了幾何幾何用？不學幾何又幾何？

　　評卷教授讀此打油詩，頗感有趣，隨便賜給五分，想不到該生的總分竟達到錄取線，被錄取爲文學系學生。其實，這首打油詩，早已在我讀中學時候流行了。

冰心先生生前曾談起她在天津南開中學讀書時，某老師曾給一學生的作文打上 120 分。原來該生作文寫道："今天天氣十分好；花兒十分香；風景十分美；心中十分樂；"一共用了 12 個十分，於是給了他 120 分。

魯迅曾爲當時是學生的許廣平評改一篇作文《羅素的話》，在卷末批道："擬給 90 分，其中給你 5 分（抄工 3 分，末尾幾句議論 2 分）其餘 85 分都給羅素。意思是許廣平這篇作文照抄羅素的現成話很多，沒有獨立見解，缺乏分析評論。許廣平讀了評語後，心悅誠服會心微笑。

還有，某生作文愛用"如何"一詞，老師看得厭煩，執筆批道：

　　　如何如何空如何？如何如何這樣多。

　　　如何如何如何好？如何如何將如何？

1303　　鍾敬文夢逢巴人

民間文學家鍾敬文（1903-2001）與已故作家巴人（王任叔，1901-196?）相識於上世紀 20 年代北伐時期的廣州，那時鍾敬文在嶺南大學附中任教，並主編《國民新聞》報副刊，巴人卻在國民革命軍總司令部秘書處任機要科長，時常寫文章給鍾敬文刊用，由此便建立了友情，除了時時相聚談論外，鍾還請巴爲自己 1927 年出版的散文集作序。

2001 年 10 月，巴人百年誕辰紀念暨學術研討會在寧波市召開，（巴人是奉化人）鍾敬文時年 98 歲，發表一首詩並附序言，語重情深不忘故舊：

余在三四十年代與王任叔交誼頗深，曾三次異地看望他，適逢其先後被上海巡捕房、南京政府、印尼當局關押後放出，而今五十

年矣。夜忽與故人相逢,交談甚洽。次日其鄉人周靜書同志來訪,告任叔兄 100 年華誕,感興不已,因口吟一絕以賦之:

> 眼中平輩日凋零,夢裏忽逢王任叔。

> 徹骨煩冤何足云,高談爽笑仍如故。

不幸的是:過了數月鍾老因病不治逝世,相隨老友而去,亦文壇悲事也。按:巴人是在"文革"時期被"四人幫"迫害致死的。

1304　　巴金希望"安樂死"

人們總在追求解決生、老、病、死的問題,老了要病,也要死,病和死都不是痛快的事,有的還很痛苦。巴金(1903-　　)在 1995 年看到夏衍逝世時很痛苦,很有感觸地說:如果他到了這一天,希望不要搶救,要"安樂死"。巴金是積極面向人生的硬漢,他老了失去工作能力,很是痛苦,他說過:"大兵常常死在戰場上,我為什麼不可以拿著筆死去?"他一直頑強地完成 26 卷本著作和 10 卷本的譯作,還寫了《跋》和《告別讀者》,並將全部藏書捐獻國家,全部存款獻給"希望工程"和災區,呼籲建設中國現代文學館、文革博物館……

巴金還為親友先去而痛苦,老伴蕭珊、老友冰心、蕭乾等逝世以後,他感到孤獨寂寞,長壽對他是一種懲罰。據說:他多次在醫院裏提到:他對國家已沒有用處了,不能工作了,不要再用什麼好藥,安樂死吧。我記得鄧穎超大姐也有類似的話,主張安樂死。病痛和衰老到了生不生死不死的時候,確很難受,我最近患急性哮喘對此感受很深,也曾希望最好能夠安樂速死,結束這毫無意義的殘生。

現在巴金老人痛苦在上海醫院，我們無可奈何地祈禱奇跡出現，他能夠從痛苦中解脫出來，快樂地活下去，激勵著我們前進！

1305　　陳圓圓兩三事

因"衝冠一怒爲紅顏"的吳三桂降清，加速李自成和明朝的滅亡故事，盡人皆知。那紅顏就是陳圓圓。陳圓圓約生於1624年左右，崇禎14年（1641）已是蘇州名妓，才貌俱佳，擅唱昆曲，有較高的文化修養，能作詩詞。因爲名聲遠播，常被搶劫，曾鍾情於當時大才子、明末四公子之一的冒襄（辟疆），訂終身之盟，又爲匪徒劫走，否則不會產生"衝冠一怒爲紅顏"的故事，歷史也許要改寫。

陳圓圓以後隨吳三桂移駐雲南昆明，已是府中年老血衰的侍妾，又無子女，便請求出家爲尼，道號"寂靜"，又名"玉庵"，在昆明西郊三聖庵內修行。吳三桂起兵反清時，她已病故，昆明縣誌有載。抗日戰爭時期因開公路曾掘出她的墓碑一塊，上書：寂靜大師本姓邢，後改姓陳，字圓圓……當時西南聯大教授朱自清作過鑒定，認爲陳圓圓確葬於此。可惜因爲時局關係，沒有好好處理拓下此碑，以至遺失。但現在昆明的雲南省博物館尚存有道光、同治年間蘇芳田等人臨摹的陳圓圓遺像，以及用過的衣缽、木盤、數珠、瓷碗等等。至於《圓圓曲》和其他有關她的歷史小說、電影、電視等等，則多得不勝其數了。

1306　　舒乙論父親老舍

老舍（舒舍予，1899-1966）哲嗣舒乙，最近向記者談論了他的父親。他說：父親是一代文豪，卻沒有讓子女學文，我讀的是理工科，留學蘇聯。我們的古典文學底子、西洋文學底子不如他，對民間文學又陌生，更不是工農出身，所以他認爲子女們搞文學肯定不行。

舒乙說：上世紀 50 年代初，一味強調作家的改造，許多人顧慮重重，父親認爲自己的思想和新社會非常合拍，用不著改造。實在的，他很快融入新社會，50 年代即寫出劇本《龍鬚溝》，得到周恩來和其他許多人的喜愛和讚揚。以後一直寫了 26 個劇本，都很不俗。可以說一生都爲人民寫作，不愧是一位“人民藝術家”。他曾主辦過曲藝雜誌《說說唱唱》，寫了很多快板、單弦、太平歌詞、相聲大鼓……解放前他寫小說出名，解放後他寫劇本出名，他的《茶館》達到頂峰，以後似乎無出其右者。大概由於所處的時代有關，少年時趕上“私塾文化”，有深厚的古典文學根底；中學大學時又恰逢中國人眼睛向外，成爲留學生，具備外交功底，再經歷時代的重大變革，可以說“時勢造英雄”。可惜的是現在許多人改編他的作品——包括《茶館》爲電視電影，卻很使我不滿意，非常反感。他們一味媚俗，不尊重原作精神，改得面目全非，離開主調……

1307　　以“新聞救國”的邵飄萍

邵飄萍（1884-1926）原名鏡清又名振清，字飄萍，浙江金華人，是我國著名的報人，有人以詩讚曰：“飄萍一支筆，抵過十萬軍”。他對中國歷史最具影響當數揭露 1915 年袁世凱政府出賣中國主權的“廿一條”。

邵飄萍 14 歲時便考中秀才，後讀浙江高等學堂。當時中國的知識份子以"實業救國"、"科學救國"、"教育救國"爲主張,而邵飄萍卻以"新聞救國"爲職志,希望靠輿論干預政局,改變祖國的悲慘命運。他開始向上海的《申報》投稿,後被聘爲"特約通訊員"。民國建立,頒佈"臨時約法",他在杭州被《漢民日報》聘爲主編,從此走上真正的"新聞救國"道路。盡情揭發批判當局的陰暗面,並鼓動人們的愛國熱情。三次被捕入獄,迫得東渡日本。但他對祖國的安危絕沒有忘記,與友人開辦"東方通訊社",重點報導留日學生和愛國華僑在日本開展反袁運動的情況,以及日本侵華的野心。當時第一次世界大戰開始,西方列強無暇顧及瓜分中國,日本乘虛而入,企圖獨霸中國,適逢袁世凱大發皇帝夢,1915 年便向袁遞交滅亡中國的"廿一條",利誘威脅無所不用其極。袁怕國人反對,只好派外交部長陸徵祥、次長曹汝霖與之秘密談判。直到國外媒體披露,邵飄萍即刻把這消息馳報國內,激起全國人民的憤慨與抵制,紛紛集會反對,提倡國貨,拒買日貨,並定五月九日爲國恥日。海外華僑也接著掀起救亡圖存運動,使"廿一條"不能順利實施,遏阻了日本滅亡中國的進程,也促使袁皇帝的美夢幻滅。以後邵飄萍回國,1918 年主辦《京報》爲"五·四"運動推波助瀾,惹到段祺瑞政府的懼恨加以禁刊,1920 年又主持復刊,仍然秉持反帝反封建反軍閥的辦報方針,喚起民眾共同救國。不幸於 1926 年 4月 26 日與林若水被奉系軍閥張作霖以"宣傳赤化"的罪名槍殺,時年僅 42 歲,中國人民永遠懷念他崇敬他。

1308 "廿一條"主要內容

1915 年日本帝國主義向袁世凱提出滅亡中國的"廿一條",雖然已成歷史,但我們也不能忘記。內容大致分爲五號,主要內容如下：

第一號四條：中國政府承認日本享有德國在山東的一切權利並加以擴大。

第二號七條：要求將旅順大連租借期限及南滿、安奉兩鐵路期限延長爲 99 年，並承認日本在南滿及內蒙東部的特殊權利。

第三號二條：中日合辦漢冶萍公司，未經公司同意，不准他人開採附近礦山。

第四號一條：中國沿海港灣及島嶼，不得租借和割讓他國。

第五號七條：要求中國中央政府聘用日本人爲政治、財政、軍事等顧問；中國警政及兵工廠由中日合辦；將武昌至九江、南昌至杭州、潮州間的鐵路建築權給予日本，允許日本在福建省有投資修築鐵路及開採礦產的優先權。

1309　　玩火的陳水扁

最近臺灣陳水扁與李登輝一唱一和發表“兩岸一邊一國”，並思考“公民投票”走臺灣自己道路的“謬論”，激起了全世界中華民族，包括臺灣大多數同胞，連同許多國家政府，紛紛指責他違背國際法例，妄圖分裂祖國，走向“台獨”的魔道，無異於玩火，加以聲討、反對。臺灣一百個人民團體負責總召集人范光陵博士，特別發表聲明：大多數臺灣同胞贊成一個中國，和平統一，堅決反對台獨，陳水扁以少數人意志強加於大多數人頭上，是不得人心的，始終會自食惡果的。還寫了一首明白暢曉、包含理性和感情的五言詩：

本是中國人，不可拋祖先。

眾生將塗炭，請君重血緣。

1310　商承祚生平

　　商承祚（1902-1991）廣州市人。父親商衍鎏爲清朝最後一科（1904）的探花，伯父商衍瀛也是 1903 年的進士翰林。商承祚幼承家學，年少即嗜古文字學，師承羅振玉，研究甲骨銅器，1923 年 21 歲，出版《殷墟文學類編》，在以後 60 年的學術生涯中，先後任東南大學、中山大學、北平女子師範大學、北京大學、清華大學、金陵大學、重慶大學等院校教授，1948 年復任中山大學教授直到逝世。他一共出版了 13 本專著，兩種書法作品集，發表了 60 多篇學術論文，飲譽海內外。他還長期兼任故宮博物院銅器專門委員，廣東文物管理委員會副主任。他一生愛護文物，80 高齡還不分寒暑、四處奔走呼號保護維修廣州古建築光孝寺、陳家祠、中華全國總工會舊址和石灣古窯等。還曾力爭建築中山圖書館要保留原中山大學西堂有歷史價值的舊建築（後來畢竟被拆除）。他在研究、教學之餘，竭盡財力千辛萬苦收購搜集文物骨董，精於鑒藏。繼而“獨樂莫如衆樂”，自 1964 年開始，他把明清各朝書畫名作近 400 件，明朝至民國的石灣陶器大小 100 多件，捐贈給廣東省博物館和陳家祠廣東工藝館。故宮博物館也得到他的捐贈很多。

　　以後他的後人又向深圳市博物館捐贈了 296 件名貴書畫，商家在最近 30 多年裏，共向國家捐贈 1200 件珍貴文物，都是價值連城的寶貝，據人估計至少值一億元以上。國家文物局局長張文彬說：商家捐獻給國家的文物，分文未取，其中一二級文物占 60%，無論在數量質量上都居全國第一，其中在廣東博物館的就有屈大均、陳恭尹、梁佩蘭、董其昌、藍瑛、鄭板橋、文徵明、祝枝山、王繹、吳昌碩以及近代的黃賓虹、高劍父等名家的書畫、遺物。還有他的摯友梁啓超、章太炎、康有爲等人的信劄等等。

1311 客家作家程賢章

　　程賢章是廣東省梅州市丙村鎮人，1930 年出生於印尼，後隨父母回國勤學成材，一向以寫客家人情風土歷史生活著名，近作《圍龍》將改編爲多集連續電視劇。多少年來，他傾全力在故鄉建設“作家莊園”，規模不小，占地 2000 多畝，已投資 300 多萬元，種植金柚 100 畝，其他果蔬 100 多畝，毛竹 100 畝，魚塘 10 畝，生態林 100 畝，還計劃建文學展覽館、作家碑林、文物珍藏館、《圍龍》人物浮雕英雄譜等。中國作協王巨才、鄧友梅、李國文等以及廣東省長盧瑞華都曾來參觀，感到高興，說是會產生靈感的地方，靈感是作家創作重要條件。有記者問程賢章：爲什麼要建“作家莊園”？他說：文人都喜歡回歸自然，陶淵明如此，我也同樣想繼續在自然中創作和以文會友；另外還想告別貧窮，像寧夏自治區張賢亮那樣。人人都知道文壇有一支陝西軍，由賈平凹、陳忠實大將掛帥，稱雄全國，但前幾年痛失路遙、鄒志安，據說都死於貧窮，無錢治病，平時生活辛苦。我建莊園是想給窮作家一個舒適安樂的家，得以創作出好作品。人類最寶貴的財富是土地，我們客家人就是對土地抱有特殊的情感，故能在歷史上幾次從北方艱苦南遷，開天闢地，繁衍生息，保持積極進取的人生態度。人有了土地就有希望，這是真的，我祝禱程賢章先生的“作家莊園”早日剪綵開幕，庇蔭天下寒士盡開顏！

1312　再記鄭板橋的題竹詩

揚州八怪之一的鄭板橋（1693-1765），爲人正直清廉，癖好畫竹，其作品多以竹石爲題材，並題上詠竹詩句。有的疏朗清秀，有的挺拔峻奇，有的婀娜多姿，有的茂密蓬勃，真是琳琅滿目，意趣盎然。他的題竹詩，都是人格化，最有名的如：

> 咬定青山不放鬆，主根原在破岩中。
>
> 千磨萬擊還堅勁，任你東西南北風。
>
> 新竹高於舊竹枝，全憑老幹爲扶持。
>
> 明年再有新生者，十丈帝孫繞鳳池。

這些詩都是歌頌百折不撓、堅毅不拔的崇高品格，用來激勵人們與困難鬥爭和增強爲事業矢志不渝的信念，以及表達老的扶持少的，一代勝似一代的人生哲理，發人深思。最有諷刺意味的是前記一首送給山東巡撫大人的題畫詩：

> 衙齋臥聽蕭蕭竹，疑是民間疾苦聲。
>
> 些小吾曹州縣吏，一枝一葉總關情。

還有，鄭板橋在濰縣做縣令時，因歲饑請賑，觸怒權貴，終被罷官，濰縣人戴德建生祠紀念，他畫竹話別士民，題上詩句：

> 烏紗擲去不爲官，囊橐蕭蕭兩袖寒。
>
> 寫取一枝清瘦竹，秋風江上做魚竿。

這枝清瘦竹，就是鄭板橋自己絕妙寫照了。

1313　慈禧的淫威

據溥儀的《我的前半生》記載：老佛爺慈禧有一次與一太監下

象棋，在雙方對陣中，這個太監說："奴才殺老祖宗這匹馬"。本來這沒有犯忌的地方，但慈禧竟惱羞成怒，兇狠狠地說："我殺你一家子"。於是這個太監當場被拉出去活活打死。

我們從以上的記事中，可以看出封建統治者的淫威和兇殘，生死予奪隨意而爲，真是伴君如伴虎。

1314　　克拉瑪依的水貴如油

在新疆北部克拉瑪依石油區，一片荒涼，儘是戈壁沙漠，幾十萬石油工人的食物和用水，要靠駱駝、汽車遠方運送，真是水貴如油。最近開鑿了一條運河，用水方便，皆大歡喜。著名廣東雕塑家潘鶴，受聘在此建立一座紀念碑，他以新疆美麗的姑娘們激動心情，捧著一圓筒運河水從頭淋下的喜悅，表達南方人以水爲財、開發大西北的含義，使觀衆產生無限的美感和想像。石像高 10 米，立於噴水池中央，日落後用燈光照射，活像大漠中的一塊晶瑩鑽石。潘鶴還爲此寫了一首詩，很富現實意義：

　　大漠茫茫鳥不留，不堪回首歲月愁。

　　一劃運河四百里，千家萬戶樂悠悠。

1315　　喜戴法國帽的楊之光

善畫肖像畫特別是舞蹈速寫的楊之光，祖籍廣東揭西，1930 年出生於上海，年少即來廣州拜高劍父爲師，後入中央美術學院受徐悲鴻的教育三年。他得到名師點撥，熔海派京派嶺南派於一爐，18般武藝件件皆能。19 歲出畫冊，29 歲得國際金獎，最終奠定了他中國肖像人物畫的大家地位。他不光是傑出的畫家，又是能幹的美術教育家，培桃育李，不勝其數，並倡導籌建嶺南畫派研究室和紀念館，向各大美術館捐贈 1200 件好作品。因爲他名氣大，"文革"時期受盡折磨，但一直不減愛國之心，努力工作生活緊湊，故有"楊緊張"綽號。他曾作自畫漫畫像，題曰："文革時期曾榮獲多頂帽子，但最適合我戴的還是這頂法國帽。"

確實是：他在任何時候都喜歡戴法國帽，大概這是藝術家的標記，又是嶺南畫派的特徵，第一代傳人關山月、黎雄才戴起，第二代傳人楊之光也戴著，至於第三代第四代有沒有人戴，則不得而知了。一般藝術家都有其偏愛和癖好，留下了許多幽默風趣使人忍俊不禁的軼事。

1316 商承祚的家世

商承祚（1902-1991）祖籍遼寧鐵嶺，清·康熙 21 年（1682）他的先人隨漢軍正白旗部隊來廣州駐防，從此便落基代代相傳。他的祖父商廷煥屢考不中，便專心設塾教育二子衍瀛、衍鎏勤奮讀詩書。衍瀛於 1890 年考中秀才，後又中舉。1903 年兄弟二人結伴赴京科考，衍瀛中進士入翰林院，衍鎏（即商承祚之父）則回家重新苦讀，於1904 年最後一次科考被取爲探花。狀元是劉春霖、榜眼是朱汝珍。由於是末次科考，傳說很多，有說廣東人朱汝珍才是真正的狀元郎，但慈禧恨廣東人，因有洪秀全、康有爲、孫中山革她的命，便把河北人劉春霖調爲狀元。商衍鎏填籍貫爲漢軍正白旗駐廣州，差幸沒有被刪除。1906 年，商衍鎏和朱汝珍一起被派到日本留學，從此眼界開朗。商衍鎏於 1912 年又赴德國漢堡大學教授漢學。1916 年因第一次世界大戰回國，出任馮國璋總統府的顧問及財政部秘書等職。

抗日戰爭時期他在四川蘇東坡故鄉眉山賣文字爲生，勝利後回到南京，因物價飛漲，生活困難，於1948年冬回到廣州故居，次年全國解放，再赴南京在長子商承祖家住了六年，1956年再返廣州，1963年逝世。他晚年撰寫了寶貴歷史資料《清代科舉考試實錄》、《太平天國科舉考試記略》等書。中央新聞電影製片廠於1956年拍攝《探花的晚年》一片。這位末代探花郎，是書寫嶺南文化史乃至中國文化史都不能缺少的人物，他青年得志，中年困頓，晚年美滿，經歷中國最複雜動蕩的時代，堅守讀書人的操守，正像他自己詠歎的"癡願淘將渣滓淨，此身與世共光明。"

至於商衍瀛是清朝遺老，據說曾爲末代皇帝溥儀做過復辟的活動，一向住在北方。現在住在廣州的商家後代，都是商衍鎏次子商承祚的子孫，長女商志男是眼科專家；長子商志馥是廣東省文史館專家；次子商志鐔是中山大學人類學教授，都已退離休，最小的也68歲了。他們三姊弟笑說：雖然我們這輩子不如爺爺和父輩，但可以無愧的是能夠履行祖訓："四惡勿沾，勤儉守正，讀書爲善，窮達安命。"也確實是，商氏在廣州一門幾代，歷經百年，有人創造絢麗，有人融入平凡，卻大都以讀書治學爲立身之本，雖沒有出過挽狂瀾的英雄，也沒有大富大貴的權貴，卻能把自己辛苦收藏的千百件富足文物無償捐獻給國家，從來沒有亂過方寸，終以讀書人的人品、文品、學品贏得人們的尊重和讚賞。

1317　　計劃生育的標語

廿多年來，全國厲行計劃生育，把人口上升速度降了下來，皆大歡喜。我們在這過程中，聞見了很多故事，也看到城鄉許多標語。

最普通的是：

> 計劃生育，利國利民。

> 節制生育，人人有責。

還有寫得很粗獷甚至難解、有點幽默感的：

> 一人結紮，全家光榮。

> 結貧窮的紮，上致富的環。

> 少生孩子多種樹；少生孩子多養豬。

> 國家興旺，匹夫有責；計劃生育，丈夫有責。

1318　　虛心的大作家

"虛心使人進步，自大使人落後"這句話大概是不錯的。當代文藝界，固然有許多過分的吹人或自吹的現象，卻也不少謙虛謹慎、不願被擡舉的大作家。

陝西賈平凹已是成名的作家，許多讀者吹捧他，他卻自認低能，乏善足述，純屬濫竽充數。甚至連像貌也自謙到："我是長安最醜的男人。"

梁曉聲出版一本《梁曉聲小說集》。出版社爲他作廣告："中國最偉大巴爾扎克式的作家。"梁曉聲看到後立即責問出版社，要求刪掉這句話。當出版社答復"這樣好賣"時，他還是要求起碼得把"最偉大"三字去掉。

已故大學者錢鍾書的《談藝錄》出版，曾有人在雜誌上評論，喻爲"神龍飛舞，略現鱗爪"，大加讚歎。錢鍾書看了立即去信雜誌編輯說："有關我的那一篇（文章），使我面紅耳赤。儘管我知道作者一片熱心，但吹捧氣氛籠罩該版，我終覺慚惶。"

多年前，慶祝秦牧文學生涯 50 周年會上，許多人盛讚秦牧的道德文章，其中也難免有溢美之詞，秦牧答謝時卻這樣說：﹁我對自己評價不高，世界上的事多是四捨五入，四和五相差不遠，但逢五可以進十，逢四只能退一，實際不見公平，我不過幸而處在五而已。﹂

1319　"文學絲網之路上的拉駱駝者"

美籍華人冰淩，原名姜衛民。1994 年赴美以前在原籍福建一間報社任職，像他的同鄉林語堂那樣喜愛幽默，也很崇拜冰心，所以用"冰"字加在自己的名字上。他到達美國後，照例在餐館涮盤打雜。但他有大志，念念不忘要把中國的文學走向世界。他利用所有的業餘時間和辛苦賺來的錢，第一步號召成立"全美中國作家聯誼會"和大陸"中國作家協會"聯繫，組織中國作家向美國著名學府如耶魯、哈佛、哥倫比亞等大學簽名贈書。第二步得到沈世光、淩文璧夫婦的支援願將他們的別墅無償使用，建立"中國作家之家"，以接待赴美訪問的中國作家。同時還把中國著名作家和中國文壇風景資料輸入英特互聯網頁，有利於與國際交流。更想得周到的是成立"美國諾貝爾文學獎中國作家提名委員會"，每年向瑞典提出中國作家申請諾貝爾文學獎的名單。

現在由於冰淩對上述許多事項的積極進行，中國作家王蒙、蔣子龍、臧克家、鄧友梅、李瑛、陳忠實、賈平凹、王火、辛笛等數百人，由蔣子龍組團代表向美國著名大學各贈簽名所著圖書近千冊。"中國作家之家"也已由王蒙書寫"家名"掛上，蔣子龍和福建作家代表團以及其他零星中國作家先後住上。"互聯網"正在運轉著，產生預期效果。至於諾貝爾文學獎的提名，已進行了三年，雖然沒有成功，但機構健全，工作扎實，由冰淩、王海龍爲主席，董鼎山、趙浩生、唐德剛等任顧問。第一年提名巴金、王蒙，據說今年還是他們，年年提名，提了名才有可能獲獎，更重要的是通過提名，在世界文壇上發出中國作家的聲音。

冰淩這幾年間的工作戰績，真是不簡單，他用自己涮盤子掙的微薄收入，支撐和辦好上述許多偉大艱苦的事業，那種熱愛國家民族大智大勇的精神，是難能可貴可歌可泣的，蔣子龍讚揚他是“文學絲綢之路上的拉駱駝者”，很是形象。可喜的是這位拉駱駝者已改變原來雙重身份的生活，在一家著名出版公司出任總編輯，有一份固定年薪，不用再去涮盤子端盤子了。

1320　再記題像詩

自有畫像以後，便有題像詩，或自題或請別人題。攝影術發明後，題像詩更多了。亦莊亦諧，皆出自真心實意，是中國文學園圃裏的一朵奇葩。

1985 年高莽題冰心畫像：

　　　　廿世紀的風風雨雨，

　　　　百萬字的瀝血路程，

　　　　撒下一片純真的愛，

　　　　摘下一串晶瑩的星。

　　　　小讀者、大讀者、老讀者，

　　　　在你的手繭上

　　　　看見了沒有扭皺的心靈。

又，雜文作家荒蕪自題像：（兩首錄一）

　　　　遠將畫像寄天壇，掛向齋牆大夥看。

　　　　頭上早無三綹髮，頰邊多出兩黃癍。

老妻默認朱顔改，稚女追摩笑語歡。

年寫小詩三百首，半評文霸半貪官。

又，端木蕻良題錢鍾書像：

大呂黃鍾韻最洪，風流一代笑懵聾。

泰山定勝蚰蚰語，銀漢常遭窣窣風。

月競星馳追屈宋，東求西索問蒼穹。

人間有個廬山面，嶺側峰橫氣象雄。

又，報人何滿子題花前小照：

強裝他在叢中笑，聊掩身經劫後衰。

詩格己卑庸福迤，徒憑禿筆換茅臺。

又，臧克家題季羨林像：

年年各自奔長途，把手欣逢驚欲呼。樸素衣裳常在眼，俯尋黑髮一根無。

又，李士非題巴金像：

你把心交給讀者／讀者把心交給你／你是人民的朋友／人們是你的知音／一百年一千年後／人民還要懷著親切／讀巴金。

1321　　沙灣鎮近況

番禺自古都是嶺南的首善之區，百業興旺，人文蔚起。改革開放以後由縣改為市，再改為廣州市的一個區，更有利於發展。待南沙港建成後當是廣州市中心地帶之一了。

上世紀 50 年代，我曾在番禺縣沙灣鎮象賢中學濫竽校政，因此我的家人大半住在那裏，成為第二故鄉，親見親聞親歷它突飛猛進，日新月異的變化發展。它有 800 年深厚的文化底蘊，經過全鎮上下

抓住改革開放之機，努力建設，先後獲得“廣東省文明示範鎮”、
“廣東省農村綜合實力強鎮”、“全國創建文明示範鎮”等各項稱
謂。還有“全國民間藝術之鄉”、“廣東省音樂之鄉”、“廣東省
飄雪之鄉”、“廣東省醒獅之鄉”等美譽。它將傳統的文化與現代
教育緊密結合，打造了教育的特色品牌。現在沙灣鎮黨以重教爲先，
政以興教爲貴，民以受教爲樂，商以助教爲善，師以從教爲榮。人
們都在說：沙灣鎮最漂亮的建築物是學校，最受人尊敬的幹部是校
長，最使人羨慕的職業是教師。最近，沙灣鎮成爲廣州地區第一個
順利通過省市有關部門審查該鎮申報廣東省教育強鎮的自評報告。
我們應該感到光榮和鼓舞。

1322　　宦官屬性

　　中國之有太監、宦官，據說始自秦始皇時代的趙高，其後歷朝
都有，爲宮廷內皇帝皇后以及妃嬪們貼身服務。因其地位特殊，親
近皇帝，很容易得寵弄權，沒有多少是好東西。前記明朝的鄭和，
可說是最好的了，同是明朝的魏忠賢卻是最壞的一個。他是河北蕭
寧人，從小是個無賴，自割性生殖器進宮，得到特別信任，賜名忠
賢。後來步步增權，培養爪牙、大搞特務活動殺戮正直的官員、文
人、百姓。他對一般的殺人方法不過癮，竟發明許多亙古未有的酷
刑，明熹宗加封他爲九千歲，無恥的文武爪牙還要爲他塑像立祠，
很多家屬受封爲公侯伯爵。到了清朝也有一些“名閹”，如安德海、
李蓮英，我們在電影電視上看得多他們的醜行了。

　　現在已是民主時代，沒有了皇帝，也沒有了宦官太監，但官場
上社會上還承襲了“宦官屬性”：第一，爲了生存和發展升遷，甘
願在人性上“自閹”，“從上”意識特別重，爲了悅上、奉上可以

不像人，什麼下作的事都可以做，不知道"人格尊嚴"為何物。第二，由於這些人連基本人性如愛情、友情都有問題，唯一"光明前途"就是貪財謀利，人倫道德可以置之不顧。第三，宦官不男不女，不是正常人，在處理人際關係上陰毒冷酷，充滿獸性，無論對誰都可以今天奴性十足，明天隨意殺人。但願這些"宦官屬性"早日得到清除，則社會國家有澄清之日了。

1323　　再記錢玄同兩三事

當代核子物理學家、中國原子彈之父錢三強的父親錢玄同（1887-1939）是"五・四"運動的健將，他在《新青年》雜誌發表的文章，和陳獨秀、劉半農等猛士的作品，同樣辛辣、激烈，鼓動了全國進步青年的鬥志和信心。他主張廢姓，所寫文章或為別人題字，很多署名"疑古玄同"。他為人嚴峻，但很風趣，有乃師章太炎之風。當年北大、清華很多江浙學者，如蔡元培、魯迅、沈尹默兄弟等，他們朝夕相從，談文論世，很是融洽。玄同從事文字聲韻之學，轉而提倡國語，有人請他題匾，還在字旁注上注音字母，別開生面，可見他對執行任務無微不至，必欲達到成功。黃季剛、朱希祖、汪旭初等也出自章太炎門下，他同樣很談得來。可惜，據說他因身體多病，"七・七"事變，沒有和其他學者遷入內地，於1939年病故北平，一代健將英年早逝，良可慨也。

1324　　科學家的情書

錢三強是浙江吳興的才子，受到乃父錢玄同的薰陶，熱愛文學藝術，很有文學的功力，但他畢竟是科學家，所以他寫的情書，也充滿科學味道：以清晰、明確、坦誠的語言，表達自己的情懷。當他 1945 年在法國科學院從事原子核研究時，給他的愛人、也是物理學家何澤慧女士的求愛信，是這樣寫的：

> 經過長期通信，我向你提出結婚的請求，如能同意，請回信，我將等你一同回國。

何澤慧女士不但端莊秀美，而且博學多才，她收到信後，毫不遲疑覆一短信：

> 感謝你的愛情，我將永遠對你忠誠。等我們見面後一起回國。

這對忠於祖國的科學家的情書，真是字字金玉，真摯純潔，不蔓不枝，不會落入時下流行的卿卿我我愛死愛活的巢臼，使人拜服。

按：錢三強於 1992 年心臟病逝世，享年 80 歲。

1325 張兆和給沈從文的八字情書

1929 年，沈從文在上海中國公學（大學體制，校長胡適）任教，愛上了女學生張兆和。1930 年，他改到武漢大學任教，寫了很多情書寄給還在中國公學讀書的她，但都像石沉大海，毫無音訊。其實張兆和對沈從文早已鍾情，看到來信透露著誠摯狂熱的愛情，激動得難以言對，索性不覆，一直到 1933 年畢業後才拍一電報給他，權當總覆信：

> 鄉下人，喝杯甜酒吧。

這八字情書惜墨如金，包含了無限久蓄的情絲，勝過普通的千言萬語，可謂情書中的一絕。我記得她們結婚時，是胡適證婚的。

1326　荒蕪寫詩改善沈從文生活

　　已故湘西土家族作家沈從文（1902-1988），晚年不光不想再去寫小說，而且住房也很狹窄，只有十來平方米，與"著名作家"的稱謂不適應。他曾致函朋友希望住得寬裕一些，能有地方擺放有關服飾研究的文物，把工作完成，達到新社會"合格公民"資格，得到一個"不是白吃飯的幹部"鑒定。當時他這間小房在北京東堂子胡同，他的夫人張兆和也有一間小房在小羊宜賓胡同，一東一南，都很狹窄，只好分居兩地，每天沈公到南城夫人那裏打飯回來吃一天，夏天容易餿，他照吃不誤，朋友勸他不要吃壞肚子，他說我早已吃了消炎藥片預防，不會有問題。在當時，政治運動頻繁進行，連生命也賤如草芥，住房狹窄算得什麼？誰去關心？只有好心的詩人、雜文家荒蕪先生知道這情況後，寫詩刊在報紙上：

　　　　漫言七六老衰翁，百事齊頭並進中。
　　　　牛女夜空同悵望，鵲橋何日架南東？

　　類似這樣的詩有幾首，反響強烈，引起有關領導的關注，即加改善，鵲橋架起，牛女團圓，《中國歷代服飾研究》專著也得以成書出版，皆大歡喜。

1327　再記聶紺弩兩三事

　　聶紺弩（1902-1986）晚年寫的舊體詩詞很有名，前已有記。他的文章也很動人，夏衍稱之"魯迅後雜文第一人"。抗日戰爭時期，他在桂林曾和邵荃麟等編印《野草》雜文雜誌，風行一時。他是"左翼"作家,但他一向瀟灑不拘,吊兒郎當,什麼都似乎滿不在乎。
而命運卻很乖舛,早早出了問題,不是說"胡風份子"便說是"右
派份子",到處勞改,幾乎送了老命。他捱到60歲以後,居然有興
趣吟詠舊體詩詞,拜廣東鍾敬文、廣西陳邇冬爲師,學得很成功,
亦莊亦諧,刺人諷世入木三分,被譽爲"聶體"。

據已故《大公報》著名記者徐盈、彭子岡的兒子劇評家徐城北
的回憶,聶老是老囚犯,在北大荒勞改很辛苦,認爲倒不如單純坐
牢房好,曾寫過《懷監獄》一文苦中作樂,說了監獄的好話。但傳
說故意燒掉草房的"縱火案",卻不是事實,是他感到自己57歲了,
沒有什麼遺憾和足可留戀的地方,乾脆供認拉倒。因此又惡化了他
的處境。丁聰畫他的勞改漫畫最傳神。

聶老與髮妻周婆(周穎)是模範夫妻,盡人皆知,晚年同甘共
苦,朋友們都很尊敬。但據說也有對周婆不忠的地方,那是在抗日
戰爭時代的桂林,曾與一位陣亡師長的夫人、飾演曹禺劇作《蛻變》
的女主角有過風流韻事。但朋友們看慣了他瀟灑不拘的性格,認爲
戰時夫妻兩地分居(當時周婆在重慶工作),逢場作戲一回,也不多
責怪。總之,聶老是一位很使人歡喜的人物。

1328　　抄讀魯迅的舊體詩

魯迅先生是中國文化集大成者,既是舊文化的批判者,又是新
文化的開拓者和奠基人。他無論寫什麼,都充滿人情美和人性美,
特別所寫不多的舊體詩,正像毛澤東的舊體詩詞那樣,首首都耐人
吟詠,現出特色非他人所能及。我慣常抄出一兩首放在案頭反複琢
磨欣賞,歷久不厭。例如:

> 慣於長夜過春時，挈婦將雛鬢有絲。
> 夢裏依稀慈母淚，城頭變幻大王旗。
> 忍看朋輩成新鬼，怒向刀叢覓小詩。
> 吟罷低眉無寫處，月光如水照緇衣。
>
> ——《爲了忘卻的紀念》

全詩悲愴而凝重，激越飛騰，構成一個時代民族情緒的凝聚和中國人民心靈的剪影，使人沉思振奮。

> 豈有豪情似舊時，花開花落兩由之。
> 何期淚灑江南雨，又爲斯民哭健兒。
>
> ——《弔楊銓（杏佛）》

> 如盤夜氣壓重樓，剪柳春風導九秋。
> 瑤瑟凝塵清怨絕，可憐無女耀高丘。
>
> ——誤傳丁玲被害

以上兩首很能表現冷傲幽憤的人道主義情懷和慈悲的人性。後者更以典故隱喻對丁玲的悲悼。

> 曾驚秋肅臨天下，敢遣春溫上筆端。
> 塵海蒼茫沉百感，金風蕭瑟走千官。
> 老歸大澤菰蒲盡，夢墮空雲齒發寒。
> 竦聽荒雞偏闃寂，起看星斗正闌幹。
>
> ——《亥年殘秋偶作》

這首七律可謂氣韻和諧，筆墨圓融，音調鏗鏘，情思激蕩，是集深厚功底與崇高思想傑出才華之大成。總之，這些舊體詩正像魯迅先生在序白莽《孩兒塔》詩集中的話：“這是東方的微光，是林中的響箭，是冬末的萌芽，是進軍的第一步，是對於前驅者的愛的大纛，也是對於摧殘者的憎的豐碑。”

1329　　袁牧之與《馬路天使》

　　廿世紀 30 年代，上海左翼電影聯盟出了不少人才，袁牧之是其中之一。袁牧之原是話劇演員，善演不同類型不同性格的角色，有"多面人"稱譽。以後他當了電影導演，導演了幾部好電影，並創辦了一間電通電影公司，羅致了不少進步演員，如陳波兒、王瑩等等。電通公司雖然沒有聯華、明星等老牌公司時間長久，而且規模也小得多，但一開張顯現生猛活躍的朝氣，在中國電影史上有其一定的歷史位置。

　　《馬路天使》和《桃李劫》都是袁牧之導演的好影片。《馬路天使》由趙丹、周璇主演。"金嗓子"周璇飾演歌女，與趙丹飾演的青年熱戀，周璇唱的兩支小曲《四季歌》和《天涯歌女》是田漢和賀綠汀根據民間小調《哭七七》、《知心客》改成的，原來俗不可耐，經過田、賀名家加以改作，便"化腐朽爲神奇"，與時代合拍，充滿念家鄉愛祖國的思想內容，非常成功和賣座；那兩首小曲也唱遍全國。

1330　　笑星馮鞏母子的幸福觀

　　在過去許多政治運動，特別是"文化大革命"，"血統論"和"成份論"被奉爲圭臬，北京工業大學學生譚立夫提出的"老子英雄兒好漢，老子反動兒混蛋"具有代表性，流行當時。因此有許多人感到高興滿足，高人一等；更有許多人被有關係的株連，成爲"政治賤民"，受盡磨難，甚至丟掉性命。當代笑星馮鞏，對此深有體會，因爲他的祖上（馮國璋）曾做過北洋軍閥時代的臨時大總統，

在過去歷次的政治運動中，後代受累，無法解脫。有一次馮鞏得了
"金雞獎"項，記者問他：你感到幸福、快樂嗎？他沒有忘記往事，
答道：我媽媽說過：床上沒病人，獄裏沒親人，這就幸福、快樂了。

1331　　關於岳飛和《滿江紅》詞

近百年來有人認爲流傳的岳飛《滿江紅》詞，不會是岳飛寫的，
理由是第一，岳飛的孫子岳珂收集的祖父遺著沒有這首詞，直到明
朝弘治年間才出現，而且來歷還不很明白，可見是後人假託僞作的。
第二，詞裏面的"駕長車，踏破賀蘭山闕"和"壯志饑餐胡虜肉，
笑談渴飲匈奴血"，與岳飛北伐的目標黃龍府大相徑庭，一在東一
在西，相去萬里；而且匈奴也不是金朝的女真族，岳飛不會犯這樣
的常識性錯誤。但有人又反駁說：當時社會很亂，岳珂或有忌諱，
不敢收集祖父這首詞；其次，中國的舊詩詞往往借用舊史料、舊語
言、舊人名地名民族名以抒發思想感情，岳飛就是借用漢朝抗擊匈
奴時期的舊語言來寫這悲壯的詞章的，匈奴指金兵，賀蘭山指黃龍
府。這樣說來，似乎《滿江紅》又確是岳飛寫的。其後的文壇史壇
還有多次有關這方面的辯論，雙方都引經據典，言之有理，但都不
能說服對方。這屬於學術問題，看來以後還要繼續辯論下去，我們
拭目以待正確的結論。但岳飛這位民族英雄和這首精忠報國、收復
舊山河的悲壯《滿江紅》，已流傳千百年，盡人皆知，相得益彰，不
知道激勵了多少仁人志士保家衛國、建功立業、流芳百世，這倒是
不爭的事實。假如辯論的結果是僞作，那麽在感情上是很難接受的。

1332　　巴金倡議建立"文革博物館

中國近百年的辛亥革命、"五‧四"運動、大革命、抗日、解放戰爭等歷史，都很容易解釋其前因後果，使人一目了然；唯有"文化大革命"十年的顛三倒四，誰也無法弄清。有人說：它是一個偉人詩情的遐思，危機的臆想，權爭的謀略，十億多人民爲了它竟真誠、狂熱付出所有能耐，甚至鮮血和性命，可以說是人類史上罕有的荒誕劇，它暴露了人性中的獸性和殘忍，拖後了中華民族的進步、發展，怪像罄竹難書。巴金老先生曾倡議建立"文革博物館"作爲"前事不忘，後事之師"，意思很好；但中國人是很講究體面的，這樣的特殊博物館，假如建立和充實起來，豈不丟人現眼？還是不建立也吧。

1333　　包公戲：《鍘美案》

在今天"包二奶"盛行的時候，有人主張嚴懲那些"花心丈夫"，好像包拯當年用龍頭鍘把陳世美鍘成兩段那樣，以正社會風氣，痛快人心。其實《鍘美案》只是戲劇、小說，以虛構情節滿足觀眾和讀者的審美趣味的。試想：在這千年前沒有女權，而陳世美又是駙馬爺，皇帝皇后都祖護他，包拯能有那麼大的權力制裁他嗎？這無非借此捧老包，寄託受貪官權貴壓迫的老百姓期盼清官的感情。老包等於今天的中紀委和各級檢察院，專懲那些大壞蛋，所以樂意觀看《鍘美案》的戲劇、小說，知其是虛構，也不妨事。我想：假如把情節改爲通過多方反省、疏通、諒解、達成陳、秦大團圓結局，恐怕就使人索然無味了。現實與藝術顯然不同，我們在執法上，可不能意氣用事。

1334　忠臣義士的下場

明代忠臣良將于謙的《石灰詩》已見前記，膾炙人口久矣。他還有一首《岳忠武王祠》詩也寫得蒼涼激越：

中興諸將誰降虜？負國奸臣主議和。

黃葉古祠寒雨積，青山荒塚白雲多。

真想不到朱明王朝傳到了英宗朱祈鎮，爲了抵禦山海關外的少數民族入侵，禦駕親征而被擒，身爲兵部侍郎（國防部長）的于謙，便以"國不可一日無君"而立朱祈鈺爲景帝，再率大軍把敵軍趕出關外，迎回朱祈鎮重做皇帝。這位重定的皇帝，既不感謝于謙，更以"謀逆"罪把他殺害，葬於杭州西湖，與岳王墓爲鄰。以後世事滄桑，所有忠臣義士死於非命的不少，最近而熟知的要數彭大將軍（德懷）。莫非好人的宿命就是如此？每讀歷史不免扼腕三歎！

1335　記文心相惜的郭沫若、陳布雷

《閑情記舊一集》第 19 則記有蔣介石"文膽"陳布雷於 1941年 11 月參加發起祝賀郭沫若 50 壽辰並創作 25 周年兩首詩，還有兩首未記，現在四首全記如下：

灩澦奔流一派開，少年揮筆動風雷。

低徊海埂高吟日，猶似秋潮萬馬來。

搜奇甲骨著高文，籀史重微起一軍。

傷別傷春成絕業，論才已過杜司勳。

刻骨酸辛斷藕絲，國門歸棹恰當時。

九州無限拋離恨，唱絕千秋墜淚詞。

長空雁侶振秋風，相惜文心脈脈通。

巫岫雲開新國運，祝君彩筆老猶龍。

　　詩外還寫有真誠熱烈的短信，表露本想在文壇上有所作爲，不料步入政壇，爲人捉刀，此中苦衷難爲外人道。郭沫若接到信和詩後，步原韻奉和四首附短信答謝：

茅塞深深未易開，何從淵默聽驚雷。

知非知命渾無似，幸有春風天際來。

欲求無愧怕臨文，學衛難能過右軍。

橖櫟散才繩墨外，只堪酒戰策功勳。

自幸黔頭尚未絲，期能寡過趁良時。

飯蔬飲水遺規在，三絕書編爻象詞。

高山長水仰清風，翊贊精誠天地通。

湖海當年豪氣在，如椽大筆走蛇龍。

　　以後郭沫若還把雙方的詩和短信，寄給當時重慶出版的《大公報》發表，各國各大報相繼轉載，轟動一時，都認爲這樣特別身份的陳布雷，對一向對蔣反感的郭沫若，竟能表現這樣真誠熱烈的感情，確實難能可貴。到了抗日勝利，陳布雷依然爲蔣捉刀擬文告，一直看到蔣大勢已去，無可挽救，乃以"油盡燈枯"遺言自殺於南京，結束了他書生心境和文士生涯。

1336　　再記馬寅初與《新人口論》

　　1953 年，全國進行第一次人口普查，共有六億多一點，比原來說的四億多得多，身爲北京大學校長、經濟學家的馬寅初，憂心忡忡，感到人口增加太快，開始調查研究這一課題。希望節制生育，控制人口增長，使消費比例降低，多積累些資金建設；同時還要提高人口質量,(健康和知識的提高)以高速度的科學技術,使生產高速度發展,達到國家富強人民安樂。這新人口論於1957年向人大一屆四次會議提出,1958年反右、大躍進展開,馬寅初即受到批判,但他還是據理辯論,寧折不彎,顯示大學者的風格。到了1960年,形勢不妙,他辭去北京大學校長職務,接著被罷了全國人大常委,只留下全國政協委員名義。從此這位愛國而有遠見、剛直不阿的知識份子楷模,便銷聲匿跡在家中讀書學習了。其時,陳毅受了陳雲之托去看望他、安慰他,並獻上一首詩:

> 大雪壓青松,青松挺且直。

> 要知松高潔,待到雪化時。

　　1966年"文革"開始,馬寅初當然又受到許多折磨,1979年才得到平反,任命爲北京大學名譽校長、全國人大常委。1981年當他百歲生日時,鄧穎超送了花籃和賀信,北京大學副校長季羨林在慶祝會上說:明代于謙的《石灰詩》正是馬老一生最貼切的寫照。第二年病逝,全國哀悼。

1337　舊瓶裝新酒的"運動詩"

　　雜文家舒展先生在一文中談到:過去被稱爲"謬種流傳"的舊體詩詞,卻在改革開放後發展起來,人稱"運動詩",他列舉了十多位著名的詩人:聶紺弩、黃苗子、楊憲益、荒蕪、邵燕祥、李銳、胡遐之等等。這裏抄兩首胡遐之1958-1960年"反左""大躍進"期間的七律:

> 壯年歲月歎蹉跎,獲罪原因直話多。

> 日出耽吟越石曲,夜深猶唱打夯歌。

鋼糧元師都升帳，草野小民也著魔。

口號能驚張翼德，山樵只恐爛山柯。

——口號躍進

神州早已送瘟神，浮腫何由到我身。

大腹便便非大賈，雞晨刻刻望雞豚。

偶增半碗加油菜，便覺全身復體溫。

忽有音書傳噩耗，愧無麥飯祭鄉親。

——水腫住院

還有一首寫革命大串連的長詩，也很深刻幽默，使人啼笑皆非，好像捏了一團火，摘抄如下：

沿著長征道，革命大串連。

車船免票，吃住不要錢。

車轔轔，馬蕭蕭，毛選水壺各在腰。

機關單位相歡送，歡聲雷動大江橋。

萬水千山只等閒，敢把珠穆朗瑪攀。

沿途揪鬥走資派，一邊革命一邊玩。

革命教育重傳統，元勳功勞記心間。

江青決定三戰役，毛林會師井岡山。

朱彭劉賀皆"軍閥"，不是延安是西安。

黨史軍史著意改，聞所未聞看新篇。……

1338　紀念上海"一·二八"戰役70周年

1932 年上海"一·二八"戰役，雖然中國敗了，以簽訂"淞滬停戰協定"告終，但打出了中國人民的志氣。當時敵人海陸空軍齊全，裝備比中國精良很多，人馬達到九萬以上，爲我軍的一倍，揚言四小時內佔領上海，誰知竟被我十九路軍，第五軍打得丟盔棄甲，死傷萬人，30 多天調兵遣將頻繁，四易主帥，全世界都刮目相看，特別推崇十九路軍的廣東精神，衝鋒臨陣時的“省罵丟那媽”名揚四海五洲，一掃“九‧一八”事變東北淪陷後的低沉氣氛。可以這樣說：“一‧二八”戰役，是 1937 年“七‧七”、“八‧一三”戰役的預演，事實證明：日本侵略軍是可以打敗的，“皇軍無敵”不過是日本人製造的神話，我們從“一‧二八”上海實戰中，已把這神話粉碎了，增強了全面、長期抗戰的決心和信心。假如沒有“一‧二八”上海戰役，便沒有“七‧七”和以後其他許多戰役，也就沒有日本 1945 年“八‧一五”的投降。

1339　關山月、傅抱石的《江山如此多嬌》

1959 年北京人民大會堂建成，中央選定嶺南畫派第二代大師關山月（1912-2000）和南京著名畫家傅抱石（1904-1965），以四個月的時間共同創作了寬 9 米、高 6.5 米大型中國畫《江山如此多嬌》，加上毛澤東的題款，掛在當眼的北大廳，使人佇立畫前，凝神仰望，就會被眼前那波瀾起伏，令人心馳神往的紅日、雪山、長城和雲的海洋所吸引和陶醉。這幅畫不僅繼承了中國畫的傳統技法，更對當代中國畫的發展與創新作出了貢獻，堪稱中國現代繪畫史上的里程碑。（其中也凝結了陳毅、郭沫若的智慧和心血。）其後，關山月還受周恩來總理提議再在人民大會堂其他地方以及外交部、中南海等處創作很多大型世界級的名畫，受到國內外人士的廣泛讚譽。有朋友問他“筆墨來源”時，他答曰：“師古人，更應師自然；古人的筆墨也是師自然而來的。"他還說："筆墨當隨時代。應隨時代後，莫跪古人前。"他一生堅持："動，才有畫，才有情。"他深知藝術無止境，曾撰對聯並刻閒章自勉：

著筆不宜一味熟，稱心還帶三分生。

關山月、傅抱石這兩位一生給人們以美的享受，啓迪人們熱愛江山、熱愛祖國、熱愛生命的偉大藝術家，永垂不朽。

1340　陳毅的風趣

"元帥詩人"陳毅，有一次被請到北京大學、清華大學演講，學校師生在校門口夾道歡迎，並由吳晗到中南海迎接。當他到達大操場上雙手還禮，即開始演講：

"一到校門口，萬人空校，夾道歡迎。當然囉，因爲我的名氣不小，新四軍軍長、中國人民解放軍第三野戰軍司令員兼華東軍區司令員、上海軍管會主任兼市長、中共華東局和上海市委書記，好大好多的頭銜啊。俗話說：狀元名下看文章，狀元的文章一定好嗎？我看不一定。狀元的文章篇篇都好嗎？不一定。……"

這時，全場活躍，他接著說：

"1924-1925 年，我在北平念書，上中法大學，有時也到北京大學旁聽。今天的同學們都是北大、清華的本科生，比我高一等……"

這時，全場更加活躍，笑聲四起，以後他才轉到主題——怎樣在南方山區建立根據地打游擊，準備渡江作戰解放全中國的戰鬥故事，娓娓道來，莊諧雜出，學生們一直聽得有滋有味。

1341　廣州茶樓名的變遷

廣州人嗜好飲茶，到處是茶樓，而且擺設氣派，裝璜恢宏。

茶樓的前身是酒樓，可上溯到清·道光年間區永利爲最古老，有詩爲證：

> 萬瓦鱗鱗雉堞遮，小東門外一簾斜。
>
> 永安橋畔行人識，二百年前舊酒家。

其次，東堤的襟江酒樓也算古老，其門聯云：

> 襟上酒痕多，廿四橋頭吹玉笛；
>
> 江心雲色重，萬千帆影集金樽。

到了同治年間，又有"茶座"，初稱"居"，叫"上茶居"，如福來居、陸羽居、茅珍居、永安居、五柳居、陶陶居等等。到了光緒年間，"居"改稱樓，叫"上茶樓"。奇怪的是"如"字輩的茶樓特別多，好像一陣風，似乎是一個老闆開的，如惠如樓、多如樓、瑞如樓、東如樓、三如樓、福如樓、九如樓、南如樓等等。前世紀三、四十年代，我住在中華北路（今解放北路），工作卻在惠福東路，所以常到惠如樓、南如樓飲茶，至今記憶猶新。

事隔百年，第十甫的陶陶居至今沒有改稱樓，其原因大概有二：第一陶陶居招牌是大名人康有爲的手筆，不便改寫；第二一向很高雅，文化味很濃，粵劇藝人白駒榮、薛覺先以及文化名人魯迅、許廣平、郭沫若、巴金、王任叔、老舍等都曾是座上客，老字號更有名牌效應。"等因奉此"所以就不再去改了。

1342　　馬相伯的一闋詞

"愛國老人"馬相伯（1840-1939）的名言很多，都是振聾發聵的黃鐘大呂。"九·一八"事變後，他發表《爲日禍敬告國人書》，提出全國人民"自贖自救"，"自息內爭，共禦外侮"，"對內絕對不多枉費一槍彈，對外不要吝惜一槍彈"的主張，不顧老邁奔走呼號，寫字義賣支援抗日義勇軍。1932 年，他與宋慶齡、魯迅等人組織"中國民權保障同盟"，1936 年又與沈鈞儒、鄒韜奮、宋慶齡等發起成立"全國各界救國聯合會"，要求當局停止內戰，釋放政治犯共同抗日。當 1934 年，他 95 年生日時，少長咸集，群賢畢至，祝賀的知名人士 26 人，合計歲數 1470 歲，人稱"千齡雅集"，馬相伯生日公很高興，作《千秋歲》一詞：

> 江山破碎，望眼空垂淚。吾老矣，言何忌！椎難沙浪博，筆枉鋒頭出。傷心也，史鰍已死春秋馳。　國難無時已，有酒今朝醉，少長集，群賢萃，老髦者髦艾，釀成千歲。君知否？掀髯一笑韶光逝。

1343　馬相伯戲譎袁世凱

1882 年，馬相伯由李鴻章派往高麗（朝鮮）受國王李熙聘爲政治顧問，多有正確建言。當時袁世凱是中國駐高麗總督吳長慶的一名小官，對大他 19 歲的馬相伯很是恭敬。一次，他請教說："馬顧問，有何捷徑可以飛黃騰達？"馬戲譎說："只要厚賄宦官打通權貴和皇上，越級做上督撫也不難。"袁世凱真的照做，也真的有效，使馬相伯深知袁的爲人卑劣。但由於當時需要，還是向李鴻章舉薦他升任駐高麗商務大員。後因任意污辱高麗君臣，使高麗逐漸傾向日本，這是另話。

時光如駛，到了 1912 年袁世凱竊取了中華民國臨時大總統職位後，出於感恩和崇敬，禮聘馬相伯爲最高顧問，但馬反對帝制，一再表白意見，終不被接受，乃有"中華帝國"皇帝登基醜劇開場。臨朝時，文武百姓齊齊叩首，只有馬相伯站立不動，袁皇帝也無可奈何，只好叫人搬張椅子給他坐下。以後馬棄職偷出北京南下上海，發表《國民照心境》一文二萬餘字，痛斥袁世凱稱帝之罪。他對朋友說："袁世凱把我戲謔之言，當作做人的金科玉律，而民國竟以此等人做大總統，國事安可問耶？百復辟百自亡。"當袁身敗名裂一命嗚呼時，馬相伯歎道："袁對國事本無忠誠，做官心切，皆私字一念害之。當初我舉薦他任高麗商務大員，亦不能辭其咎也。"

1344　文人好讀書，各有讀法

文人好讀書，但各有讀法。

已故語言學家王力說：讀書講究三個要點：一是去粗存精，要根據個人的需要來讀；二是由博返約，我們研究一門學問，不能限定在那一門學問的書才讀；三是厚今薄古，因為前人的書，如果有好的，現代人已經研究並加以總結發揮了，我們讀今人的書，古人的書也包括在裏邊了。

著名美學家朱光潛認為讀書並不在多，最重要的是選得精，讀得徹底。世間許多人讀書只為裝點門面，如暴發戶炫耀家私，以多為貴。這是自欺欺人、低級趣味。

80多歲、2002年逝世的作家孫犁認為今人之文章文集多矣，擇善而從可也，農村有句俗話：兒多不如兒少，兒少不如兒好。書的道理也相同。

1345　孫傳芳要捉拿劉海粟

與齊白石、張大千齊名的劉海粟（1895-1993），於上世紀初赴巴黎留學油畫，因受西洋裸體寫生的教育和蔡元培美育理論的影響，回國後便在上海美專"開風氣之先"，提倡裸體寫生，並實行模特兒到教室，以致惹起衛道士們的攻擊，當時北洋軍閥、江浙閩贛皖五省聯軍大帥孫傳芳，也大爲不滿，認爲此舉有傷風化，誨淫誨盜，要查封學校，並通令五省聯軍要捉拿劉海粟。一些輿論更把劉海粟與當時提倡性學出版性史的張競生，以及唱"毛毛雨"的黎錦暉，稱爲上海三大文妖。但也有人支援和擁護，認爲他是東方的畢卡索。經過他勇敢堅決和衛道士的不斷鬥爭，還是奠定中國現代西洋畫的基礎。著名攝影家郎靜山也跟著攝影起裸體人像來，爲新風氣鼓勁。以後劉海粟改習中國畫，著意於遊歷名山大川，94 歲時還第十次上黃山寫生，傳爲佳話，並向歐美各國繼續其藝術之旅，真是"老當益壯"，爲藝術奮鬥終生。他給朋友的信中這樣說：

> 大耋之年，精力已衰，但日日夜夜，孜孜不倦，意在報國，弘揚中華，爲世界人類作貢獻。

1346　生得偉大、死得光榮的杜重遠

杜重遠（1895-1944）東北人，原在瀋陽創辦陶瓷企業，1931 年"九‧一八"事變後，逃入關中進行抗日救亡活動，結識了許多愛國進步人士。1933 年鄒韜奮主辦的《生活》周刊被迫停刊，鄒韜奮出國旅遊，杜重遠接著以《新生》周刊名稱繼續出版，宗旨和《生活》相同，於 1934 年 2 月在上海問世，除連載鄒韜奮的《萍蹤寄語》外，還有柳湜、畢雲程、戈公振、巴金、曹聚仁、金仲華、蕭乾等名家各色文章，公開揭櫫抗日救亡的旗幟。1935 年 5 月，《新生》2卷 15 期刊登 "易水" 一篇《閒話皇帝》，泛論古今中外的君主制度，提及日本天皇是古董、傀儡，而滿州皇帝溥儀更是傀儡的傀儡。因

此惹得日本向中國政府抗議，迫使就範，弄假成真地判定《新生》停刊，杜重遠一年二個月徒刑，所謂假審判，變成真冤獄。在海外的鄒韜奮聞知，即回國又創辦《大眾生活》周刊，繼續擎起光芒萬丈的抗日救亡火炬。1936 年杜重遠出獄，更加意氣風發地投身抗日救亡工作，爲"西安事變"、國共合作做出貢獻，並任監察院監察委員和第一屆全國國民參政會員。1939 年受兩面派野心家新疆督辦盛世才邀請創辦"新疆學院"。盛是杜留日時期的同學又是同鄉，不料 1940 年卻被盛軟禁，又以"勾結汪逆"、"共產黨員"等罪名逮捕入獄，雖經宋慶齡、周恩來等人營救，終於受盡酷刑，於 1944 年被慘殺獄中，毀屍滅跡。杜重遠是腰纏萬貫的大實業家，有汽車有住宅有官銜，但爲了國家民族免被滅亡，捨生忘死，戰鬥在最危險最艱苦的崗位上，最後獻出了生命。他壯志未酬，帶著遺憾離開人世，正在英年。他留下一筆豐厚的精神財富，將永遠爲後人崇敬和學習。1980 年當他誕生 85 周年時，鄧小平同志特爲他題詞："杜重遠烈士永垂不朽！"可謂生得偉大，死得光榮。

1347 廣州的東較場今昔

廣州市中山二路的"廣東省人民體育場"，原是古代"東較場"，用於軍隊的教習。明·景泰 5 年（1453）由來粵總督兩廣軍備的都察院右副都禦使馬昂，在廣州城外郊野建成，番禺南海的軍隊都在這裏訓練。距今已 549 年了，它見證了歷史上許多大事。

1905 年冬，廣州 17 間學校在此舉行"廣東省大運動會"，比杭州舉辦的首屆全國運動會要早 25 年。

1911年4月8日，孫中山在這裏檢閱軍隊。

1925年6月23日，周恩來率黃埔軍校學生和省港大罷工工人以及各界群眾，在這裏集會聲援上海"五‧卅"慘案，會後示威到沙基（今"六‧二三路"），被沙面租界英法士兵槍擊死傷200多人，造成"沙基慘案"。

1926年3月12日，廣州各界30萬人在這裏集會紀念孫中山逝世一周年。同年7月9日，在這裏舉行北伐誓師大會。以後還多次在這裏集會舉行北伐祝捷大會。

1927年12月13日，廣州起義部隊和工人失敗，在這裏被國民黨部隊集體槍殺許多人，以後1928-1932年間，都把這裏作爲刑場，屠殺革命志士。因此1954年在附近紅花崗建成"起義烈士陵園"，並在"東較場"北面闢一"英雄廣場"。1950年7月，東較場易名爲"廣東省人民體育場"，把土地平整略具體育場規模。

1959年國慶十周年，這裏作爲慶祝大會的中心會場。……

東較場從清末廣東省第一屆運動會至今100年間的風風雨雨，它雖然曾有發展輝煌的經歷，但面積卻逐漸縮小，四面被石屎森林包圍著，顯現疲憊和落後，另外新建的"天河體育中心"、"奧林匹克體育中心"等方興未艾，它算是完成了任務，應該退出歷史舞臺，拆除改爲"體育公園"，作爲市民休閒的場地。我們不必爲它的拆除而惆悵，前程似錦，一代勝似一代，才是我們追求奮鬥的目標！

1348　毛澤東擅寫對聯

前記毛澤東擅寫對聯實用於革命工作。其實他寫的喜對輓聯何止千百。從青少年開始，即已顯現他的才華。例如啓蒙時代的自勉聯和輓聯：

> 貴有恒，何必三更起五更眠；
> 最無益，只怕一日曝十日寒。
> 春風南岸留暉遠。
> 秋雨韶山灑淚多。

到了他參加革命鬥爭以後，更寫了不少喜對輓聯，抒發自己的情懷，鼓勵同志的鬥志。例如 1939·年抗戰二周年紀念大會聯和 1944年輓朱德母親聯都很出色：

> 堅持抗戰，堅持團結，堅持進步，邊區是民主抗日的
> 根據地；
> 反對投降，反對分裂，反對倒退，人民有充分救國的
> 自主權。
> 爲母當學民族英雄賢母；
> 斯人無愧勞動階級完人。

據說：1947 年謝覺哉爲輓續範亭寫好一聯：

> 爲民族翻身，爲階級翻身，事業垂成，公何遽去；
> 眼睛亮得很，骨頭硬得很，典型頓失，人盡含悲。

本來此聯寫得不壞，但毛澤東看後卻把上聯第一句"翻身"改爲"解放"；下聯開頭兩句改爲"有雲水襟懷，有松柏氣節"，寥寥數字，全聯皆活，生動形象地把逝者道德功業，推到更高的境界。可見毛澤東知識的博大精深，古典文學造詣極高，正如何其芳所說："無一字無來歷，而又推陳出新。"趙樸初也說："經史百家都歸他指使驅策，左右咸宜。"例如 1924 年輓陳子博聯就借用杜甫《蜀相》詩中的二句：

> 出師未捷身先死，

長使英雄淚滿襟。

又贈葉劍英聯用典也恰到好處，耐人回味：

諸葛一生唯謹慎；

呂端大事不糊塗。

作爲領袖人物的毛澤東，平時更喜鑒賞名聯，作爲吸取養料和警惕。1958 年他在成都看到武侯祠內清‧趙藩的題聯：

能攻心，則反側自消，自古知兵非好戰；

不審勢，即寬嚴皆誤，後來治蜀要深思。

他感到聯中的見解，深藏哲理，應該好好研讀，作爲座右銘。可惜他晚年權力登峰，頭腦發熱，攻心、審勢失誤，掀起了“文化大革命”運動，使中國在各方面受到很大的損失，形成空前的“浩劫”。

1349　　一副難得的諷刺聯

清末李鴻章（1823-1901）身爲文華殿大學士、直隸總督兼北洋大臣，等於宰相地位，但由於“弱國無外交”，經手簽訂了許多喪權辱國的對外條約，例如《馬關條約》的割地賠款等等，聲名不佳，招來罵名，特別對他的人品虛僞、貪婪、好做官，更不能諒解。據考證：在他後半生掌管國家外交洋務大權 30 多年中，積斂了巨大的財富，當時有人撰聯諷刺：

宰相合肥天下瘦；

司農常熟世間荒。

後聯說的是翁同和，翁同和是江蘇常熟人，官至戶部尙書，人稱大司農，掌管錢糧戶口，意謂大司農豐收了，而農田是荒蕪的。

上聯說的是李鴻章，李是安徽合肥人，官位等於宰相，宰相肥了，天下老百姓卻都是瘦子。這是利用兩位大人的籍貫以諷刺其貪婪，更以國困民貧反襯，力重千鈞，真是一副難得的諷刺聯。

1350　　張恨水的"啼笑因緣"

　　1945 年抗日勝利後，著名小說家張恨水（1895-1967）曾在重慶受到毛澤東的接見和讚譽，說他的小說盡力描寫當時的貪官污吏，對人民有功；以後新中國建立，他還做過文化部的顧問。他一生寫了 130 部小說，約 5000 萬字，其中有 60 部出版了單行本，其他連載在報刊上。據他自己說：他原名"心遠"，"恨水"筆名是從李後主"自是人生長恨水長東"詞句取來的。他有三位太太，在當時不足爲奇。大太太叫徐文淑，是"父母之命，媒妁之言"勉強結合的，其貌不揚且不識字。二太太叫胡秋霞，是在北京街頭收留的流浪窮女孩，感情比較融洽。三太太叫周淑雲，以後改爲周南，是小他 20多歲的北京女學生，生得漂亮活潑，小鳥依人，因讀迷了他的小說，自動許嫁於他的。這三位太太和許多子女，都靠他寫作過活，雖然有點艱辛，也許還有磕磕碰碰的地方，但還算沒有大問題。徐文淑和周南較早逝世，胡秋霞一直陪伴他到死後 15 年才離開人間。一代小說奇才寫了許多鴛鴦蝴蝶人物，如《春明外史》、《啼笑因緣》等等。其實他本身和三位太太已是苦樂並存、愛恨參半的啼笑因緣了。

1351　　"丁玲不死"

　　丁玲（1904-1986），湖南臨澧人。前世紀 40 年代末，她寫出一部長篇小說《太陽照在桑乾河上》，帶到匈牙利去參加"世界民主婦聯代表大會"，以後還獲得史達林文藝獎。誰知道到了1957年卻厄運臨頭，戴上"大右派"帽子，和小她十多歲的丈夫陳明（按：丁玲前夫是著名左翼作家胡也頻，姚蓬子。），受到了長期的磨難，其經歷的曲折，真是"一部廿四史不知道從何說起"。北大荒的嚴寒，失去人格尊嚴的恥辱，她夫婦忍受著，直到1979年初才回到北京，得到平反。從此她又燃燒起熄滅已久的創作熱情，一篇篇新作連續刊出，《牛棚小品》、《悼雪峰》、《七一有感》等等，只經過6年短短時間，竟寫出百萬字，或記舊，或懷人，或敍述海外見聞，或謳歌新時代蓬勃面貌，顯現出她無窮盡的生命力。還在80歲那年籌劃主編《中國》文學雙月刊，直到病危進入醫院。儘管有人向她發出各種不同論調，但她那種不屈不撓、至死方休的工作精神，卻贏得滿靈堂的輓聯和遺體上蓋上一塊繡著"丁玲不死"的紅旗。

1352　　劉海粟獄中探望陳獨秀

1935年秋天，著名畫家劉海粟（1895-1993）剛從歐洲遊學歸來，受到蔡元培的囑託，到南京監獄探望陳獨秀，因為得到段錫朋的介紹信，監獄長容許他兩人會見一個多小時，其間劉海粟請陳獨秀題了幾幅畫，並得到一幅行書對聯，很能體現陳在獄中的志節和心境：

行無愧怍心常坦；

身處艱難氣若虹。

落款：劉海粟先生雅教，獨秀。

1353　　施蟄存與魯迅

　　我現在年老困住七樓，孤陋寡聞，不知道施蟄存老先生還在世否？假如在世，當近百歲了。我記得前世紀的 30 年代中期，他受到《大晚報》副刊《火炬》編者崔萬秋之約，向青年推薦書目《莊子》和《文選》，當即被魯迅以"豐之餘"筆名在《申報‧自由談》發表《重三感舊》指責爲復古，以後施蟄存也爲文辯釋，雙方在報刊上作系列的"論戰""交惡"，轟動一時，並影響久遠，廣爲人知。其實，施蟄存對魯迅一向很尊崇，以後輩自居，對魯迅囑託的事，無不盡力辦好，有求必應。在施蟄存和杜衡主編的大型文學月刊《現代》上，我就曾讀過許多魯迅的作品，並以寶貴的篇幅刊登爲魯迅宣揚的資訊。魯迅去世後聲譽日隆，登峰造極，定於一尊，使施蟄存背著沉重的包袱，以致在 1957 年至 1966 年"反右"、"文革"興起後，遭到人所共知的滅頂之災，備受艱辛痛苦，這大概魯迅生前所沒有想到的。但施對魯迅的尊崇，永不改變。60 多年來無論在文章上口頭上，從未對魯迅的斥責加以反駁報復；相反，還時時給魯迅很高的評價，教導學生要多讀魯迅的書，多發揚魯迅精神，足見他宅心忠厚，光明磊落。1956 年，上海各界把魯迅靈柩從萬國公墓移到虹口公園（今魯迅公園），並在旁建成魯迅紀念館，他欣然隨眾前去參拜，並寫出《弔魯迅先生詩並序》，追懷往事，表明心跡，真是一唱三歎，氣勢非凡，很足以說明 1993 年他受到"上海文藝獎"的"傑出貢獻獎"，並被譽爲"寬容豁達的文學老人"、"百科全書的專家"，是當之無愧的。詩並序如下：

　　余早年與魯迅先生薄有齟齬，幾成胡越。蓋樂山樂水，識見偶殊，巨集道巨集文，志趣遂別。忽忽二十餘年，時移世變，日倒天回，昔之殊途者同歸，百慮者一致，獨恨前修既往，遠跡空存，喬木雲頹，神聽莫及。（1956 年）10 月 14 日，國人移先生之靈於虹口公園，余已瞻拜新阡，復睹其物，衣巾杖履，若接平生，紙墨筆硯，儼然作者。感懷疇昔，頗不能勝。夫異苔同岑，臭味固自相及，山苞隰樹，晨風於焉興哀，秉毅持剛，公或不遺於睠皆，知人論世，豈敢徇於私曲。三復逡巡，遂愴懷而獻弔云：

> 靈均好修姱，九死不違道，淵明堅夙願，沾衣付一笑，諤諤今稽叟，肝膽古今照。瀝血薦軒轅，風起猛虎嘯。高文為時作，片言立其要，摧枯放庸音，先路公所導。雞鳴風雨晦，中夕沒庭燎，幽人若夜長，未接景日曜。我昔弄柔翰，頗亦承余教，偶或不當意，宮徵成別調。我志在宏文，公意在儒效，青眼忽然白，橫眉嗔惡少。別來二十年，世變如奔瀑，終見天宇淨，公志亦既造。井蛙妄測海，轉自惜罷駑。猶期抱貞素，黽勉雪公誚。今日來謁公，靈風動衣帽，樽酒見平生，詩書敦宿好，感舊不勝情，觸物有餘悼。朝陽在林薄，千秋勵寒操。

1354　　　道出人心不足的打油詩

有人說：高薪可以養廉，但近來報刊上登載的大貪官卻都是年薪並獎金等項高到十萬廿萬的領導，可見高薪難免會反而養貪，要養廉全靠有制度監督和法律約束，以及個人的德操。我記得有一首打油詩很好，道出了人心不足的世態：

> 終日奔波只為饑，方才一飽便思衣。
> 衣食兩般皆俱足，又想嬌容美貌妻。
> 娶得美妻生下子，恨無田地少根基。
> 買到田園多廣闊，出入無船少馬騎。
> 槽頭扣了騾和馬，歎無官職被人欺。

縣丞主簿還嫌小，又要朝中掛紫衣。

做了皇帝求仙術，便想登天跨鶴飛。

若要世人心裏足，除是南柯一夢西。

1355　　曹雪芹的一首詩

上世紀"文化大革命"時期，人們真是朝不保夕，動輒得咎，防不勝防。軍隊作家廖宗怡，1937 年出生於潮州，華僑子弟，1956 年入伍，經過刻苦學習和工作，歷任報刊美術編輯。1964 年，他創作的套色版畫《最高的獎賞》，得到全軍第三屆美展獎項，並刊登在各大報刊的封面與頭條，影響很大。但他有"海外關係"，文革開始，這幅畫因爲是描寫一個戰士學習進步而得獎，雙手抱著獎品——雄文四卷(指毛澤東選集四卷)高度不夠，只及丹田部位，便被"左"眼看成問題：爲什麼不把寶書高高舉起？經過七鬥八批，被發配到農場勞動改造，連家庭也被迫割斷關係，良可慨也。其實，這類事情早在 50 年代末盧山會議彭德懷就曾遭受過，彭的原名叫彭得華，林彪一夥據此攻擊他居心叵測，取名"得華"，對毛澤東不忠，陰謀篡黨奪權云云。嗚呼，欲加之罪，何患無辭？這與清朝"維民所止"（雍正無頭）、"清風不識字，無故亂翻書"、殺人如麻的文字獄何異？正如曹雪芹在《紅樓夢》寫的詩：

"滿紙荒唐言，一把辛酸淚。

都云作者癡，誰解其中意？"

1356　　稿費史話

　　文人的稿費又叫"潤筆"，據說始于魏晉南北朝。晉朝王羲之為山陰道士寫《黃庭經》，得活鵝一籠，皆大歡喜。其後隋朝有位鄭譯，皇帝命令他寫詔書，另外一個侍臣看見鄭譯握筆不動，便說："他筆乾"；鄭譯也向皇帝笑說："不得一錢，何以潤筆？"。這就是"潤筆"典故的來歷。唐代韓愈常為人寫墓誌銘，"斂金如山"；又曾在肇慶七星岩留下石刻的李邕（北海）也常為人寫碑文，"受饋巨萬"。可見唐代的稿費很高。其後歷代都有這種行規，到了清朝的鄭板橋，最不客氣，公然定出書畫潤格收錢，"**任渠話舊論交接，只當秋風過耳邊。**" 及至現當代，稿費更流行，文人靠他養家活口，成為專業作家。魯迅最後十年就是靠稿費和版稅過活的，豐子愷許多人也差不多。但一般作家光靠稿費生活是很辛苦的，非得兼職不可。

1357　　七十歲的海珠橋

　　再過幾個月，便是廣州市海珠鐵橋的 70 誕辰。它是 1923 年由市長林雲陔倡議建造的。1929 年春才開始徵求設計方案圖紙，由美國的慎昌洋行以最低標價投到。當年冬動工，直到 1933 年 2 月才建成，耗時 38 個月，造價 10 萬元多一點。橋長 183 米，中間車道寬 12 米，兩旁行人路寬各 3 米。橋有四墩三孔，中孔寬 48 米，上有電機可以開合通行大輪船，開合一次只要 5 分鐘。鐵橋高處由胡漢民書寫"海珠橋"橋名。當舉行開橋典禮時，由當時的市長劉紀文致辭，105 歲的老人黃偉帶領十四位百歲以上男女老人引導行人到達南岸。參加典禮人數十萬之多，人聲鼎沸，鑼鼓喧天，群獅起舞，鞭炮齊鳴，喜氣洋洋，振動全城，第二天還有六七萬人前來參觀過橋。據香港記者說：這樣美麗宏偉的鐵橋，若在外國建造，起碼要百萬元。這是陳濟棠時代的"豐功偉績"。橋建好不久,中間橋孔開合電機失效,1949 年又爲國民黨部隊撤退時炸毀,經過叠次重修並加寬、油漆等等,雖經 70 年滄桑巨變,還正在發揮它的青春魅力,與珠江上近年新建的許多各式大橋媲美。

1358　胡厥文蓄鬚記國恥

抗日時期梅蘭芳留在淪陷區,蓄鬚拒爲敵僞演戲,盡人皆知。而民族資本家胡厥文蓄鬚記國恥,恐怕知者就不多了。胡厥文是民主人士,一心愛國,1931 年"九·一八"日本侵佔東北,他義憤填膺,大罵當局不抵抗。1932 年十九路軍在上海抗日,他主動向十九路軍聯繫,建起臨時兵工廠,日夜趕製手榴彈地雷,並應上海國家兵工廠,設法輸送熟練工人支援,同時還組織群衆捐獻物資慰問前方將士,使日寇增兵換將也無法達到預期目的。1937 年"七·七"事變後,他知道抗日戰爭必須長期,他號召上海許多大企業大工廠遷往內地,自己辦的鐵廠、五金廠、機器廠率先內遷,迅速生產軍需和民用物資,供應急需,其功至偉,得到朝野的讚賞。他自 1932年"一·二八"戰役後,忙爲國事奔走,無意顧及容顏整理,滿臉鬍鬚,有人問他:"是不是想做美髯公?"他說:"蓄之以記國恥。"故有"抗戰鬍子"雅號。直到 1945 年八月十五日日寇投降國恥已雪,他才剃掉,共計蓄鬚 14 年。當他春風滿面青春重現參加慶祝勝利大會時,無人認識,偏尋不見,看到他的手杖才恍然大悟,相對而笑。他高興地吟起新作《剃鬍樂》詩句:

　　"共慶和平彼岸同登樂,尤喜老大離鄉少小回。"

1359　副總理陳永貴

　　1964 年全國學大寨，大寨黨委書記陳永貴（1914-1986）出了名，是當時全國勞動模範，1975 年竟升至國務院副總理。他是文盲，一步登天當了副總理，似乎很滑稽，他自己也很難為，這是上面決定的，身不由己，不能怪他本人。他曾上書毛澤東請准以三分一時間在山西昔陽縣抓點，三分一時間到全國走走，三分一時間在北京。毛澤東稱讚說："永貴啊，你這三三制很好呀。"四人幫倒臺後的1980 年，他沒有做副總理，到北京郊外一個農場當顧問，始終嚴格要求自己，保持農民固有的勤勞、樸實、節儉傳統美德，時時頭上纏著白色毛巾穿開胸大褂，農場職工都叫他"陳大叔"，很尊重他照顧他，使他過好晚年。1986 年 3 月，他因肺癌在北京醫院逝世，終年 72 歲。對他的一生，說好說歹的都有，但他在農田基本建設和提高農業產量方面作出榜樣，卻是不爭的事實，所以他的喪禮很動人，從北京到大寨都有人失聲痛哭，哀傷接靈，遵照他的遺願把骨灰撒在大寨大地上，在虎頭山頂樹立一碑：

　　　"功蓋虎頭，績鋪大地。"

1360　《越縵堂日記》

　　日記大概出現於有文字記事之時，它是備忘錄，無論私人官府都有按日記事作為日後查考。有的是起居注，有的包羅萬象，內容豐富。後來竟有人借日記形式創作小說或記載歷史。所有名人日記，都很寶貴，使人愛讀，一來是"名人效應"，二來日記不是一般文章，寫作比較坦率輕鬆不拘，有如親切對話。近代印行的名人日記很多，如曾國潘、魯迅、胡適、郁達夫等等。還有清末的李慈銘《越縵堂日記》更見知名。李慈銘（1829-1894）號純客，晚署越縵老人，他一生仕途不暢，困頓落拓，清高狂放，性喜雌黃，在詩文、考據、訓詁方面很有造詣，寫了40年百萬字的日記，可謂集治學之大成，蔡元培很是推崇，曾與友人搜集付印出版。內容主要是咸豐到光緒近40年間的朝野見聞，時事評述，北京等地的社會風貌以及個人的生活經歷等等，還有讀書劄記，文史價值很高，爲歷史學家樂於參考採用。

1361　　符號與謝冰瑩的不了情

已故旅居美國舊金山著名女作家謝冰瑩（1906-1999）的前夫符號（1906-1993）同是黃埔軍校武漢分校第五期畢業。解放前做過國民黨的少將和章伯鈞的部屬，解放後是交通部的幹部，"文革"後被劃爲牛鬼蛇神，下放到原籍湖北仙桃縣勞動改造。平反後的 1985年，他已到耄耋之年，雖與冰瑩早已因貧困分離，各自婚嫁，但新恩雖好，舊義難忘，曾寫一詩並序以寄慨：

新春伊始，萬象來生，緬懷舊侶，勞燕分飛，匆匆半個多世紀，悵望大洋，感慨系之，改李商隱句，足成一絕：

春蠶到死絲難盡，蠟炬成灰淚未乾。

台海煙波勞燕遠，思鄉寧不憶沈園？

以後他對冰瑩情況逐漸瞭解，知道她對兩人共生的女兒符冰（小號兵）在"文革"時被迫害致死，悲痛欲絕，很不諒解自己，把過去所有有關兩人的文稿通通焚毀，信佛念經，號稱"慈瑩居士"，因此他又寫了兩首很動情的七絕：

苦心孤詣稱鳴妹，訴罷離情訴愛情。

色即是空空是色，佛門聽取斷腸聲。

知君焚稿了前緣，中夜椎心懺舊愆。

勞燕分飛天海隔，沈園柳老不吹綿。

第一首第一、二句是寫當年兩人自軍校分別，冰瑩受父母禁錮，不能夠與外界通信，她原名鳴岡，符號改名亦鳴，用姐妹稱呼談天說地，密緻愛情，瞞過母親，並得到舉人父親的稱讚：鳴妹子（指符號）很聰明，與鳴岡可謂一對才女。經過許多曲折謀劃，兩人得以在武漢結婚。冰瑩曾得意地說：什麼鳴姐鳴妹，那是一曲鸞鳳和唱，一齣梁祝喜劇。第二首最後一句是引用宋·陸游懷念前妻唐琬的名句。從此，符號常年臥病，藥石無效。1993 年秋頻頻念著冰瑩的名字離開這個世界。"天長地久有時盡，此恨綿綿無絕期！"

1362　　周揚的"石破天驚"

在"四人幫"橫行的時候，陰雲密佈，四面楚歌，人民真是不知道中國會走向何處去，生活會壞到怎樣的地步。所幸 1976 年秋一舉粉碎"四人幫"，天開日朗，歡欣鼓舞，一些劫後餘生的文人林默涵、張光年（光未然）、韋君宜、李季、周揚等在廣東肇慶享受湖光山色，回憶"文革"慘狀，展望光明前途，志氣昂揚，興高采烈，廣東主人要求他們題字留詩紀念，周揚即刻揮就"石破天驚"四字，皆大歡喜。這四字很形象很概括表現粉碎"四人幫"的意外喜悅，又預示大地春回百廢待興的氣慨。現在，周揚他們雖然多已作古，但國家權威部門的統計表明：撥亂反正改革開放以後，中國的經濟實力、綜合國力和國際競爭力已躍上新的臺階，人民生活大幅度提高，中華民族百年來夢想的豐衣足食已成真實，實現了從溫飽到小康的跨越。這不是"大躍進"時期的虛浮誇風的翻版,我們的勝利事業,將會永遠使人感到"石破天驚"!

1363　北京的胡適故居

北京的名人故居很多,有陳獨秀、毛澤東、蔡元培、魯迅等等,讓遊人瞻仰發思古之幽情。地安門東大街米糧庫胡同四號的胡適故居,是他 1930 年至 1937 年在北京的住所,也是他離鄉在外住得最久的地方之一。當時這裏很熱鬧,據林語堂說:胡適爲人友好,樂於助人,善盡主誼,他在米糧庫的寓所裏,星期天總是大門敞開,無論誰,學生、教授、達官、青年、同鄉客商、強盜乞丐等等都可進去,有求必應,歡喜而歸。

1364　"推敲"的由來

據報導:改革開放 20 多年來,出現了新詞千多個,有的是土話,有的是洋貨,有的是新造,使新版辭書屢增不止。相信經過時間的推敲,會有不少新詞成爲曇花一現的短命種。我們知道:即這"推敲"一詞,原來也是唐朝人新造的,意思是字斟句酌,反覆琢磨。

話說有一天,還是僧侶的文人賈島,騎驢外出會友,不巧友不在見不著,歸途琢磨著如何把這事寫成詩,開頭就是"鳥宿池邊樹,僧敲月下門"的"敲"字是不是改用"推"字好?使他一時難以決定,一路比比劃劃,昏頭暈腦,"信驢由繮",不料撞向長安最高長官(京兆尹)韓愈老先生的車隊,好在韓愈深知文人的脾氣,問明情況後沒有加罪,還幫助賈島斟酌一番,認爲"敲"字有形有聲,要比"推"字妥貼，賈島心悅誠服拜謝，並成了朋友。後來賈島還在韓愈勸導下返俗，中了進士做了官，從此新詞"推敲"便出現被人使用，一直流傳到現在。

1365   傅抱石嗜酒如命

傅抱石（1904-1965）南昌人。出身貧寒，畢業於江西師範藝術科，受到徐悲鴻的賞識，後留學日本，繪事日精，有"南北兩石"之譽（北齊白石）。他嗜酒如命，喝足了酒才作畫或刻印，一揮而就，氣壯山河。結果死於腦溢血。1959年秋天他和關山月共繪北京人民大會堂的大幅國畫《江山如此多嬌》，完成後，竟在他住過的床底下搜出幾十個空茅臺酒瓶；他逝世後家中的遺像前也供著茅臺酒，作爲親人的敬意和悼念。前世紀的50年代，他任南京大學藝術系教授，是政治運動中重點打擊對象，但他毫不顧忌，口沒遮攔，只要是真話，什麼都敢講，他和郭沫若、齊白石友好固然大講，他和臺灣的張道藩、陳立夫等人的關係同樣大講。他爲此付出了不小代價，他的檢討書、認罪狀，要比他的藝術論文還要多。但運動一過，他又毫無顧忌講起來，別人代他擔心，他卻談笑風生，自得至樂，真是十足的藝術家脾氣。

1366   葉公超在教育文學方面的成就

葉公超（1903-1981）廣東番禺人，是國民黨元老、詩人、鑒賞家葉恭綽（1881-1968）的侄子，一般人只知道他是國民黨遷臺灣後的外交部長，曾經紅極一時，卻不知道到他死時冷冷清清，只有這樣的評價：高介耿直、傲骨嶙峋、學貫中西等等，例如一副輓聯寫的：

> 學術擅東西，零落山丘同一哭；
>
> 達官兼名士，蒼涼身世又誰知？

葉公超確是一個名士，留學英美等國，取得碩士學位，開始在北京大學、北京師範大學任教，1927年南下任上海暨南大學和胡適為校長的中國公學外交系主任、西洋文學教授，兼編徐志摩等人創辦的《新月》雜誌。1929年又回北京任各大學教授。當他編輯《新月》雜誌時期，有許多學生如曹寶華、錢鍾書、余冠英、李長之、季羨林、李廣田、卞之琳、楊絳等投稿，他竭力扶持，因此都成名成家。1937年抗戰開始，他任西南聯合大學外文系主任，因保護叔父葉恭綽在上海的國寶"毛公鼎"，隻身到上海，被人告密捕入日牢，保釋後逃離上海到達重慶，從此棄學從政開始外交生涯。可以說：他的一生在教育、文學方面成就最大，桃李滿天下，"學而優則仕"損害了他的令名。

1367　　陳香梅與葉公超

抗戰時期美國飛虎隊長陳納德的夫人陳香梅，從小與葉公超相識，因為陳的外祖父廖鳳舒（廖仲愷的兄弟）與葉的叔父葉恭綽是好友，兩家老少時常串門。後來陳葉兩人都留學西洋，滿身洋氣，不為陳舊的倫理道德所困死。抗戰勝利後，他們在上海重逢，陳是中央社記者，葉是外交部部長。1947年陳納德、陳香梅跨國婚姻成功，葉公超喜作證婚（1958年陳納德病故）。從這裏可以知道他們的友情。因此1981年，葉公超在臺北逝世時，她從韓國急促趕來臺北奔喪，獻上悼念詩文。她在文中很坦率地寫道："葉公超一生中有不少紅顏，但在他最寂寞最需要愛心之時，卻在孤寂中與世長辭，這真是人生一大憾事，老天爺太不公平了。"她知道這些話很難爲世人接受，又解釋說："英雄有女人的賞識，並非不道德之事，而是可自豪的，大音樂家蕭邦，有鼓勵他愛護他的女文豪喬治．桑；拿破崙有美麗多情的約瑟芬。沒有女人的男人才該自愧呢。"基於這種理念，她抱不平地發問："當年添香伴讀的女人都到哪裡去了？你們也該爲他悲歎一二行吧。"陳香梅這些話在臺灣引起了共鳴，紛紛在報上發表文章說：陳香梅也算是葉公超的紅顏知己，她們兩人也屬才子佳人。

1368　　愈老而愈奮的廖冰兄

1996年81歲的著名漫畫家廖冰兄閉門謝客，門外貼上字條：

　　年年忙到氣都咳，忙到今年八十一。

　　尚祈訪者發善心，勿多搜刮我餘日。

因爲社會上仍然有許多窮困的人亟待救助，他出身窮困，深知窮困之苦，要把餘日多做些善事，或幫助失學兒童，或關懷山區教師，或支援急難病人，總之樂善好施，以個人的積蓄、出面勸捐、聯合書畫家義賣等方式方法籌款，一到籌款有著，便高興得像小孩那樣跳起來，通知有關單位前來取款。有人勸他：世上窮人那麼多，你怎麼能幫得完？他答：好比說：掉在水裏的人那麼多，我能拉起一個算一個；本來我畫漫畫是想治社會的病，現在我畫不了，無能爲力了，如果能給人一碗飯吃也好哇。我就這一點能耐了。他爲了讓扶貧濟困的善舉能夠延長，他已有書面交代：大部分存款、房屋、書畫等等由"財產管理委員會"用於社會公益事業。他對別人慷慨大方，對個人生活卻很淡樸。他一生憤世嫉俗公正不阿，屢受政治運動衝擊，寧折不彎，人們都知道他剛烈這一面，想不到他晚年更表現著熱腸柔情的另一面。且看他今年從藝70周年紀念日，多少男女老幼圍著他感謝、祝福……

1369　老舍與蕭亦五

蕭亦五（1912-1977）湖北光化縣人。少年從軍，抗日初期受傷截斷左腿，成爲殘廢榮譽軍人。他想念著茫茫人生，何以安身立命？斷繫之舟，彼岸何方？歸宿何處？他下決心隨著戰事西移，歷盡艱難到達武漢進了傷兵醫院，恰巧《大公報》記者徐盈、彭子岡夫婦前來採訪，並被介紹給"中華全國文藝界抗敵協會"主要負責人老舍。老舍看見他很有志氣，有文化基礎，便收在身邊，鼓勵他寫寫戰地回憶錄，並參加文協。不負所望，他極力在困難中寫了不少小說、散文、詩歌等等，經過老舍修飾一一發表，逐步成名。1943年老舍夫人胡絜青從北京帶著三個孩子來到重慶，大家相住一如家人，夫人很關心這個殘疾人的冷暖，把老舍的舊衣服送給他穿，他得以安心寫作，同時還做著老舍的"軍事顧問"。抗日勝利後他住在南京，繼續寫作，已是不俗的作家了。解放後，他出席1954年的全國"文代會"，1957年被劃爲右派，老舍在北京很關心，曾叫孩子舒乙到南京去看他。八年後"文革"開始，他又被掛上"牛鬼蛇神"牌子打掃馬路。誰知道老舍竟也在北京被迫害投湖自盡，他聽了半信半疑，哭不成聲，默默地翻出胡絜青當年送的老舍衣服穿上，以表哀悼。直到"四人幫"覆滅後的1977年4月，他與妻子王芝蘭由南京到北京看望胡絜青和舒乙等人，相住一個多月，不幸的是回南京後的12月，他因病逝世，身上又穿著老舍的衣服。他們的師生情誼和薪火相傳的故事，正可以印證當代作家劉心武的名言：“人生一世，親情、友情、愛情三者缺一，已屬遺憾；三者缺二，實爲可憐；三者皆缺，活而如亡。”

1370　張海迪的成功

　　聞名四海五洲的當代山東美女張海迪，今年還不到50歲，原來是嚴重高位截癱的殘疾人，她以堅強遠大的志氣和毅力，克服了人間最大的困難和痛苦，做出了普通人也不容易做出的事情。她通過自學，已是中國第一位坐輪椅的哲學碩士，正向文藝學博士進軍。她已創作了好幾部小說、散文：《輪椅上的夢》、《生命的追問》、《鴻雁快快飛》、《向天空敞開的窗口》等等；還翻譯了幾部外國名著：《海邊診所》、《麗貝卡在新學校》、《莫多克》等等。總計大概有四、五百萬字，獲得的獎項卻不知道有多少。1997年她被日本新聞界評爲世界傑出的殘疾人，與其他四位世界著名殘疾人共攝成專題片，通過衛星播送全世界。時至今日，海迪已在輪椅上坐了40年，她的成就所付出的代價不知道比普通人高出多少倍。她用信念支援著生命，她說：我還有許多事情沒有做完，還有許多美好的夢沒有實現。她還學習油畫，更發奇想要上藍天——殘疾人跳傘。有人說：“自古雄才多磨難，從來紈袴少偉男”。海迪是偉大的，她的背後還有一個丈夫王佐良的支援，他是山東師範大學的翻譯員，兩人於1982年結婚，也算是“偉男”吧。

1371　難以預料的成敗禍福

　　人的一生跌跌宕宕幾十年，成敗禍福很難預料。唐朝大詩人李白（701-762）原想到長安做官治國，發揮才幹；但"天子呼來不上船，自稱臣是酒中仙"，這樣的驕傲、狂妄、浪漫，頂抗聖旨，怎能不被拒之門外？詩人不因此而悔恨，依舊醉心飲酒寫詩，暢遊名山大川、結交天下名士，"安能摧眉折腰事權貴，使我不得開心顏？"他心平氣和地離開污濁的宦海官場，堅定文學藝術的位置，放蕩不拘，純淨明亮，一生"斗酒詩百篇"，創作不輟，寫下了許多膾炙人口的千古絕唱，成為世界文化名人。假如他當年被唐天子看中寵用，那還不是最多做一個寫詔草檄的腐朽師爺？

1372　　"裸大師"陳醉

上世紀二、三十年代，徐悲鴻、劉海粟從外國歸來，開創以女裸體爲模特寫生，弄得罵聲四起。到了八十年代，有一位北京畫家陳醉（原籍廣東）接著研究裸體藝術，寫了一本《裸體藝術論》，跨入禁區，填補空白，使全國甚至世界各大報刊紛紛報導和評論，認爲是"里程碑式的研究成果"，是"中國走向藝術自由的典型例證"。以後他繼續寫出近十部有關裸體藝術的著作，大有"裸到底"之勢。他今年還不到六十歲，是中國藝術研究院的博士班導師，文化部有突出貢獻的專家，詩書畫印件件皆精，可謂通才。最近他自畫一幅漫畫像，簡潔瀟灑，惟妙惟肖，並以龍飛鳳舞的草書題上一首詩：

> 寫上一本藝術論，同仁謔稱"裸大師"。
> 無奈身屬半殘廢，平生愛著羽絨衣。

1373　　林肯的名言

解放美國黑奴的林肯總統，是美國傑出總統之一。但他大半生坎坷窮困，不得安寧。幼年母親早逝，居無定所，生活無著，經商失敗，債務纏身，競選參議員又常敗落，想當局長也少人支援，爭取副總統提名僅得票一百張。真沒有料到1860年一舉當選總統。遺憾的是只五年後，許多事情還沒有做，便被人暗殺，舉世同悲。他生前曾說：每個人對工作都應該堅忍不拔，百折不撓，勇往直前，努力拚搏，這是對社會的責任，我對這責任懷有一種捨我其誰的耐心、毅力和信念。

1374　　月餅的故事

中秋月餅大概宋代以前已成食俗。蘇東坡有“小餅如嚼月，中有酥和飴”的詩句。傳說元朝曾有過中秋漢人起義殺蒙古人的故事。說的是元朝剛建立，政府便強令每家漢人要收養一個蒙古人，蒙古人不但遊手好閒，不勞而食，還以統治者的暴力欺壓漢人，產生更大的仇恨。於是有人散佈流言中秋要吃月餅，才可避免災禍，他們又與餅家聯繫，在月餅中放入字條，約定中秋之夜共舉義旗驅殺蒙古人。結果舉義成功，迫得把這收養蒙古人的制度取銷。上世紀50年代，我在內蒙古烏拉特前旗農場，曾問過當地蒙古人：是否有上述歷史事件？他感到很難回答，似乎有點委屈，只說：我們蒙族是不過中秋節的，也不吃月餅。姑妄記之，以供民俗學家、歷史學家參考。

1375　　張恨水小說聯姻

文學作品搭橋成就婚姻，一般發生於作者和讀者之間，例如巴金與蕭珊，《玉梨魂》作者徐枕亞之與清末狀元劉春霖之女劉沅穎等等。這裏要說的卻是借別人的作品搭橋而成就婚姻的余程萬。

話說廣東臺山人余程萬，我是認識的，他是黃埔軍校前期學生，曾任國民黨的師長、師管區司令、軍長等職，於1949年由雲南去臺灣。1943年，日寇向湖南常德進犯，余程萬師苦守常德十多天，只剩下百人突圍，使我軍得以有時間對敵實現大包圍，迫其向岳陽方面潰退，大獲勝利。當時小說家張恨水在重慶的《新民報》上載文讚揚余師有如唐朝張巡守睢陽的大功。但人們卻認爲余程萬沒有以身殉國與部屬共存亡，理應法辦。余程萬大受委屈，即使人攜帶作戰資料去找張恨水，張根據資料創作一部長篇抗戰小說，書名《虎賁萬歲》（虎賁是余師的代號）小說發表後，反響很大，書中少不了鴛鴦蝴蝶那一套，有一位蘇州小姐讀了深爲余程萬的英雄事跡感動而敬仰愛慕，千方百計設法聯繫，希望能夠嫁給他。這本來屬於"單相思"，恰巧余夫人病逝，卻如願以償成爲繼室了。張恨水大概沒有想到會有這樣的佳話的，這佳話將記在中國文學史上。

1376　　潘漢年的一生

上世紀30年代的潘漢年，在上海與魯迅等許多著名作家來往頻繁，人們是很熟悉的。他的人生經歷很有點傳奇，也似乎有些定數。從1927年參加革命到1954年任上海副市長被捕的27年，是他堅苦卓絕，事業輝煌時期；從1955年被捕到1982年平反昭雪又是27年，這是他身臨囹圄受盡摧殘磨折時期。他與董慧夫婦無一子女，也夠淒涼了。他是在出席中共全國代表大會中，由最高領導層決定逮捕的，罪名是"內奸"、"國民黨特務"、"日本特務"三頂帽子。到1963

年經過八年預審期才被判徒刑15年,剝奪政治權利終身。但1967年"文革"開始,又進一步被推上深淵,改判無期徒刑,永遠開除出黨,送湖南茶陵沭江茶場服刑,終於1977年含冤逝世。1982年八月才得到陳雲、廖承志等大聲疾呼為他平反昭雪,發出新的判決書:"宣布撤銷原判,宣告潘漢年無罪。"整整27年的冤屈至此結束。這也算是歷次政治運動最大的冤假錯案之一。

1377 黃埔軍校校歌

舉世聞名的黃埔軍校,是上世紀20年代國共兩黨合作的產物,特別注重培養學生的愛國思想和革命精神,造就了一大批軍事政治人才,東征、北伐、抗日成為國共兩黨的高級將領。他的校歌曾長期鼓勵學生們的革命志氣和"親愛精誠"的感情。歌詞如下:

怒潮澎湃,黨旗飛舞,這是革命的黃埔!

主義須貫徹,紀律莫放鬆,預備做奮鬥的先鋒。

打條血路,引導被壓迫民眾——

攜著手,向前行,路不遠,莫要驚!

親愛精誠,繼續永守,發揚吾校精神——

發揚吾校精神!

按:"親愛精誠"是孫中山題寫的校訓。

1378 尹國良的題像詩

面貌很像聞一多的油畫家尹國良教授,自己也承認很像,連自己也難以分辨。他覺得人的命運受著機遇主宰,1949年他入短期幹部學校華北大學學習,許多青年都把志願填上政治學院,他因為對藝

術有點興趣，便填上藝術學院，從此便走上藝術道路，一直沒有改
變，當上廣州美術學院副院長，冥冥中似乎有了定數。他現在與夫
人張彤雲退居自己的畫室，過著美滿的晚年生活。最近他自畫一幅
漫畫像，題了一詩以自嘲：

> 酷似名人，大器難成；
>
> 努力一世，還是書生。

1379　　葉挺小傳

葉挺是惠陽人，保定陸軍軍官學校第六期工兵科畢業，同學中
最親近的大半是客家人，如鄧演達、李振球、羅梓材等。1919年他畢
業後即南下投奔福建漳州孫中山先生的援閩粵軍。不幾年他升爲團
長，在北伐戰爭中所向披靡，勢如破竹，特別在汀泗橋、賀勝橋戰
役打出了名，贏得了鐵軍名將之譽。隨後參加"八‧一"南昌起義，
轉戰廣東，與賀龍齊名，婦孺皆知。抗日時期任新四軍軍長，因皖
南事變被捕。抗日勝利後出獄。1946年4月8日與王若飛、秦邦憲（博
古）鄧發以及愛妻和兩個兒女乘美機由重慶飛延安，中途失事，全
機無一生還，天下同悲。

1380　　中華人民共和國國歌史話

國歌是國家的標誌與國民精神的體現。1949年9月27日，全國政
協第一次全體會議決定：以《義勇軍進行曲》爲代國歌，1982年12
月4日，全國人大五屆五次會議決定：確定《義勇軍進行曲》爲中華
人民共和國國歌。其間"四人幫"橫行時代，曾有改歌詞的議論，

後遭否決。

《義勇軍進行曲》產生於1935年，田漢（1898-1968）作詞，聶耳（1913-1935）作曲，原是電影《風雲兒女》的劇終曲，由愛國青年奔向抗日前線演唱的進行曲，餘音嫋嫋，使人懸念。這部電影放映後，這支劇終曲傳唱各地，特別抗日戰爭時期，地不分城鄉，人無分老少，都唱著這首戰歌而振奮精神爭取最後勝利；甚至得到各國友人的讚揚。1946年12月31日，聯合國慶祝二戰勝利大會，演奏著這首戰歌，可見它是一支名曲，好像法國的《馬賽曲》。我記得是著名畫家徐悲鴻於1949年提議以《義勇軍進行曲》代國歌的，當時有人認為歌詞中"中華民族到了最危險的時候"，與解放後的新中國情況不符，周恩來卻力排眾議：我們面前還有帝國主義，我們的國家越發展，他們越嫉恨越攻擊破壞，能說不危險嗎？還不如留下這句話以資警惕，居安思危，意義深遠。這樣就通過了。現在我們唱起國歌，就激勵著我們不要忘記過去受侵略受壓迫的苦難，不要忘記拋頭顱灑熱血的無數英烈，以及今天的幸福生活來之不易，永遠保持英勇高昂的士氣和鬥志。

1381　　學者為甚麼竟寫起散文來

歷來學者一般只寫所從事的本行學術論文，其他的文學作品只屬於作家的事。但自上世紀末開始，有很多大學者竟也寫起散文或詩歌來了，例如季羨林、於光遠、陳平原、李元洛等，他們還出了不少集子，李元洛更自詡為"散文新秀"，究其原因，大概有如下三點：

第一，過去政治運動多，談虎色變，誰敢去寫表達個性的散文自找麻煩？現在情況不同，已允許獨立思考，學者們便敢於借寫散文抒發自己的人生體驗和人性感悟。陳平原就有一篇《學者的人間情懷》是表露這方面的心情的。

第二，學術研究是嚴謹的，以邏輯推理實現自己的人生價值並獲得精神享受。但現在的環境寬鬆了，不滿足於此，要求生活的情趣濃郁，寫寫散文便可以達到這目的。

第三，當代印刷術發達，報刊很多，散文很多發表的機會，也使人愛讀；學者的散文往往又富於書卷氣，為副刊編輯網羅的對象。"學者散文"確有其特別的文化品味。

1382　　"文革"初期文聯大樓的作家

1966年"文革"開始,北京的全國作協和文聯的"牛鬼蛇神"被集中在文聯大樓，等待批判或寫反省材料。劉白羽、嚴文井、張光年、張天翼、馮牧、侯金鏡、韓北屏、李季、陳白塵、黃秋耘、謝冰心等。所有四五樓的廁所都由他們自己清潔，謝冰心那年已是66歲的女人，女作家又不多，由她負責兩個女廁所。那時廁所很髒，因為白天來大樓看熱鬧看大字報的人很多，廁所超常運轉，加上有些人不講衛生，以致茅坑尿池堵塞，冰心卻不聲不響地把它清潔得乾乾淨淨。這樣一位中外聞名道德高尚的作家，沒有人要她了，給她去幹這又髒又累的工作，真是奇聞。批判開始，拿張天翼開刀，說他不是"左翼作家"而是"流氓"、"騙子"。到了1968年夏季，還把他們送到北京南郊紅星公社與當地的地富反壞右份子一起生活、批鬥，說：這些精神貴族的作家，是沒有土地的地主，沒有工廠的資本家，理應要和地富反壞右一齊打倒。這些上了年紀又患有各種疾病的人，不光要忍受誹謗、污辱、打罵，還要在酷熱的烈日下低頭彎腰九十度成噴氣式，直到太陽下山才赦免了他們。事隔許多年，這些知名作家都先後逝世，但"文革"的慘痛至今還深記在人們心中。

1383　魯迅是不是愛國者

最近有人說：魯迅是不是愛國者，很值得懷疑，理由是魯迅只有一句豪言壯語："我以我血薦軒轅"，一生都在攻擊中華民族的劣根性，和本民族過不去，這能說是愛國者嗎？還有一位文學博士副教授葛紅兵先生，在他的著作《為廿世紀中國文學寫一份悼詞》中，更理直氣壯地宣判：魯迅既然愛國，為什麼不像徐錫麟、秋瑾那樣回國刺殺清廷的走狗？可見他怯懦怕死，有辱死後"民族魂"的稱譽。這樣說來，對病入膏肓的祖國，不能指出病狀，只能唱讚歌：紅腫之處，豔如桃李；潰爛之時，美若乳酪。所有"真的勇士，敢於直面慘澹的人生，敢於正視淋漓的鮮血"的人，都不愛國。至於行為上，只要有人去行刺敵人，你也應該去行刺敵人，有人去前方打仗，你也應該去前方打仗，否則是不愛國、怯懦怕死。看來做人真是難矣哉。魯迅生當內憂外患之秋，從學醫改行到文學，吃的是草，擠出的是牛奶，當時他聽到類似的指責和謾罵也很不少，甚至還有被捕殺頭的危險，但他不退縮不投降，照舊指出醜惡的國民性和社會的毒瘤，憑這一點，我認為就夠得上是"民族魂"了。

1384　悼念孫犁

最近逝世的北方作家孫犁（1912-2002），我很敬愛他悼念他。我讀他的作品不多，只在《羊城晚報·花地》上讀過他的《耕堂讀書隨筆》之類的散文和短小精悍的小小說。我很拜服他恬淡的氣質和說真話的性格，正像他寫的一幅字那樣"不趨勢利，勿流世俗"。他一生在華北平原的白洋澱周邊奮鬥，辦報創作成績斐然。但晚年似乎心情有些寂寞，過著古時候隱士的生活。據說：當今作家多矯情、虛飾、靠炒作掩飾自己底氣不足的文壇現象，他最不滿意。我想：憑著他一生的道德文章，中國文學史上是有他一定位置的。

1385　悼念陳殘雲

　　上世紀三、四十年代成名的廣東作家，和全國各地的一樣，大半都歸道山了。如歐陽山、秦牧、黃秋耘、杜埃、蕭殷等，大家都是知道的。最近89歲的陳殘雲（1914-2002）也不幸逝世。他一生著作極豐，我曾讀過他的代表作小說《香飄四季》，並以此書贈給我的外甥女李素英作爲她新婚賀禮，在20多年前這書不容易買到，我認爲作爲禮品很新鮮很有意義。現在提到，我還念念不忘早逝的外甥女。

　　陳老逝世，很多人都很悲痛，因爲又失去了一位珠江文化和嶺南文學的典型代表。他和歐陽山、秦牧同樣是很有影響的人物，他的《香飄四季》描寫了珠江三角洲人民公社時期的水鄉生活，特色鮮明，充滿人與人間的美的人性，美的愛情，以及珠江風物。那一段主人翁購買陳李濟烏雞白鳳丸送給至愛情人的情節，我至今記憶猶新。他的散文也同樣有特色，大躍進時期的《沙田水秀》、《珠江岸邊》、《鴨寮記事》三篇，竟被刊在《紅旗》雜誌上，廣爲轉載。總之，他終生都爲了中國的富強、人民的幸福而盡力工作。華南師範大學教授何楚熊女士爲他寫的《陳殘雲評傳》，很可以從中讀出他的人生和作品以及成功之路。

1386　酒香不怕巷子深

1915年，為了紀念巴拿馬運河通航，在美國舊金山舉行"巴拿馬萬國博覽會"，我國初次把貴州名貴的茅臺酒送會參評。因為外國人從來沒有聽過這酒名，加上包裝簡陋難看，在預選中即遭淘汰，很使隨團的一位釀酒師不甘，他堅信自己的酒超群出眾，不應就此放棄評獎，靈機一動計上心來，他故意把酒失手跌落在展廳上，瓶破酒流，香氣四溢，引得在場的評委和賓客交口稱讚，乃重新評定為金獎佳釀，聞名全球。後來再經過1972年美國總統尼克森訪華，在北京國宴上痛飲此酒，更被傳媒炒得沸沸揚揚了。

1387　建議下屆文學獎發給諾貝爾本人

中國人從來沒有得過諾貝爾獎，尤其是文學獎（外籍華人除外），最近，也許出於調侃取樂；也許吃不到葡萄便說葡萄是酸的，竟有人提出建議：下一屆諾貝爾文學獎，應該發給諾貝爾本人。理由是：他生前熱愛文學，臨終時曾寫出一本《復仇的死神》劇本，很是不錯。其次他還有自傳更是不同凡響，中譯字數不到100字，真是隻字千金，無論從其經典角度還是從其理想主義著眼，都不亞於煌煌巨著。中譯自傳如下：

艾‧諾貝爾呱呱墜地之際，一個仁慈的醫生，

就該儘早結束他多災多難的生命。

主要優點：平素清白，從不牽累別人。

主要缺點；未娶，無家室，易發脾氣，消化不良。

唯一願望：不要被人活埋。

最大罪過：不向財神頂禮膜拜。

一生重要事跡：無。

除此，從他一生（1833-1896）的真正歷史考究，也是正直可愛有益於人類社會的好人：他祖籍瑞典，卻飄泊異鄉；體弱多病，卻精力超人；生於貧寒，卻富過王侯；沒有文憑，卻是科學巨匠；發明炸藥，卻愛好和平；辛勤理財，卻把遺產用於獎人；生而未娶，卻有纏綿初戀……

總之，諾貝爾獲獎的條件足夠，可惜他已逝世百多年，與"限獎給活人"的規定不符，只好罷議可也。

1388　　羅明佑創建聯華影片公司

二十世紀二十年代，中國的電影片多是武俠、兇殺、色情、不健康的內容，"華北影院大王"、廣東番禺人羅明佑（1900-1967）為了改變這一現狀，便向港商何東和名人熊希齡、于鳳至等人集資，於1930年在上海創建聯華影業製版印刷公司，擬定宏偉發展計劃，逐步實施。首先把許多電影人才如朱石麟、蔡楚生、孫瑜、沈浮、史東山、吳永剛、孫師毅、林楚楚、阮玲玉、黃紹芬、金焰、韓蘭根、殷秀琴、高占非等網羅到自己的麾下很快製作出《故都春夢》上映，由羅明佑、朱石麟編劇，孫瑜導演，林楚楚、阮玲玉、黃瑞麟主演，對社會的醜惡面目極力暴露鞭撻，使人耳目一新，一炮打響。接著又製作《野草閑花》、《野玫瑰》、《桃花泣血記》、《故都新怨》等十多部新片陸續上映。《野草閑花》由金焰、阮玲玉主演，更轟動大江南北，為聯華公司奠定票房基礎。以後公司還在香港、上海、北平設分廠，並在上海開設"電影人才養成所"（著名女演員白楊就在該所出身），以及加強全國各地影院的聯繫管理。這樣一來聯華聲名遠播，有"東方好萊塢"之譽。遺憾的是：後來羅明佑受到當局的拉攏利用，失去了前進的方向，加上戰爭等等的影響，聯華公司便逐漸淪落銷亡了。他本人於1967年在香港病逝。

1389　　一首新詩

最近臺灣的陳水扁、李登輝等人毫不掩"台獨"面目，狂言臺灣不是中國的一部分，要走自己的路，受到各方面的指責和批判。其中我讀到一首新詩《中秋望月興懷》，心平氣和地抒發海峽兩岸骨肉深情：

　　同臨一海水，
　　同頂一方天。
　　同承一縷炎黃血脈，
　　同奉一尊華夏祖先。
　　同歷一段民族滄桑史，
　　同迎一個歷史新紀元。
　　同賞一輪中秋團圓月，
　　同吐一聲骨肉相思願。
　　今宵，同乾一杯，
　　互致祝福的家鄉美酒；
　　明朝，同譜一首，
　　祖國統一的嶄新詩篇.

1390　　秦牧的名字

秦牧（1919-1992）逝世十年了，人們沒有忘記他。他的富於思想性、知識性、趣味性的美妙散文和其他著作,至今同樣爲讀者所喜愛。他生於香港,原名"林派光",在新加坡和故鄉澄海樟林念小學時期,就用這個名。後來到汕頭投考市立一中,自己改用"頑石"報名,成績在二千考生中名列第一。1936年他到香港讀高中,又改用"林覺夫"新名字。抗戰時期在韶關失業,開始寫文章換取微薄稿費度日,署名"秦牧",意思是打倒暴秦後過著快活的放牧生活。從此這個筆名享譽全國,使用一生了。他還有一個乳名叫"阿書",據說是出生時父親找人扶乩劃出來的,居然長大後成了著"書"立說的作家。中國人的名字中,就是藏著這麼多稀奇古怪的故事。

1391　　卓別林的幽默

中國聞名的好食品多矣,茅臺酒、北京烤鴨都是。1954年,周恩來總理參加日內瓦國際會議,曾在公餘邀請著名笑星、《摩登時代》主演者卓別林夫婦到中國使館進餐。席間卓別林看到有北京烤鴨,便說:我在電影中創造流浪漢夏爾洛的可笑步態,就是從鴨子走路的神態得到感悟學來的,所以我對鴨子很有感情,從來不吃鴨子。我方人員爲此而致以歉意時,他又轉口說:不過,這不是美國鴨子,而是北京烤鴨,倒是可以破例的。當宴會結束,周總理問卓別林:北京烤鴨是否合口味?他回答說:貴國烤鴨風味獨特,十分好吃,只是不能讓我多吃,是一小缺點。周總理便叫工作人員把所剩的兩隻現成烤鴨都送給他夫婦帶回去。後來卓別林念念不忘這件事。

1392　　胡喬木的情書

作爲毛澤東秘書、時間最長（近20年）的胡喬木（1911-1992），是江蘇鹽城人。他以後還擔任過新華社社長，中共中央政治局委員等重要職務。抗日戰爭期間，他爲毛澤東記錄的《在延安文藝座談會上的講話》，成爲不朽的名著。晚年還在鄧小平領導下完成的《關於建國以來黨的若干歷史問題的決議》，也是很重要的文獻，足足花了一年多時間才得到順利通過。他雖然滿腦子政治經濟，但還是富於人間情味的普通人。1938年，他和夫人谷羽初戀，在散步中談論很多，很熱乎，但言不及“愛”字，分手時，他交給谷羽一封信，她沒有問明是給誰的，回去一看信封上沒姓名，不敢冒昧拆看，再去問他信是給誰的？他瞪大眼睛說：這還用問嗎？是給你的，讓你回去看。她趕緊跑回去看信，原來是他第一封情書，寫得很動情，附有宋·秦少游的詞《鵲橋仙·七夕》：

> 金風玉露一相逢，便勝卻人間無數……兩情若是久長時，又豈在朝朝暮暮。

1393　袁世凱兩件龍袍一百二十萬

袁世凱（1859-1916）的皇帝夢只做了83天，大家都很清楚；但他爲此花了國家多少公帑，卻誰也說不上來。據1915年12月27日《申報》載：帝制預算費用是590多萬元，但據當時北京政府財政部1916年9月的調查，竟達6億元之多。這些錢都是秘密開銷的，很難做出確切的統計並列出專案。據《袁氏盜國記》一書的披露，明白可查的有3000多萬元，其中2000萬元是“大典”專款，具體開銷爲“籌安會”經費300多萬元，用以製造輿論、拉攏選票等；三殿工程費300多萬元，用以修建皇帝的居住宮殿；登極大典費1400多萬元，用以登極時各種開支，其中120萬元製造袁皇帝的"龍袍"兩件，一件祭天用，50萬元，一件"登極"用，70萬元……上述數目若比對今天的物價，那簡直是天文數字。袁皇帝自編自導自演這一出醜劇，竟花了這麼多民脂民膏，而且還和列強簽訂了那麼多喪權辱國的條件，幾乎把國家送掉，自然成了歷史上遭人唾罵、千古不赦、罪惡滔天的人了。

1394　齊白石父子情深

齊白石（1863-1957）兒女眾多，大半是承傳薪火的畫家。他的三子齊良琨，號子如（1902-1955），自小隨白石學藝，善畫花草蟲魚，幾乎可與白石媲美。他們富於親情和愛國情操，父子間無話不談，無事不說。抗日戰爭時期，良琨投筆從戎，在淪陷了的湘潭家鄉建立起一支游擊隊，與日寇周旋。而白石老人卻身居淪陷了的北平城，橫眉冷對侵略者，閉門謝客，大畫群鼠、螃蟹題款隱罵敵人以抒憤，終不失其民族氣節。他們父子時常合作書畫，白石給良琨的草蟲添加花卉，珠聯璧合，相得益彰。工筆草蟲配以寫意花卉，是白石的獨創。一次，在良琨的一幅葫蘆圖上，白石讓四子良遲在上面加上一隻蝴蝶，五子良已加一雙蟋蟀，自己補上一隻蚱蜢，成為父子四人合作的珍品。良琨晚年供職於遼寧省博物館，1954年患病，行動已很困難，白石知道後，時常賜畫題款表達深情的牽掛和關愛：例如"賜如兒壽比爺長"，"願如兒健步加餐長壽年"等等。不幸的是良琨竟先白石謝世，正在英年。白頭反弔黑頭喪，其痛苦可知。

1395　潮州湘子橋

　　小時候父親不知多少次對我講述潮州湘子橋的神話，使我神往。他說：當唐朝韓愈被貶到潮州時候，為了造福當地群眾，便叫侄孫韓湘子（八仙之一）和廣濟和尚共同在韓江上造橋。韓湘子把鳳凰山的石頭變成豬群趕到東岸造起；廣濟和尚把桑浦山的石頭變成羊群趕到西岸造起。由於驅趕中走失了不少豬羊，當造橋到江中心石頭沒有了，由何仙姑把手中的蓮花瓣拋向江中心，變成船隻，再由廣濟和尚用禪杖變成繩索連繫成浮橋。這樣，兩岸便溝通了。此外，父親還講述了另一神話：清朝雍正二年（1724）潮州知府張自謙叫人鑄造鐵牛兩頭置於橋上東西兩邊，鐵牛身上有"鎮橋御水"字樣，雄視上游。後來這鐵牛竟在夜間跑到兩岸偷吃莊稼，人民便在鐵牛頭上釘上鐵釘，才馴服地乖乖看著江流日夜奔騰……

　　1949年我曾在潮州住了一段時間，出東門便看見湘子橋是用又粗又長重約幾千斤的大石條拼成的，不由得不讚歎天造地設，當年沒有現代機械運輸和起重，竟能架成這樣的大石橋，也只好附會為神話，才能解釋，正像埃及的金字塔一樣。其實湘子橋原名廣濟橋，完全是由勞動人民建造的，說明古代的中國人民智慧與能耐，已是那麼高超。橋始建於南宋乾道七年（1171），集拱橋、梁橋、浮橋於一體，是我國獨一無二的大橋，與河北的趙州橋、盧溝橋、福建的洛陽橋同稱為中國的四大石橋，而且被現代橋梁專家茅以升譽為"世界上最早的開閉式橋梁"。橋全長518米，一開始便用大石磚石條分東西兩端一節節建起，沒有完整的計劃，直到明朝經歷300年才建成東西兩端24座橋墩的大石橋。中間約100米，因為江流湍急施工困難，也為了便於航運，便用船隻編成浮橋，可開可閉。這事《永樂大典》有詳細的記載。時間推移到1958年，廣濟橋重修，主要把江中心的浮橋拆除，改建三孔鋼架橋梁，無論行走航運都較方便省事。但隨著韓江新水利工程的完成，韓江水位上升，原有的橋墩浸在水中，同時1958年建成的江中心鋼橋，也已超過使用年限，加上橋齡已近千年，經歷無數洪水、雷電、颱風、地震，以及飛機轟炸等等災難，質量大大降低，有識之士當此盛世之年，經請准徹底修繕，並經專家審定方案，把所有橋墩抬高加固，按照"修舊如舊"的原則，不日開工拆除江中心鋼橋，恢復開閉式浮橋，並在石橋上按初建時式樣建起亭臺樓閣，以利行人觀光休息。屆時這一恢宏壯麗的名橋修繕完成，若起韓愈於地下重臨故地，也必然讚歎歡呼"世界殊"！

1396 大文豪廣州雅集

廣州天氣溫和，四時花木蔥蘢，曾引來了住在北京的一些大文豪前來越多。上世紀60年代初，茅盾（1896-1981）在泮溪酒家一次雅集上，興致勃勃接受主人的建議，題了一首七絕：

> 一群吃客泮溪遊，無限風光眼底收。
>
> 南北東西人幾個，天涯海角任淹留。

落款為"南北東西人和東西南北人"，很有創意，值得仿效，大家便傳開了。老舍（1899-1966）在另一次泮溪酒家雅集上，先步原韻題了一首詩：

> 南北東西任去留，春寒酒暖泮溪樓。
>
> 短詩莫譴情誼薄，糯米支紅再來遊。

當時郭沫若（1892-1978）也在座，接著題了一首七絕：

> 南北東西四海人，色聲香味一園春。
>
> 如何能辨鹹酸客，只解詼諧不認真。

題詩後，品嚐點心，"味道好極了"讚不絕口，覺得意猶未盡，再題一首七律，念念不忘當時所謂"自然災荒"物資的極度缺乏和

農民耕作的辛苦:

> 盤中粒粒皆辛苦,檻外亭亭入畫圖。
> 齊國易牙當稽顙,隨園食譜待耙梳。
> 隔窗堆就南天雪,入齒迴旋北地酥。
> 聲味色香都具備,得來真個費工夫。

1397　張作斌贈詩廖冰兄

著名漫畫家廖冰兄從藝70周年,詩人張作斌寫詩兩首相贈,很能表達廖老的畫品人品:

> 似水年華雨復晴,回頭堪可慰平生。
> 厭登高第參卿相,喜共布衣結友朋。
> 廄下善識千里馬,潮頭敢頂一窩蜂。
> 心紅血熱毛錐冷,勇為人間訴不平。
> 獨開畫苑新天地,硬骨直腸大丈夫。
> 自有慧心明慧眼,善操靈筆寫靈符。
> 途逢魔鬼揮刀斬,路見蛆蟲舉帚除。
> 為拓神州乾淨土,橫眉怒繪百妖圖。

1398　良友圖書公司

中國現當代文化史上,少不了商務印書館、中華書局、開明書店等等之名,因為它們出了許多好圖書,為繼承和發揚文化教育事業建立了豐功偉績。我記得上海有一間 "良友圖書公司" 也是很出色的出版機構,它的招牌萊是《良友》畫報,(月刊、半月刊) 四開一大本,每本一元左右,膠版精印,以圖片為主,文字為輔,圖片說明兼用中英文，發行全球華人社會。封面也像今天一樣以美女肖像掛帥，我記得第一期封面女郎就是電影皇后蝴蝶。畫報每期開篇是國內外時事新聞，接著是各項專欄，舉凡風俗民情、山水風景、文學藝術、歷史文物、奇情異事……萬象紛呈，內容豐富，當時的攝影名家郎靜山就是記者之一。最使人難忘的是每期文字有一篇名人自傳、短篇小說或遊記散文，都是百中挑一的佳作，圖文並茂引人入勝，真是一冊在手既可消閒，又可增廣見聞毫無俗氣。公司創始人是伍聯德，畫報編輯梁得所，都是廣東人，後來馬國亮接替編輯，聽說他尚健在香港。

良友公司還有一位大編輯趙家璧，他經手出版的圖書，無不精美絕倫，暢銷全國，30年代初他約請魯迅、朱自清等名家主編的《中國新文學大系》十大冊叢書，具有里程碑的價值，至今還為人所稱道。

1399　　李白的一首酒詩

唐代大詩人李白嗜酒，"斗酒詩百篇"，一生寫了很多酒詩，也死於酒。在他許多酒詩中，我認為如下的一首七絕最簡練精彩：

　　蘭陵美酒鬱金香，玉碗盛來琥珀光。

　　但使主人能醉客，不知何處是他鄉。

1400　　放牛郎劉濟榮

畫家劉濟榮廣東興寧人，自小就是山區的放牛郎，畢業於中南美專、中央美專、中央美院，師從關山月、黎雄才、葉淺予、蔣兆和，集南北藝術大師之大成。60年代和80年代他曾兩次進入西藏，對當地的犛牛情有獨鍾，進行大量的水墨畫創作，形成個人的犛牛品牌。其後又移情於南方水牛的創作，又打響了。他對犛牛、水牛的牛性和形態都很熟悉，慣以大墨塊揮灑，粗獷厚重，剛勁有力，多姿多彩，很能顯現刻苦負重的精神。最近他自畫一幅漫像，拿著一支大畫筆，背著畫筐，騎在一身長毛的犛牛背上逍遙前進。幽默地題款：牧牛人，濟榮自畫自題：

　　　出自牛村認牛命，只識畫牛不吹牛。

1401　2002年的諾貝爾文學獎得主

　　今年瑞典學院的諾貝爾文學獎，由匈牙利作家伊姆雷·凱爾泰斯獲得。凱爾泰斯1929年出生，猶太人，二戰時期被送入德國奧斯維辛集中營，受盡人間少有的痛苦，幾乎死亡。二戰結束後，他回到故鄉匈牙利，從事文學創作，藉以糊口。1956年蘇聯入侵匈牙利，他又受到政治上的歧視和壓迫。由於他的猶太人身份對其人生和作品的影響，現在竟獲得諾貝爾文學獎，可謂幸運。他是第一個獲得這項大獎的匈牙利作家，但偌大的中國卻至今與此大獎無關，有之也是外籍華人，很值得好好思考，不能總是眼熱加以調侃諷刺，說風涼話；更不能吃不到葡萄，便說葡萄是酸的。

1402　劉邦、項羽的得失

　　一個人、一個集體、一個國家，應該把自己所有的有利條件利用好，合成一股力量，才能創造偉業，完成任務。尤其是掌航人，更應該懂得這方面的學問。據史載：漢·劉邦對項羽之敗，有過很中肯的分析與評論：

> 吾所以有天下者何？項羽之所以失天下者何？……夫，運籌帷幄之中，決勝千里之外，吾不如子房。鎮國家、撫百姓、給餉饋，不絕糧道，吾不如蕭何。連百萬之軍，戰必勝攻必取，吾不如韓信。此三者皆人傑也，吾能用之，此吾所以取天下也。項羽有一范增而不能用，此其所以為吾擒也。……

　　古人稱譽劉邦"常有大度"，所以能取天下，但取天下後卻又很狹隘小氣，疑神疑鬼，枉殺功臣，這又是一般君主的通病，常使人慨歎。

1403　　無意中創製了皮蛋

　　古今中外不少"無心插柳柳成蔭"的美事。據報載：今年諾貝爾化學獎得主日本人田中耕一，43歲，他聽到消息後，很是意外、驚奇，因為他的發明創造完全是十五年前一次失誤中產生的——他不小心把丙三醇倒入鉆中，竟找到了可以異常吸收鐳射的物質，這是科學界常有的現象。我們日常食用的江西宜春特產松花皮蛋，據說也是在無意中創製的。大約三百多年前，一位在市上賣蛋的人，把沒有賣完的蛋寄放在親戚家的廚房角落，這親戚婆媳都是馬太哈一類的人物，婆婆把松枝草灰往蛋上堆，媳婦又把洗鍋水、茶渣等等往蛋上潑，過了一些時日，那位賣蛋的人才想起去取蛋，竟發現蛋已變成松花皮蛋，"味道好極了"。從此這美味的皮蛋成了特產，為人所喜愛。可見失誤也往往會變成好事。我們細心對待失誤，也許會從中發現驚喜，得到啓發。

1404　　五羊的傳說

　　廣州市又稱"五羊城"、"羊城"、"穗城"，每一個外地遊客到廣州，都喜歡到越秀山看看五羊石像。這石像好像城徽，是當代雕塑家尹積昌等人創作的，大小五隻羊造型優美，栩栩如生，各有形態，這是根據"五羊仙"的傳說而設計的。遠在西元前860年的周夷王時代，廣州連年災荒，民不聊生。一天，南海天空出現五朵祥雲，上有穿五色彩衣的五個仙人，手拿一把穀穗，分騎五隻毛色不同的仙羊，飄然降落廣州地區，仙人把谷穗分贈人民，並真誠地祝福："願此地永無災荒"。祝畢騰雲而去，五隻依戀人間的仙羊化爲石頭，永遠護衛著廣州地區風調雨順、幸福吉祥。這傳說見於晉朝裴淵的《廣州記》。其他古籍如《南越志》、《羊城古抄》，也有類似的記載，很有迷信色彩，但也寄託著人民對美好生活的嚮往和期望。從此廣州便有了上述的別稱，而且還建起"五仙觀"，置五仙塑像，尊爲穀神，伴以五羊石雕，以後五仙觀幾經遷移，現在惠福西路的"五仙觀"是明代興建的，也算是歷史文物了。

1405　　兩副"不是東西"的對聯

　　清末張佩綸，字幼樵，直隸人，是權臣李鴻章的親信，官運亨通。1884年中法戰爭時，任會辦海疆事務大臣，因不戰而逃，使福建水師全軍覆沒，被革職查辦，李鴻章庇護他，延入幕中兼做家庭教師，教其40歲未嫁愛女學習詩文。適張氏喪偶，已屆花甲年華，垂意此女，李鴻章當即納爲女婿。舊時稱老師爲西席，女婿爲東床，而女是老處女，張字幼樵，於是有人戲作一聯諷刺：

> 老女配幼樵，無分老幼；
>
> 東床即西席，不是東西。

時間推移到袁世凱竊據中華民國大總統席位，繼謀帝制，群情大嘩，清末大儒王壬秋製作一聯抨擊：

> 民猶是也，國猶是也；
>
> 總而言之，統而言之。

此聯嵌入"民國總統"四字，意思是袁世凱任總統後，還是民窮國亂老樣子，只知總和統實行專制。當時被袁世凱軟禁的章太炎聽知此聯，覺得不夠味道，便在上下聯各添四字，竟成為狗血淋頭的臭罵了：

> 民猶是也，國猶是也，無分南北；
>
> 總而言之，統而言之，不是東西。

1406　釣魚島原是誰的領土

臺灣《文粹》月刊，曾於1972年2月刊登《慈禧皇太后詔諭與釣魚島主權》一文，並附有該詔諭的影印圖。據介紹該詔諭原件是棕紅色布料，長約59釐米，寬約31釐米，上方正中印有"慈禧皇太后之寶"御璽，還有"御賞"閑章。詔諭內容是：光緒19年（1893）10月，慈禧將釣魚島、黃尾嶼、赤嶼三小島賞給曾送藥給她治病，甚有效驗，後來出任郵傳部尚書的盛宣懷為產業，供採藥之用。此事發生在日本合併琉球群島（1879年）之後14年。由此可證明釣魚島並不屬於琉球，而是中國的領土，到了第二年甲午中日戰爭失敗，它才與臺灣、澎湖一起割給日本。經過50年的艱苦鬥爭，特別是八年抗戰，不知道犧牲和損失多少生命財產，才取得勝利，把失去的領土收回，這是全世界人都知道的事。然而，李登輝前些時卻公然對日本記者說：釣魚島原是日本的領土，這是人話還是鬼話？是他老來昏瞶？缺乏常識？抑是皇民意識嚴重？真是匪夷所思！

1407　陳國凱談男人

"我的同鄉陳國凱先生" 人很瘦弱，卻很精神，已屬國家級的作家。他幽默風趣，最近發表一篇短文談到男人，值得一記。他說：

據傳日本女子喜歡上海男人，要找中國男人做伴侶，以上海男人為首選，其中一個原因是上海男人 "入得廚房，出得廳堂"，廚房裏的活男人包攬了，這對於深受男權主義壓抑的日本女性，是心理上一大解脫。他又說：

上海男人確有這優秀品質，我有一個上海親戚，是一家設計院的總工程師，下班後就進廚房，數十年如一日，烹調技術達到廚師水平。在這一點，廣東男人就差勁多了。廣東男人回到家當老爺，廚房是女人的專利，好像是天經地義。廣東男人也有這個本領：能夠把不善於下廚的上海籍妻子，改造成廚房女人，也是奇蹟。我太太原來是上海的工程師，就被我 "改造" 到廚房去了……

1408　趙元任與胡適的友情

趙元任（1892-1982）與胡適（1891-1962）同是1910年考取清華庚款留美學生，同船赴美入康乃爾大學，是訂交最早、相知至深、氣味相投的終身好友。他們同是中國近代史上開風氣之先的知名人物。當胡適提倡白話文學初期，他就很同情，親身力行 "我手寫我口"。他天資聰慧，興趣廣泛，哲學、物理、數學皆精，文學、音

樂更不在話下，著有《國語入門》、《中國話的語法》、《通字方案》
等書，對中國文字統一和簡化作出貢獻。他還懂多國文字和數十種
方言，真是奇才。他作曲、劉半農作詞的《教我如何不想她（他）》
歌曲，曾風靡全國，陶醉了無數青年男女。他與夫人楊步偉僑居美
國多年，除讀書做學問外，爲人風趣瀟灑，與兒女相處如朋友，一
起唱歌取樂，享受親情，這與重場面，講究對外生活的胡適大不相
同。他比胡適少一歲，晚死20年，當臺灣省胡適死訊傳到美國時，他
夫婦悲痛欲絕，特別是楊步偉竟哭腫了雙眼，可見他們的友情歷久
不衰，老而彌篤。

1409　　上世紀初的留美學生

　　1915年夏天，胡適與同在美國康乃爾大學留學的任鴻雋（叔永）、
梅光迪、楊杏佛、唐鉞、趙元任等人經常講論中國文學問題，漸漸
成爲“文學改良”雛型，再進而與陳獨秀、錢玄同等人舉行“文學
革命”運動。胡適的《去國集》、《嘗試集》詩文就是在這時完成的，
可見他得到友情之樂及因友成事的實例。他們不單在文學改革上作
出貢獻，也在科學普及上齊頭並進，組成“中國科學社”出版《科
學》雜誌，以任鴻雋爲社長，胡適、趙元任、胡明複、楊杏佛等人
爲社員，胡適的《論句讀及文字符號》一文就是發表在《科學》雜
誌1916年二卷一期的。《科學》雜誌使用西文的標點符號，爲中國出
版史上的創舉，也是“文學改良”的初步實現。胡適還爲“中國科
學社”作社歌，趙元任譜曲。他們這批留美學生，與同時期的留歐
學生，同樣鬧出了驚天動地的大事業，推動中國歷史車輪前進，很
值得今天所有的留學生借鑒。

1410　歷史上的一些清官

明·吳訥字勉德，江蘇常熟人，明史有傳。同朝王元禹的《寓圃雜記》也有記：吳訥按察貴州恩威並行，蠻人畏服，後調任禦史回京，三司遣人齎黃金百兩追送到夔州，吳不起封題上一詩還之，詩曰：

> 蕭蕭行李向東行，要過前途最險灘。
>
> 若有贓私並土物，任它沉在碧波間。

可見吳訥是清官，詩的後兩句用了宋·包拯的典故：包拯知廣東端州，離任時狂風大作，舟不能行，包拯問家人有無授受土物，夫人道：有端硯一方，包拯命將硯投入碧波，頃刻風平浪靜，舟得以行。這就是今天肇慶市"擲硯洲"之名的來歷。中國自古以來清正廉明的官吏不絕，故事也很多，民國初年的名士王鐵珊任京兆尹時，一次外出公幹，碰巧這時夫人從原籍來京要錢修繕房舍，衙門財務問明來意，便在公款中暫支三百元打發回去。過幾天王回衙，財務稟報此事，意在表功，不料王竟大怒，要進行懲治，連夫人也給以"攜款潛逃"的罪狀，這樣的清官又似乎太過火了。但人們還是尊崇樂道這樣的清官，而憤恨咒罵同是京兆尹——北京市長陳希同、王寶森大貪官。

1411　國難時期的《松花江上》

1931年"九·一八"事變後，《松花江上》一曲唱遍全國，激動人心，唏噓不已。它是悲歌，蘊藏著對淪陷了的家鄉眷戀和對親人的思念深情。據說駐防在西安的張學良，有一次聽到這首歌感動得

熱淚盈眶，促成"兵諫抗戰"的"西安事變"。1938年我在湖南零陵
工兵學校受訓，白崇禧來校講話，特別准許同學上臺唱這首歌，使
我們義憤填膺，熱血沸騰，增加講話的效果。這首歌原沒有作者的
署名，後來才被人查出是張寒暉。他生於1902年，河北定縣人，畢業
於藝術學院，歷任中小學教師。有許多人提出這首歌曲調太悲傷，
除由作曲家劉雪庵創作《離家》、《上前線》湊成三部曲外，張寒暉
也加作一支《幹嗎要悲傷》，作為《松花江上》的副歌，與田漢作詞，
聶耳作曲的《畢業歌》聯唱："同學們，大家起來，擔負起天下的
興亡……"使人振奮，激發鬥志，奔赴前線。張寒暉除以上的創作
外，還有《軍民大生產》、《游擊戰》、《游擊樂》、《夯歌》、《拉石頭》
等等，成為中華民族抗日救亡有如黃河怒濤的響亮號角之一，使人
難忘。

1412　　民國初期的府院之爭

　　1916年袁世凱稱帝失敗後，黎元洪繼任大總統，段祺瑞任國務總
理。當時正是第一次世界大戰期間，黎元洪集團不主張參戰，段祺
瑞集團卻主張參戰，形成歷史上所謂"府院之爭"。黎得到美國"允
為後盾"的許諾，利用國會對內閣不信任案，迫段下臺退居天津，
待機再起。在這樣惡化情況下，雙方都拉攏擁兵徐州的張勳，張勳
接受黎邀請"調停國事"，帶著三千辮子軍進入北京，卻趁機脅迫
解散國會，趕黎出走，擁廢帝溥儀復辟。不料全國人民反對，段在
天津看形勢有利，便憑藉日本和各省督軍的助力，出兵馬廠對張勳
反擊，復辟夢想只有十二天很快幻滅，段因此得到擁護共和的好名
聲，復任國務總理，於1917年8月對德國宣戰，1918年11月第一次世

界大戰結束，中國僥倖成為戰勝國，接著"五·四"運動開始。民國初期的十年間，政局變化無常，總統、總理更迭頻頻，與中國歷史上的"五胡亂華"同樣是最黑暗時代。

1413 梅蘭芳的愛國情懷

梅蘭芳（1894-1961）是上世紀上半葉京劇四大名旦之一，無論從姓名或扮相都像女人，曾於1930年和1935年先後率團赴美國蘇聯演唱，得到觀眾的讚賞，並被授以"博士"名譽學位，魯迅為此男扮女裝替國家增光，曾給了調侃和揶揄。但梅氏畢竟具有強烈的愛國思想，他出生於甲午中日戰爭之時，自認生來就忍辱負重蒙受國恥，他與同齡人吳湖帆等名人組織"甲午同庚會"，參加的名人很多，互相以愛國救亡立志。八年抗戰梅氏在上海蓄鬚誓不出臺演戲，靠變賣舊物度日。1945年8月日本投降，他壓抑了八年的激情發放了，曾對戲劇家柯靈說：單為我們祖國的勝利，我也得露一露，但須得有意義的戲才演唱。直到當年辛亥革命紀念日，他果然在"蘭心戲院"義演《刺虎》兩天，用心良苦。以後他還為祖國做了許多事，當他60壽辰時，有人製聯祝賀：

　　春色三分，恰盈兩月；

　　梅花一樹，獨佔群芳。

1414 《林家鋪子》書名的由來

1932年，上海《申報月刊》創刊，邀請茅盾（1896-1981）撰寫連載小說，茅盾即將脫稿的《倒閉》送上，主題描寫當時一個林老闆開的鋪子，因受帝國主義和國內反動派的雙重壓迫剝削而苦苦掙扎，結果還是倒閉的情節，無論思想性、藝術性都堪稱上乘。但該刊主編俞頌華卻感到刊物是創刊，刊載以 "倒閉" 爲題的小說，似乎不很吉利，乃商得茅盾同意改爲《林家鋪子》。這也算是中國現代文壇一則逸聞。

1415 梁思成的遺憾

梁啓超（1873-1929）之子梁思成（1901-1972）於1948年與考古學家的弟弟梁思永同被選爲中央研究院第一批院士，他們兄弟姊妹共九人，都很出色。梁思成是近代研究古建築史的權威，與夫人林徽音一生從事這方面的研究，著書立說。他少時即對建築很有興趣，當時建築等工匠藝術被視爲難登大雅之堂，可供研習的書籍很少，梁啓超輾轉替他找到一部宋・李誠的《營造法式》，他得書後欣喜莫名，日夜研習，終於走上建築和古建築史研究之路，他在抗日時期，曾多方設法避免淪陷區甚至日本的著名文物古跡受到轟炸破壞。1949年北京和平解放，他向當局建議應該在城西另建新的政府中心，免得破壞從元朝遺傳下來的古城結構；他還建議城牆和門樓保存，並在上面建成環城花圃、公園、博物館、展覽廳、茶樓等等，有利於居民生活的美化。不幸的是這建議沒有得到採納，北京古城的結構破壞了，以後他還被劃爲牛鬼蛇神，美夢變成噩夢，直到1972年病逝，還爲此感到遺憾。

1416 張學良與于鳳至

張學良（1900-2001）的元配夫人于鳳至（1897-1990）是奉父母

之命大約於1915年結合的，于長張三歲，育有一女三子，都居住美國。張對於感情只算“例行公事”，對趙四卻甜蜜如“二奶”，姊妹間倒很和諧。1936年“西安事變”被囚後，于從歐洲趕回隨侍湘南、貴州等地，共度艱難。1940年因乳腺癌出國治療，竟留在美國經商和炒股，一直對名存實亡的夫君仍關懷備至，而趙四也一直與張相處，從大陸到臺灣。1964年張于維持婚姻關係五十年後，同意解除婚約，當時于已是六十七歲的老婦人，張趙便在臺北正式結婚。于的兩子先她去世，晚年深感愴涼。她於1980年曾告張：她留有一千五百萬美元股票現金，如需要請取去，未獲答覆，于對此很感悲傷。于於1990年病逝，享年九十三歲，在洛杉磯留有墓地，除自用外，另留有六穴，四穴給兩子兩媳；兩穴給張和趙四，希望合家葬在一起。但十年後，張趙先後病逝檀香山，葬在當地，未能如願合葬。一代風流人物就這樣結束爲大眾所牽掛的生命了。

1417　丹心照汗青的文天祥

西元1278年12月21日，南宋大臣文天祥（1236-1283）最後一次勤王，退到廣東海豐縣五嶺坡，正要開飯，元兵驟至，倉猝應戰被俘，剩下八歲的小皇帝趙昺，由陸秀夫、張世傑扶持退守新會崖門，終於投海敗亡。元軍統帥、宋降將張宏範寫信給文天祥勸降，文天祥寫下下面這首《過零丁洋》七律：

> 辛苦遭逢起一經，干戈寥落四周星。
> 山河破碎同飄絮，身世浮沉雨打萍。
> 惶恐灘頭說惶恐，零丁洋裏歎零丁。
> 人生自古誰無死，留取丹心照汗青。

詩的最後兩句，鐵骨錚錚，正氣凜然，答復了威迫利誘的勸降，被押至大都（今北京）囚禁三年，受盡苦難，寫出千古流傳的《正氣歌》，於1283年冬從容就義，年僅四十七歲。這與投降元朝、同是理宗朝狀元的留夢炎做上禮部尚書，完全不同。據說元世祖忽必烈很佩服文天祥堅貞不屈的品格，讚爲"真男子"，想釋放他去做和尚；但那無恥的留夢炎上奏反對，以致元世祖終於下達處死聖旨。中國歷史上很多這樣忠奸不兩立的人物，我記得抗日時期曾有電影《國魂》宣揚文天祥的忠貞報國的氣節的。文天祥一類保家衛國的英雄，將永遠使人夢縈神縈，銘刻在史冊上。

1418　福建的作家

我們假如從地域角度去回顧廿世紀上半段的中國作家，一個很有趣的現象就是福建有龐大的群體，而且有些特點，如嚴復、辜鴻銘、林琴南（紓）、林語堂、謝冰心、許地山（落花生）、鄭振鐸、楊騷……他們除林琴南外，都具有嫻熟的外語，翻譯了許多先進的書籍，爲中國的文明文化立了大功。就其個人思想作風、人生觀來說，似乎也多與一般作家不太相同，如辜鴻銘的耿介猖狂、目空一切、口不遮攔，要用中國文化改造歐美人；如林琴南由懂外語的人講解，自己用古文翻譯，堅持不懈，蔚爲大觀；如林語堂自由放逸、無拘無束、不守成法，經常袖裏乾坤、筆底煙雲、出神入化、石破天驚。他認爲救國或亡國是政治家的事，與文學、女人幾乎無關；清談不會誤國，玩玩也不會亡國，人總要賞花觀鳥，才好過日子。因此惹出許多麻煩是非，很難說清。總之，廿世紀上半段的福建作家，在中國文學史上應該大寫一筆。

1419　　文學與科學聯姻

上世紀初的"五・四"運動，掀起了科學與民主風潮，從此科學與民主大有進步，特別是科學在人們的頭腦中有了深刻的位置，在文學範圍內也興起了科學小品，三十年代的《太白》雜誌，就經常刊登有關科學的散文小品，對動植物及其他科學方面的知識，都能娓娓道出其內容，妙趣橫生，既享受文學藝術的美，又增加科學方面的知識。我最拜服的是高士其先生，他寫的長篇《菌兒自傳》，我至今記憶猶新。

以後我又常讀秦牧的作品。他雖然不是科學家，但他很重視科學的普及，也有一定的科學知識，他深知科學本來很枯燥乏味，假如再板板六十四去寫作科學理論，那會使讀者缺少興味。所以他用文學的手法著有李時珍傳記和《熟悉鄉土，熱愛國家》、《多識動植物》等篇章發表。1980年他還在廣東省科技代表大會上大聲疾呼：文學家最好學點科學，科學家也最好學點文學，以詩的語言傳播科學，使"科學文藝"這個品種繁榮昌盛。簡言之，就是文學與科學戀愛結婚，早生貴子。現在，秦牧已逝世十年，他的遺言應該在這盛世興邦、萬馬奔騰的科技時代，得到重視和實踐。

1420　　林語堂在兩岸

林語堂（1895-1976）福建漳州西郊五裏沙人，一生著譯等身，早年還發明創造一台中文打字機，晚年主編一部1800多頁的《林語堂當代漢英辭典》在香港出版。我記得他是在抗日戰爭時期經廣東戰時省會韶關出國的，曾向韶關各界演講，並發表《贈左派仁兄》舊體詩。從此，他沒有再回大陸，大陸的人認爲他"反動"、"洋奴"、

"資產階級文人"加以批判。他時常惋惜地對林太乙等兒女說："我此生沒有機會回故鄉了"。但他全家在外居留三十年後的1966年,竟又回到祖國領土臺灣定居。世事真也難以猜測,大陸撥亂反正、改革開放後,他雖然去世,卻被人封爲"國學大師,"出現"林語堂熱",他的著作如《吾國與吾民》、《生活的藝術》、《京華煙雲》等書暢銷不衰。不單臺北有"林語堂故居"供人瀏覽憑弔,隆重紀念;就是他的故鄉漳州市薌城區、天寶鎮兩級政府最近也撥款和捐募160萬元人民幣,在五裏沙建起紀念館,由書法家沈鵬題字,並在門前立一塑像,坐姿、中式長袍、皮鞋、手持煙斗,栩栩如生,眼望四野,仿佛正在文思泉湧推敲他的閒適飄逸美文。揭幕不及半年,便有遊人三萬參觀,在那千多人的農村,可謂人氣很旺了。其次,廈門大學圖書館內也有"林語堂紀念室",因爲他在1926年任廈門大學文科主任,與魯迅同事半年。

據史載:宋·朱熹曾任漳州知府,有許多遺聞,那裏也有許多土特產,荔枝、香蕉、水仙花、八寶印泥等等。一到春節,水仙花便分散到全國各地作爲清供,溢出幽香,倍增節日的歡樂。而八寶印泥一向爲歷代書畫家所樂用,更得到齊白石、徐悲鴻的賞識,魯迅在《兩地書》中也向許廣平提起,林語堂在著作中且說:民國初年要花袁世凱大頭七塊銀元才買回一兩漳州八寶印泥。這樣的地靈人傑、人傑地靈,將會日益昌揚,而林語堂的生平和著作,也將會爲人所瞭解,視爲宏揚中國文化,有利於中西文化交流的橋梁。

1421　　盧山的"美盧"

江西的盧山是"世界文化景觀",列入"世界遺產。"以宋美齡名字命名的"美廬"原是禁區，日夜雲霧圍繞，充滿神秘色彩。廿世紀初期，"美廬"主人的思考和決定，都會牽動著中國的政治神經，聯帶著世紀風雲：如廬山軍官訓練團的創辦、多次圍剿江西蘇區的策動、第二次國共合作的談判、商議並決定對日的全面抗戰、馬歇爾八上廬山調停國共衝突等等。1959年，毛澤東也曾住過，召開廬山會議，進行國家大事。當他準備進住"美廬"時，發現有人動手毀掉蔣介石手書的"美廬"石刻，他立刻制止說：這也是歷史，不要毀掉。可見這位偉人另一面的寬容大度和遠見。現在時移世遷。宋美齡雖健在美國紐約百多歲，但蔣、毛時代已成過去，廬山已不是政治山，只是旅遊勝地，"美廬"也徒供後人憑弔而已。正是：

天上風雲原一瞬，人間成敗何須驚。

1422　科技的利弊

當代科技的發展，可以用"飛速"或"日新月異"來形容，即如行動電話手機，幾年前用的人很少，價錢也貴，現在幾乎人手一隻，精巧多能，價廉物美。我時常自歎：我無法跟上時代，對一切新科技產品，一竅不通；三弟楷才畢竟是學理科的，七十多歲照舊玩電腦玩得純熟自然，有滋有味。我知道科技對人類的貢獻很大，但又似乎有利也有弊；一百多年前瑞典的諾貝爾發明TNT炸藥，很有利於建築、開採各方面，但人們又用於製造殺傷力更大的武器，貽害人類；整整一百年前，奧地利的馬克斯‧舒施尼發明塑膠袋，也是既帶來方便，又帶來麻煩和災難，使人類背著沈重的環保負擔，要付出很大的代價，至今還得不到徹底的解決。這是當年發明創造的科學家們始料不及的。我希望科技成為上帝，不是撒旦！

1423　　對魯迅的兩個"凡是"

上世紀二、三十年代以後，胡適、林語堂、陳源（西瀅）、施蟄存、梁實秋等人，雖說都是大名鼎鼎的學者、作家，各有千秋；但人們總覺得有些問題，不很尊敬，甚至認爲是"另類"。有人評論：其中原因很多，主要是這些人曾與魯迅唱反調，引起筆戰，受到魯迅的無情指摘；在"左"的思維指導下，在很長時間毛澤東高度評價魯迅的影響下，魯迅也沾了一點"神"氣，使人產生兩個"凡是"：凡是被魯迅指摘過的人，一定很糟糕；凡是受魯迅賞識的人，一定是好樣的。這評論是否正確。姑記之待考。但魯迅和陳源筆戰時，胡適倒有致函雙方調解這麼一回事，值得品味：

> 親愛的朋友們：讓我們從今以後，都向上走，都朝前走，
> 不要回頭踩那些傷不了人的小石子，更不要回頭來自相殘
> 殺……

其實這信與胡適另給章士釗勸勿"文人相輕"的詩同一意思：

> 但開風氣不為師，龔生（龔自珍）此言吾最喜。
>
> 同是曾開風氣人，願常相親不相鄙。

1424　　有奉獻就有獲得

1998年長江大水，武漢一家餐館貼出廣告：

> 尊敬的鄉親們：如果你因水災落難，可隨時到本餐館就餐，
> 不論何地何人，就餐後待你富裕時才償還……

這一喜訊貼出後，就餐的災民不少，有人認爲這樣下去，餐館必然垮臺。三個月過去了，餐館卻依然紅紅火火，不單沒有被吃垮，

還得到社會普遍好評，各傳媒紛紛刊發消息，各級領導也很關心前去看望鼓勵，有不少大企業還提供資助；更有不少受到感動的食客，專門趕去出錢就餐，都認爲光顧這家餐館很是光榮。這樣，餐館的收入遠遠大於災民吃去的費用，使人感悟到：看似賠本的生意，不單贏得好名聲，打出好品牌，而且同樣獲得物質上的回報。這說明人生在世，有奉獻就有獲得，這是一種成功的經營之道。

1425　關於木魚歌

二十世紀50年代初，我在番禺工作，寒假帶著沙灣中學師生宣傳隊落鄉宣傳抗美援朝，以新編粵劇和歌舞爲主，也插入珠江三角洲人民喜聞樂見、賦以新意的木魚歌，控訴美帝國主義的罪惡，效果很好，受到讚譽。

查查史料，木魚歌明朝就出現在珠江三角洲，至今已400多年，擁有很多的傳唱者，尤其是農村婦女，她們不解唐詩宋詞、《西廂》、《紅樓》，便學起表現奇情異事、唱詞很動人的木魚歌。它的曲調單純，但也有抑揚頓挫的節奏，加上竹板的碰打聲，很有韻致。舊木魚歌多如言情小說把青年男女的愛情表現得纏綿悱惻，誠摯動人，活潑細膩。其中有一本清·康熙年間的《花箋記》，曾受到鄭振鐸評爲：在粵曲中可算是很好的。它不脛而走，遠渡重洋於18世紀傳到安南，譯成安南文。1824年倫敦也出版了英譯本。此後又出版了俄、德、荷、法、丹麥等國譯本。國際上影響最大的還是德國著名作家歌德（1749-1832）的評價：《花箋記》是一部偉大的詩篇。

按：歌德生前熱愛中國文化，他曾根據《趙氏孤兒》和《今古奇觀》改成劇本上演。

1426　徐特立別具一格的教育法

開風氣之先的老革命家、教育家徐特立，早年任長沙女子師範校長時，曾在辦公室門前走廊上用小黑板寫上小詩，藉以勸告學生改正缺點和錯誤。因為實事求是、有的放矢，收效極佳。例如一次有學生嫌伙食不好，打碎了食堂的碗碟，他寫詩道：

> 我願諸生青出藍，人財物力莫摧殘。
>
> 昨宵到底緣何事，打破廚房碗一籃。

還有一次有學生夜晚躲進廁所編織毛衣，又寫詩相勸：

> 昨夜已經三更天，廁所偷光把衣編。
>
> 愛人要緊我同意，不愛自己我不安。

徐老還把"詩歌"的宗旨寫在小黑板上：

> 早起親書語數行，格言科學及詞章。
>
> 為便諸生一瀏覽，移來黑板掛前廊。

1427　　但願薪火長傳

1957年劇作家吳祖光被打成"右派"，下放到東北勞動，一些親友疏遠了，老舍卻常去看吳的夫人新鳳霞。新鳳霞為了應付生活需要，不得不變賣珍藏的書畫文物。三年後吳回來，老舍請他夫婦去會晤，把一幅齊白石的花鳥畫交回給他說：這幅畫是我在一間書畫店裏看見畫軸上有你的姓名，當然是你的了，所以買了回來。吳祖光百感交集，請老舍在畫上題字紀念，並問花了多少錢。老舍說：不要問錢，我很對不住你，不能把鳳霞賣出去的東西搜齊買回來。吳夫婦聽後眼眶潤濕，哽咽了。還有，抗日戰爭時期，沈從文任西南聯大教授時，當時是學生的汪曾祺等生活很困難，沈老雖然也因負擔家庭生活不很寬裕，但還是時常請汪等吃飯，添點油水補點營養，並認真指導他們學習，好好修改他們的文章，設法寄出去發表，以提高寫作能力和興趣，也得些稿費零用，後來他們都成名成家了。

歲月如梭，老舍、沈從文、魯迅、胡適等老一輩點燃的愛護扶持後輩的薪火，不知道燃亮了多少人，但願一代一代傳承下去。

1428　馮友蘭的自輓聯

當代女作家宗璞的父親、著名的哲學家、教育家馮友蘭教授(1895—1990)，在廿世紀五十年代初曾對張岱年說：近代以來，許多先進人物不能跟著時代走，晚年落後了，如康有為、嚴復都是如此。只有兩個人跟著時代走，一個孫中山，一個魯迅，我們一定要跟隨時代前進。他以後確是如此，總在不斷的政治運動中檢查自己，批判自己，否定自己的學說，甚至在“文化大革命”時期，充當御用寫作班子“兩校大批判組”的顧問，失去了獨立性，走到了“嘩眾取寵”的歧路。直到晚年才算認識了這一點。他在幾十年的風風雨雨中，受了不少驚濤駭浪，好在領袖的關照，總算稍可安身立命，得到長壽。1990年逝世後，墓碑上刻有他的自輓聯：

　　　三史釋今古；六書紀貞元。

三史：《中國哲學史》、《中國哲學簡史》、《中國哲學史新編》。六書：《新理學》、《新事論》、《新世訓》、《新原人》、《新原道》、《新知言》。都是他畢生的主要著作。他最後寫的回憶錄和巴金寫的《隨想錄》，同樣是說真話，名為《三松堂自序》，作為《三松堂全集》第一卷。自序中說：“非一書之序，乃余以前著作之總序也。世之知人論世，知我罪我者，以觀鑒焉。”言下也頗有自責之意。

1429　漫話"絕對"

　　中國的對聯用處很多,是文苑中的一朵奇葩;而對對聯又是文人學士興味盎然的雅事。對對聯的要領第一要字數相等;第二要詞性相同;第三要平仄相反;第四重複字必須重複;第五巧聯必須巧對;第六避免"合掌"與用同樣字等等。相傳有許多無人能對的"絕對",但遲早總算有人對上了。姑且旁抄側引公諸同好:

　　　　葛布糊窗,個個孔明諸葛亮;

　　這上聯難在孔明就是諸葛亮的別字,而孔明與諸葛亮在聯中又有一般意義,還有兩個"葛"字同在上聯。現在有人根據澳洲墨爾本每年的農展,得獎的牛馬身披錦布,主人牽著文文正正繞場一周,很感光榮的實事,乃對以下聯:

　　　　馬身披錦,匹匹文正司馬光。

　　按:"文正"是宋·司馬光的諡號。又有一上聯寫臺灣的鳳山:

　　　　鳳山山出鳳,鳳非凡鳥;

　　這是拆字聯,山山為出,凡鳥為鳳。應對者又以澳洲的伯夕市多退休白人喜在夕陽下山時出外散步的實事以對:

　　　　伯夕夕多伯,伯乃白人。

　　按:夕夕為多,白人為伯,故能相對。還有一上聯:

　　　　煙鎖池塘柳;

　　五個字含金木水火土,五行具備。據"我的朋友羅鶴珍女士"說:此聯出自乾隆時代,曾有人對以:

　　　　耳聽眠敵鼾。

　　耳目口鼻舌皆全,意思是"煙鎖池塘柳"時,看不到敵人,只好用耳朵聽敵人睡覺鼾聲。到了現代，又有人以陳炯明炮擊觀音山的鎮海樓企圖打死孫中山的實事相對：

　　炮堆鎮海樓。或者：炮鎮海城樓。

又傳：明代初年，大學士解縉身爲鄉試頭名時，在路上討茶喝，賣茶的老婦人出上聯乞對，聯曰：

　　一杯清茶，解解解元之渴；

天才如解縉，卻也一時無以爲對，因爲有三個重複而發音與詞性不同的“解”字，第一個是動詞；第二個是姓；第三個是稱號。現在有人對以：

　　兩翼勁旅，單單單于之師。

第一個單是動詞，使之孤單無援之意；第二個單是姓；第三個單與于連在一起成爲匈奴君主稱號；對得恰當，可惜單單于只是可能，不是實事，還不是上品。

最後還有一個迴文絕對提出待對：

　　上海自來水來自海上。

1430　魯迅在廣州

廣州現在已成爲聯合國認定的人居好城市，它擁有很高價值的歷史文物不少，真想不到一代文豪魯迅（1881-1936）也在廣州居留了八個月零九天，留下了足跡，增加了廣州的魅力。

1927年1月18日魯迅自廈門大學到廣州中山大學，同年9月27日又離開廣州去上海定居，這期間正是中國風雲變幻、革命進入高潮的時候，他做了許多使人追念和研究的大小事，他爲什麼來廣州？革命高潮的影響，郭沫若的推薦，許廣平“月亮”的吸引，以及他自己想造成一條戰線，向舊社會進攻等等都是原因。他到廣州後開始同許廣平"十年攜手共艱危"、"以沫相濡",從中山大學大鐘樓搬到白雲路白雲樓,除辦公上課、編寫著作外,與人交遊,赴香港演講,開設芳草街北新書屋,探望高第街的許宅,遊覽珠江堤岸和越秀山,飲茶吃飯在陶陶居、妙奇香、大觀園、拱北樓、北園、陸園、太平餐館、特別是妙奇香製作的"豆豉蒸土鯪魚",看過電影的南關永漢戲院,照過像的圖明館、豔芳、寶光等照像館等等,都曾留下戰鬥和生活的足跡,是一份豐富的文化遺產,很值得我們去品味和發掘。當2001年魯迅誕生120周年時,廣州市政當局曾擬在東山區魯迅曾踩下深深腳印的地方,建成紀念公園並樹立塑像,讓市民與他同在一起,受到他偉大精神的薰陶。我祝願這件事早日實現!

1431　徐志摩與賽珍珠

前記有徐志摩在人際關係中的動人魅力,現在補記他與賽珍珠的瓜葛。可以這樣說:徐志摩是短命的多情種,到處創造情場紛亂,驟起風雲。

賽珍珠是美國人,隨傳教的父母生長在中國長江一帶,曾以《大地》描寫中國農村的長篇小說,獲得1938年的諾貝爾文學獎。他曾因讀徐志摩的新詩而癡情地相思熱愛著他,有一年印度大詩人泰戈爾訪華,剛從外國歸來的徐志摩陪同左右,充任翻譯,極顯他富於韻律的音質聲調,有如他奇思妙想、靈秀蔥蘢的詩句,賽珍珠聽了感到震驚著迷。特別是當他演講《藝術與生活》專題的時候,他那豐富美麗有如夏夜群星的詞藻,更覺得難能可貴,使她的心旌彷彿躺在柔床上搖曳。三年後他們相見了,熊熊的愛火更在她的心中燃燒,激起了她強烈的創作衝動,嚮往於東方文明和東方人的氣質,開始寫中國爲題材的《大地》，竟獲得了諾貝爾文學獎。她和他的丈夫布克貌合神離，鬱鬱不樂，但她生活在一個嚴肅的宗教家庭，只好把對徐志摩的癡愛藏在心裏。1932年當她聽到徐志摩因飛機墜毀逝世時，悲痛欲絕，以淚洗面。1935年她回到美國，一直沒有再來中國，活到1973年81歲。逝世前她才把她深藏心裏的秘密，通過好友拉・波特向世人透露："我愛徐志摩，我愛中國人！"，並心甘情願地不顧老邁爲尼克森訪華後的新中國廣播宣傳。

1432　　嘲弄寫錯別字的詩

中國字很多，形似音近或者義同的也不少，我是"五柳先生"，讀書不求甚解，時常寫出錯別字，也時常發現別人的錯別字，大抵都加以正確對待，改正就是了。相傳有文人聚會，有人送來一筐枇杷，紙條上寫著："敬送琵琶四斤，請予笑納！"大家看了都笑了起來，甲道：

　　枇杷不是此琵琶，只爲當年識字差。

乙接著也吟了兩句：

　　若使琵琶能結果，滿城簫管盡開花。

整首詩很自然暢曉帶有指出錯誤的美意，但似乎嘲弄得太尖酸了一點，有失寬宏大度。

1433　　末科榜眼朱汝珍

廣東清遠人朱汝珍（1869-1942）是清末最後一科的榜眼（光緒30年、1904年），也就是殿試的第二名。當時正是慈禧當權時代，殿試官把初選的名單呈上，狀元是朱汝珍，但慈禧一看這名字有珍妃的珍字，就感不悅，再看是廣東人，廣東有洪秀全、康有爲、孫中山弄得她頭痛，更加憤恨，乃將名字吉祥，又是貴州人的劉春霖提升爲狀元，朱汝珍降爲榜眼，原籍遼東的商衍鎏爲探花。

朱汝珍中榜眼後，授翰林院編修，思想比較開朗，1906年赴日本讀政法大學，回國後任法政學堂教席和第一次法官考試貴州省主考。1930年再到香港任孔教學院院長兼附中校長。抗日戰爭開始他已68歲，積極參加救亡工作，宣傳、募捐、勸告香港難民回鄉生產等等，可謂不同一般遺老，是深明大義的愛國者。

1434　絕奇的謀詩害命。

古今中外奇絕的事很多。唐朝以寫好詩爲求官手段。除了參加科舉外，還在人際關係中以詩走後門拜見王公大臣，以期得到賞識登上龍門。傳說李白就是用詩歌作爲敲門磚，受到賀知章賞識而被引見唐明皇當上翰林的。

且說唐初劉希夷《代悲白頭翁》詩有云："年年歲歲花相似，歲歲年年人不同"，這真是好詩句，花開花落年年相似，這是人人皆知的事實；人事變化、生老病死，這又是人人瞭解的規律。但人們只存在心底，不能寫出，而劉希夷卻能以淺白自然的語言表白年華易逝、物是人非的感慨，與古詩"古時不見今時月，今月曾經照古人"，同樣是人人心中所有、筆下所無的佳句。這佳句給親戚宋之問讀了，暗暗讚歎，懇求劉送給他．作爲自己所作的敲門磚以謀取升遷。劉礙於親戚之情，勉強答應了，但又捨不得給，於是宋將劉殺害，釀成千古絕奇的謀詩害命的慘案。查宋之問雖是著名初唐詩人，也做著大官，但品質極壞，拚命拍武則天"面首"之類的親信馬屁，貪污腐化，欺壓弱小，無惡不作，結果在睿宗時敗露劣跡被賜死，結束他的醜惡一生。這樣看來，上述的慘案出自這樣的人之手，又似乎不足爲奇了。

1435　實業家邵逸夫

香港實業家邵逸夫，祖籍寧波，1907年出生，現年95歲。上世紀二十年代在上海開設電影公司，五十年代在香港創辦邵氏兄弟有限公司，製作電影，七十年代開始任香港廣播有限公司行政主席，擁資百億。近年積極進行慈善、教育、科技及其他福利文化事業。據說僅爲內地各項捐獻已有24億元，各省受惠專案三千多項，最近又公佈創立"邵逸夫獎"，頒發原則是：不論國籍種族和宗教信仰，只要在學術及科技研究或應用獲得突破成果，對人類生活有深遠意義和影響的，都可參加評選，每年頒發一次，獎金額一百萬美元。目前暫設天文、數學、生命與醫學三項。這三項是諾貝爾獎所沒有的。以後還可以增加專案。評審會主席由諾貝爾物理學獎得主楊振寧教授擔任。楊教授預言：世界所有科學家都可競逐獎項，評選公平公正，將對全球、亞洲、中國的科技發展，產生巨大的推動作用，第一屆定於2004年舉行。我相信邵老先生設立這一獎項的推動，我們祖國必然會迎來萬紫千紅的科學春天。

1436　郭沫若在廣州

郭沫若（1882-1978）生前多次來廣州，和魯迅一樣留下了很多的足印。他在廣州最長的時間當推1926年大革命時代和1937年抗日初期。前者是和郁達夫等人參加中山大學的教務和北伐，做了很多工作。曾在黃埔軍校講演《文學與革命》。我讀過他30年代發表的散文《北伐途次》，記述他在北伐軍中政治部所歷所見所聞。後者是從淪陷後的上海到廣州復刊《救亡日報》。他曾在人民路新亞酒店參加粵港澳文化界聯歡會，和茅盾、夏衍、歐陽山、林林、草明、蔡楚生等見面，也向青年學生多次演講，以堅定抗戰必勝的信心。復刊的《救亡日報》是中國文化界救亡協會的機關報，館設西關長壽路，由夏衍任總編輯，許多著名文化人任記者。1950年以後，郭沫若到廣州參觀休閒的次數很多，到過的地方更不勝其數，一般都留下了詩聯墨寶，很值得後人留念。現在只抄錄1964年夏參觀廣州市內陳家祠廣東民間工藝館的題詞《卜算子·詠梅》：

> 曩見梅花愁，今見梅花笑。
>
> 本有東風孕滿懷，春伴梅花到。
>
> 風雨任瘋狂，冰雪隨驕傲。
>
> 萬紫千紅結隊來，遍地吹軍號。

1437　雙槍女將蘇華

蘇華與林墉是廣東一對夫妻書畫名家，蘇華更是兄弟姊妹一家俊秀，連老母親也被薰染成畫家了。去年曾舉辦"一家三代八位女畫家畫展"，名噪一時。蘇華還不到花甲之年，書畫俱佳，人稱"雙槍女將"，外柔內剛，不拘的個性深藏五內，不發則已，一發便火山噴薄而出，喜作大幅書畫，從八歲開始學習書法，讀廣州美院時，還專門學習書法課，臨帖臨碑，打好了濃厚的基礎。她畫畫先山水後花鳥，也以粗獷、濃烈、厚重、大寫意著稱，一如鬚眉。我記得她是在廣州美院求學時與林墉相愛的，畢業後忽然感到"春色惱人眠不得"，怦然心動，便寫信給林墉準備結婚，真是快人快事。結婚後還以灑脫的筆墨寫她們的羅曼史。總之，她坦率、活潑、勇敢的品格和作風，到處可見。她在自畫像上題著的詩句，道出了其中三昧：

丹青一路任縱橫，誤闖碑林掀墨瀾。

誰說女兒多裹足，一橫一豎動青山。

1438　痛苦與快樂

痛苦與快樂和禍與福同樣是相反的概念。一個人長時愁眉苦臉、卑瑣萎靡，那不是生活，而是苟活，毫無生命的意義，也與世無補無涉，月光依舊如水，青山依舊不老，綠水依舊長流，何苦？我們不能因煩惱痛苦而失卻方寸，不能因臨頭大禍而暈頭轉向，"牢騷太盛防腸斷，風物長宜放眼量"。我以為有時候無妨利用一下"阿Q精神"，喜逐顏開，豪情依舊，精神抖擻，勇敢向前，與時俱進。這樣，也許會轉機，快樂隨之而來，生活得有滋有味。人世間的事有得有失很平常，也是規律，快樂中包含著痛苦，官大了怕下臺，錢多了怕被搶。"人有悲歡離合，月有陰晴圓缺，此事古難全"，蘇東坡很懂得這道理，所以能夠苦中取樂，渡過難關。做人不能太複雜，複雜便會麻煩、沉重，少了快樂。半個多世紀以來，我長在痛苦中，坐牢失去人的尊嚴，妻離子散，幾至絕境，但我會挖空心思樹立理想，製造快樂，得到安慰，即使只有一絲希望，也盡力抓住，努力追求。綿綿陰雨的冬夜很憋悶，但一想到麗日藍天、春暖如火，馬上就會豁然開朗，神清氣爽，心情快樂。我把握了這樣的生命不息、奮鬥不止、改造一切的原則，邁步前進，居然有了今天的晚晴紅霞，快樂無邊，這是不是"定數"呢？

1439　　自比花面貓的唐大禧

當代雕塑家唐大禧與潘鶴齊名，在廣州有很多他的大作。他原就讀於香港美術學校，但總的說來，還算是自學成材，現任廣州市美協主席。他的成名作是《歐陽海》，不僅刊登在全國各大報刊的頭條，還被金敬邁創作的《歐陽海之歌》小說選作封面，再由郭沫若題寫書名，真是名揚四海。其後又創作《猛士》，以裸女躍馬射箭表現主題，引起爭論，但沒有影響他追求藝術美的志氣。他在自畫像上題句：

> 畫罷方知花面貓，少小離家人將老。
>
> 一生追尋石頭夢，鏗鏘日月長鐫鏤。

他把自己滿臉皺紋老相，說成花面貓，亦屬幽默中人也。

1440　　張佛千聯輓張大千

臺灣名聯家張佛千教授，今年95歲，現任中國文化大學董事會董事。抗戰開始時，他在蘇州創辦《陣中日報》，每天趕印十萬份快送上海前線。其後改任政府工作，1947年到臺灣當教授，業餘為《聯合報》、《中國時報》寫副刊專欄。最近輯印著作十二冊，總稱《九萬里堂叢稿》。當張大千從外國回到臺灣定居臺北市雙溪摩耶精舍時，過從甚密，感情很深，有人從兩人姓名上猜想必是同胞兄弟，其實大千四川人，佛千安徽人，相隔萬里。他們在閒聊時，不免聊及生老病死、書畫詩聯各項，大千因老眼昏花，乃用大潑墨法補救，心中丘壑分明，形神畢顯，另有韻味。到1983年病故，未嘗停筆，

可謂福壽全歸,唯有一幅廬山山水未完成稍感遺憾。佛千追念故人,
"昔年戲言身後事,今朝都到眼前來",因作兩聯以誌哀思:

> 病體氣猶雄,匡廬巨稿初成,千載更無人潤色;
>
> 曠懷計已就,雙溪小園最美,一丘長是地鍾靈。
>
> 病目變能奇,以潑墨致突破創新,胸有千丘萬壑;
>
> 蜚聲少至老,因遊藝富風流文采,身備五福三多。

1441　　開明書店小史

我忘不了上海開明書店,它可以說是我的"啟蒙老師",我讀
初中的英語課本,就是由該書店出版、林語堂編寫、豐子愷插圖的,
活潑新鮮,勝過商務版的英語課本。還有《中學生》雜誌我訂閱了
好幾年,得益良多。它是1926年八月由章錫琛、章錫珊兄弟合資接
收《新女性》雜誌社,由胡愈之、鄭振鐸建議改為書店,再由"副
刊大王"孫伏園取名的。最初的編輯是夏丏尊、葉聖陶,以後陣容
日益壯大,錢君匋、豐子愷、趙景深、徐調孚、曹聚仁、顧均正、
宋雲彬……都曾主持編務,出版了許多新編的中小學教科書和課外
名著如茅盾的《子夜》,巴金的《家》,錢鍾書的《人楜風獸》,翻譯
小說《愛的教育》,以及《辭通》、《廿五史》等等。最出色的還是《中
學生》雜誌和《開明活頁文選》。它是以文人學者搞書店出版事業而
顯現異彩的,進步、精美,與當時的商務、中華、世界、大東稱為
中國出版界五大單位,雖在抗日戰火紛飛時期,仍然在重慶、桂林
等地堅持出版各類書刊,直到1953年四月才併入中國青年出版社,
保持原有特色,滋養著讀者。

1442　熊希齡少有文名

湘西鳳凰縣，山水秀美，代出名人，熊希齡、沈從文、黃永玉都是。熊希齡是中華民國之初的國務總理，他在花甲之年猶與少女結婚，大張旗鼓，傳爲美談。他少有"神童"之稱，文名遠播：有一次塾師出聯召對：

　　　　栽數盆花，探春秋消息；

諸生都不能對，而熊只稍作思索即對曰：

　　　　鑿一池水，窺天地盈虛。

又有一次，一位姓陳的舉人在太守家裏出聯嘲笑熊的姓名：

　　　　四隻足行，有何能幹？

熊從容對曰：

　　　　一邊耳聽，算甚東西！

竟把陳舉人罵倒了。

根據史料記載：熊希齡還是不錯的，以政治家、慈善家、教育家的身份走完他65歲的人生道路。

1443　張佛千的嵌名聯

近年廣州的《羊城晚報》副刊《家庭廣角》有"聯名得意室"爲讀者無償製作嵌名聯，借與讀者溝通感情。其中妙聯佳對很多，足見主其事者精通古今，可與臺灣名聯家張佛千媲美。張佛千歷年所作嵌名聯多至萬對以上，遍及世界華人社會及漢學家，現撿拾部分如下：

著名畫家葉淺予（1906-1995，女作家葉文玲之父）有一位學生叫曹無，山西人，牛高馬大，比人高出一頭，一臉絡緦鬍子，很有"虬髯客"風采。因姓名奇特，很難嵌聯，而佛千卻不多思索迎刃而解：

獨出其曹，北人異相；有生于無，老子哲言。

他說：假如要把老師葉淺予也拉進去，可把"北人異相"改爲"大師高足"。接著也給葉淺予製作兩聯，皆臻妙境：

淺斟娓娓談往事；予懷渺渺思故人。

良友醇醪不厭淺；天才妙詣能起予。

第二聯上比本《三國志》："與周公瑾交，如飲醇醪"。下比本《論語‧八佾》：子曰：起予者商也。"

又在1997年，臺灣中研院院長吳大猷（1907-2000，肇慶人）90壽誕，諾貝爾物理獎得主楊振寧、李政道以及北京清華大學校長王大中、北京大學校長陳佳洱等兩岸文化界名人都在座，張佛千除嵌入壽星公及上述幾位名字製作四言十六句頌詞外，又各贈嵌名聯一副：

吳大猷：可久可大，以簡以易；嘉謨嘉猷，有執有容。

這聯等同集句，都是《大學》、《中庸》中的詞句，吳院長認爲聯中內容正是他的領導作風。

楊振寧：學術至尊，金聲玉振；智慧最大，心泰身寧。

李政道：立本建基，為政在學；致知格物，弘道唯人。

王大中：大域大才，所思乃大；中行中道，允執厥中。

陳佳洱：佳日發晉陶公雅興；洱海想漢武帝雄風。

此聯洱字看似很難嵌，但佛千卻妙手得之，上聯本陶潛詩："春秋多佳日，登高賦新詩"；下聯本《水經注》："洱水經漢武帝擴大，亦名洱海，以習水戰。"上聯瀟灑，下聯雄渾。

1444　日本侵略者的本性

　　《羊城晚報》2002年11月21日載：日本駐華大使館武官天野寬雄，於10月26日下午、以六天“觀光之旅”之名擅自闖入中國軍事禁區（東海艦隊駐地寧波）進行拍攝，竊取軍事情報，被中方人員當場發現制止。中方已要求日方召回該武官云云。

　　從上述消息可以看出日本對我國很不友好，亡我之心不死，聯繫他幾十年來文部省修改教科書、閣員參拜靖國神社、右翼份子與我爭奪釣魚島等等行為，更可以說明過去我們對日本在“以德報怨”不要賠償、“一衣帶水，友好鄰邦”的障眼法下，認為日本的右翼份子只是一小撮，愛好和平的人民是主流，那是不切合實際的。假如真正是一小撮，他們能夠這樣囂張嗎？能夠上下一致篡改歷史、參拜神社屢告不改嗎？能夠把“向海外派兵法”、“周邊事態法”、“緊急事態基本法”等等的發展軍事法令，層出不窮舉國通過嗎？我們應該瞭解日本民族只崇拜強者而鄙視弱者，他們既不承認侵略中國，更不承認被中國打敗。正是因為我們“以德報怨”，助長了他們的狂妄心態和兇焰。他們會反問：“世界上哪有戰勝國不要賠償的”？今天他們派出間諜刺探我國軍情為的是什麼？司馬昭之心路人皆知，不可不加以警惕！

1445　漢文帝獎賞貪污

　　史載：漢惠帝死後，皇后呂雉專政，迫害劉氏宗親，重用呂氏親屬，欲取代帝位。漢臣陳平周勃待呂後死後，即把呂族斬盡殺絕，決定迎惠帝之子代王登位，但代王遠在邊區，朝廷情況不明，不敢冒進，得到張武護送，才往長安坐上龍椅，是謂文帝。經過輕徭薄賦、節用愛民、勤謹治國，乃得天下升平、物阜民豐，史稱“文景之治”從此開始。後來張武也許恃功位高，竟貪婪無度，民怨沸騰，文帝一時為私情和特權所蔽，對張武不僅不依法懲處，還給予獎賞，認為你不是要錢嗎？就給你個夠，看你臉紅不臉紅？如果有愧，就會革面洗心，好好做人。這叫做“以德化民”。真想不到明主如文帝，竟也有此妙想天開的行徑，那麼，今天有些人縱容部下貪污舞弊，詐乎不知，姑不論居心如何，也似乎不足為奇了——因為他們也有生殺予奪的特權。

1446　愈老愈辣的魏中天先生

　　現任廣東省政協委員、廣東省文史研究館副館長魏中天先生，一生也是夠坎坷多難的，我和他是叔侄關係，他大我七歲，可謂忘年交，我今天能夠寫點小文章，得力於他的鼓勵和點拔。我記得上世紀卅年代初，我把習作寄給他，他即轉寄上海《新聞報》刊出，還介紹謝冰瑩先生和我通信，使我對文學產生興趣。他如桂如薑，愈老而愈辣，至今90多歲了還在寫作並主編《我的母親》叢書。他是上世紀三、四十年代的文壇老將，熟悉的著名作家很多，謝冰瑩即是其一，直到謝逝世前還經常通信。他的兒女都在海外，逢大壽之日都回國為他做壽，我記得他80歲生日時有幾位老朋友寫詩祝賀：

　　　　熊熊烈火識真金，喜見坎坷路已平。
　　　　即今春意無邊日，碧水青山照晚晴。
　　　　　　　　　　　　——鄭群、陳景文。
　　　　一堂壽者借桃觴，虔祝南山壽且康。

　　　　如日高懸暄晚翠，更今文史燦光芒。

　　　　　　　　　　——秦萼生。

　　少懷報國志，坎坷大半生；

　　待人以肝膽，處事秉忠貞；

　　文壇勤耕作，藝海苦攀登；

　　晚年逢盛世，霞光照碧空。

　　　　　　　　　　——梁兆斌。

1447　　自以為是的解釋

　　前些年，大多數鄉村幹部出身貧下中農，文化水平不高，但又故示高明，自以為是。有一次公社某主任到大隊傳達"深挖洞、廣積糧、不稱霸"的"最高指示"，很認真地解說一通：深挖洞、廣積糧，就是要求我們像田鼠那樣工作；一隻田鼠能挖三四米深的洞，積下糧食一百幾十斤，很值得我們學習；但它膽小怕人，所以不稱霸。說得大家笑哈哈拍掌讚賞。

　　又有一次革命委員會幹部下鄉宣傳學大寨，在報告中他看著秘書預擬的講稿說：我們學大寨不難，只要苦幹加 23（巧）幹，什麼都可以辦好。大家聽後似乎有些不解，他又詳細解釋說：為什麼苦幹了又還要23幹呢？我們學大寨當然要拿出12分精神和力氣，但形勢迫人，只爭朝夕，必須再拿出12分共24分才行。話得說明白，其中留下一分幹點家務，總算是合理照顧吧。

1448　　古代也有"追星族"

史載：千多年前的魏晉時代，有一位很漂亮的潘安，又名潘岳，字安仁，既是美男子又是才子，能寫一手好詩文，而且還做著大官。他每次外出，婦女們便手拉手圍著欣賞個夠，連老太婆也參加，遠遠丟蘋果給他，以示愛慕。當時還有一位叫衛介的也是美男子，有一次他去京城，傾城的婦女出動把他圍成城牆，竟把體弱的他迫得無奈，回家後累得病死了，人稱"看死衛介"。再有一位相反的醜男，名叫左思，詩賦更有名氣，但因為醜相，在街上走著往往受婦女們吐口水丟石塊，連小孩也同樣見棄他。以上說的是封建社會、男尊女卑時代的婦女竟也這樣明目張膽追逐心目中的人，好像今天"追星族"一樣猖狂，卻又見棄虐待可厭的醜男，真使人不可思議難以相信，但又言之鑿鑿流傳下來，姑且抄存待考。

1449　　郭沫若不忘知音

我在中學時候讀過郭沫若、宗白華、田漢的《三葉集》（大東圖書館出版），知道他們是好朋友，同是"五·四"新文學運動的鼓吹者、實踐家。1919年以前，郭沫若在日本留學，還是默默無聞的人，譯著都受到退稿的待遇，幸得宗白華於1919-1920年間主編上海《時事新報》副刊《學燈》，儘量刊登郭的詩文，使郭看見自己的作品第一次成了鉛字，真有說不盡的陶醉，也給了他很大的刺激，走進了一個創作的爆發期，《女神》新詩集就是在這個時期創作的。以後宗白華到了歐洲，還把在日本的好友田漢介紹給他，雖然宗、郭兩人直到1925年才見面，但三人通信談文論道建立了終生友誼，這通信就是《三葉集》。

郭沫若後來成為偉大的文學家、歷史學家、集眾家於一身，他多次在文章中說："使我的創作欲爆發的，我應該感謝一位朋友、編輯《學燈》的宗白華先生。"他認為若不是有這樣機緣的話,"或是我的創作欲的發動還要遲些,甚至永不見發動也說不定。"也就是說以後他所走的道路也許會兩樣。他還由衷地稱宗白華為"我的鍾子期"——知音。

1450　萬里長城的危機

據2002年12月13日的《羊城晚報》載:昨天下午八達嶺代表萬里長城在北京人民大會堂接受了"世界最長的牆"的吉尼斯世界紀錄證書,標誌著中國萬里長城正式入選吉尼斯世界紀錄大全。又:八達嶺長城段自1958年開放以來,已接待了遊客1.2億人,還作為外事禮賓接待場所,已接待了各國元首、政府首腦近400名,創造了兩項世界紀錄。遺憾的是又一消息說:由於自然和人為的禍害,原日巍峨蜿蜒壯麗的萬里長城,如今已被"蠶食"六成,據最近一群專家45天的考察,其牆體和遺址總量不超過2500公里。其中山西省左雲縣一個村因想把兩個磚瓦廠合而為一,但有長城在中間阻礙,便由村長打著維護全村人利益的旗號,下令拆掉一段60米長城,從此湮沒無蹤。事後上級只罰款200元了事。看來,我們老祖宗留下的遺產萬里長城,如果不趕快立法或設立基金會加以保護和維修,那麼肯定會很快全部湮沒而愧對子孫。

1451　才氣迫人的解縉

明太祖朱元璋是一位大殺功臣的獨夫,但他對年青矮小的才子解縉(1368-1415)卻還算合得來,居然說:"朕與你義則君臣,恩猶父子，當知無不言。"後來還命令他回鄉繼續讀書，以期大器晚成。十年後他果然復出，爲惠帝盡職盡責，爲成祖主編《永樂大典》，卒成二萬三千卷有名的典籍。然而，一個正直善良的文人，是很難與所有帝王打交道的，他終因插嘴立儲風波，未得皇上歡心，竟被下獄六年，到了永樂13年，由錦衣衛灌醉酒按在積雪中活活捂死，年僅47歲。這是很使後人扼腕興歎的悲劇。

解縉是才氣迫人的才子，一生遺聞軼事很多，他20歲中進士，年幼時即見其才華橫溢。他的對面有一家豪宅，大門兩旁貼上對聯：

竹節千年骨；鞭連萬丈根。

一股驕傲氣焰溢於言表，主人也自以爲得意。然而，少年解縉也在自家大門兩旁貼上一聯相對：

門對千竿竹；家藏萬卷書。

這聯格調和氣勢遠勝前聯，豪宅主人很受打擊，一怒之下把後園的竹子砍光，以制解縉。解縉又加一字成爲：

門對千竿竹短；家藏萬卷書長。

豪宅主人看見更加又恨又氣，索性叫家丁把竹園鏟平以示對抗。誰知解縉再把上聯添一字成爲七字聯：

門對千竿竹短無；家藏萬卷書長有。

經過這麼幾回後，對面豪宅的富貴人家，敗下陣來，暗自惱恨不學無術，滅了自己的威風，長了窮人的志氣。

1452　　"烏鴉文人"曹聚仁

烏鴉原是吃害蟲的益鳥，但歷來人們不很恭維它，認爲它是不吉祥的，叫聲預兆凶禍，不像喜鵲那樣一叫便使人喜悅，成語"天下烏鴉一般黑"也是含著貶意的。我記得報人、文學家、大學者曹聚仁（1900-1972）在上世紀30年代主編《濤聲》文學雜誌時，竟以烏鴉形象爲刊頭圖案，表明自己的文學主張：既不是黃鶯式的婉轉嬌啼，也不是喜鵲般的違心聒噪，而是烏鴉似的預報吉凶。他還解釋說：這烏鴉氣嘛，也可叫烏鴉主義，就是純理性的批判主義，就是要喚醒人們的理性，用自己的眼光去看，用自己的腦子去想。這份雜誌一出版很得到魯迅先生的讚賞，在一次餐敘中題贈"老人看了歎息；中年人看了短氣；青年人看了搖頭。"後來曹聚仁乾脆把這三句話也印在雜誌封面上作爲廣告。許多人便把"烏鴉文人"、"烏鴉記者"、"烏鴉教授"加在他的頭上作爲綽號，這也算是中國現代文壇的一段逸聞。

1453　嶺南最早的名臣張九齡

　　張九齡廣東韶州人，文章冠時，名重當世，《唐詩三百首》有其詩作。唐玄宗朝任宰相。玄宗大壽，眾臣皆獻珍寶，獨九齡呈史鑒十章，以伸諷諫，並作爲帝王行事準則。爲相十餘年，政績極佳，世稱盛世。他預感安祿山狡黠必反，李林甫奸惡誤國，勸玄宗除之，玄宗不聽，不幸而言中，反被迫辭官回里，在大庾嶺種植高潔傲雪寒梅萬株，又稱梅嶺。代代補種，至今猶爲旅遊景點。張九齡是嶺南最早名臣之一，現韶關市中心的"風采樓"，就是後人爲緬懷他的豐功偉績的紀念物，抗日戰爭時期曾作爲防空警報台。

1454　關於文憑證書

　　近來各用人單位很重視文憑證書，使一些自學成材的能人不得其門而入，於是虛假的文憑證書應運流行於市場，擾亂人事工作。我記得上世紀初，北京清華大學創建國學院，梁啓超向校長曹雲祥介紹陳寅恪，曹問：陳是哪國博士？梁答：陳既不是博士，也不是碩士。曹說：那麼有什麼著作？梁答：著作也沒有。曹說：這就難了。梁忿然說：我梁某也不是博士、碩士，著作算是等身了，但總共還不如陳先生的幾百字有價值。以後陳寅恪確實成爲清華大學國學研究院四大名教授之一。

又有一例：1918年畢業於直奈法政專門學校的梁漱溟，以一篇論佛經的文章“毛遂自荐”於北京大學文科學院陳獨秀，陳欣然破格聘爲講師，在北大講授“印度哲學”，極爲成功。

以上陳寅恪、梁漱溟兩人假如生活在今天，能找到工作嗎？很難說。我們當然不否認文憑證書是人才評價的手段之一，但絕不能作爲唯一的依據和要求。我們的社會要到真正重視真才實學的時候才算成熟，你說是不是？

1455　明初的酷刑

隨著社會的文明進步，刑罰也應該文明進步。但中國的封建君主所用的刑罰卻比奴隸主人所用的殘酷多多：商朝紂王的“炮烙”夠利害了，而明太祖朱元璋卻又有新發明：除鯨、刺、劓、刖、割五刑外，又加上淩遲、涮、鉤骨、抽腸、剝皮楦草等等。這些滅絕人性的酷刑，真是使人心驚肉跳。再加上“瓜蔓抄”株連九族十族，恢復兩千年前的殉葬制度……到處天愁地慘，日月無光！朱元璋虐殺功臣連劉伯溫也難免，只剩下田興洞察先機隱居江北才苟全了性命。朱元璋的兒子朱棣（成祖）更加殘忍，因一點宮廷醜事，竟親自監督凌遲宮女2800人，對建文（惠）帝盡忠的臣下滅九族十族，男人殺了把女的送入軍營作軍妓，盡出污辱折磨之能事。文人方孝孺一家受害的悲慘，誰能想到？多少年來，我們對朱元璋、朱棣一類的帝王，只要有點事功——例如驅除異族、叫人編纂《永樂大典》、詔諭鄭和下西洋等等，便尊稱為英主、明主、雄主，高呼萬歲萬萬歲，而對其殘酷殺戮人命的一面，卻認為正常，這是唯物史觀？還是英雄史觀？

1456　　張學良一首遺詩

張學良於2001年10月逝世於美國檀香山，他的遺物包括日記、手稿、口述自傳等等，都存在美國哥倫比亞大學圖書館特闢的"毅荻書齋"，陸續公開。有人在他的1956年日記中發現一段事實：那時他仍被軟禁，臺灣局勢已較安定，他以為蔣介石會放他，心裏準備到陽明山"革命實踐研究院"受訓，從此得到徹底自由。結果卻事與願違，失望之餘，寫了一首《夏日井上溫泉即事》詩，無論音韻、情調、意境、詞語都極具美感，特別末句更見高明，充分顯現他的詩才不俗，抄錄如下：

> 落日西沉盼晚晴，黑雲片起月難明；
> 枕中不寐尋詩句，誤把溪聲作雨聲。

1457　聶紺弩的筆名和齋名

聶紺弩用的筆名很多，據他的女兒查考比誰都要多。1941年他在桂林和夏衍、秦似、邵荃麟等人編輯《野草》雜文刊物時，每期都寫出四五篇雜文應付，筆名不同，以致鍾敬文曾對人說：《野草》的耳朵（指聶紺弩）真多。又因他對古典名著《三國演義》、《紅樓夢》、《金瓶梅》、《水滸》等深有研究，便命齋名為"三紅金水之齋"，並由著名書畫家黃苗子題額，知名文壇。到了"文化大革命"開始，幾名"紅衛兵"衝入聶宅，喝問齋名是什麼意思？聶急中生智答道：思想紅、路線紅、生活紅是謂三紅，"金"是毛主席紅寶書上的燙金字，"水"是旗手江青同志姓氏偏旁，因為尊敬她不敢犯諱。"紅衛兵"一聽言之成理，便不再追問，平安度過一次難關。

1458　　最短的悼詞

孔子的壽命72歲，在當時說來可謂長壽，他的老婆、兒子和心愛的學生顏淵、子路都先他而去。顏淵死時，孔子很悲傷發出一句很痛心的話："天喪予"。這大概可算是古今中外最短的悼詞。

1459　　張學良與張恨水的交情

張學良與張恨水兩人，雖然籍貫不同，文武不同，但交情頗深，一生中有多次來往。1924年四月，張恨水在北京《世界晚報》副刊開始刊登《春明外史》連載小說，張學良看了是揭露北洋軍閥的黑暗、腐敗，而富於正義的好作品，便很敬愛，曾專門造訪恨水家。那時張學良24歲，張恨水31歲，小張曾有資助大張的舉動。以後大張還到過瀋陽拜見小張。1930年小張曾請大張當祕書，大張以只會寫小說，不懂政治、軍事、經濟相推辭。有一次，趙四小姐請大張題扇面，扇面畫有燕子和花木，隨即寫上如下的詩句：

少帥隆情囑出山，書生抱愧心難安；

堂前燕子呢喃語，懶逐春風度玉關。

1460 出現科技"明星"的時間

曾經參加過"世界博覽會"的科技"明星"，一直為我們的生活、生產方便，幾乎每屆世博會都有新科技"明星"出現，而且越來越多，越來越快。現在把主要"明星"展出的時間列下：

汽車——1851年第一屆倫敦世博會。

電梯——1853年第二屆美國世博會。

白熾燈——1876年美國費城世博會。(愛迪生發明)。

電話機——1878年巴黎世博會。(貝爾發明)。

飛機——1904年聖路易斯世博會。(萊特兄弟發明)。

電視機——1939年紐約世博會。

1461 少爺氣的俞平伯

俞平伯(1900-1990)早年因《紅樓夢研究》一書受到批判，到了"文化大革命"時，已是70歲，成為"運動員"了。他很平靜、天真，下放幹校搓麻繩、看廁所，似乎滿不在乎。他是江南名門出身，數代單傳，很有養尊處優、不拘小節、五谷不分、四肢不勤的脾氣。他的曾祖俞樾，是曾國藩的學生，章太炎的師傅；父親俞陛雲，是前清探花，而平伯畢業於北京大學，是黃侃、胡適的高足。他還算幸運，雖然先受到批判，還是得到國家領袖的眷顧和保護，不管怎麼說，在連續的政治運動中，好歹還算善始善終，既不得志，也不太抑鬱，批判、勞動不過是公子落難的插曲，生活待遇還是一級研究員、全國人大代表。據葉紹鈞的孫子、作家葉兆言說：俞平伯是很有少爺氣的一位大家，始終好像小孩子，逢有好吃的東西，毫不客氣吃完爲止，時時"老夫聊發少年狂"，所以他有90歲的長壽。他沒有預料到的是：一些文化界人士，開始時都看著他出洋相，跟著起哄，後來反右、反胡風，直到"文化大革命"，都先後被趕入大海漩渦到地獄裡去走一遭了，形成了悲劇、浩劫。

1462 曹操與漢獻帝

讀讀歷史書真有意思，很可以得到知識和教益。在《三國誌》、《後漢書》中讀到曹操的英武、專權、僞善，漢獻帝的受壓、容忍、鬥爭，誰也不免產生許多感慨。假如漢獻帝是庸碌之輩倒也罷了，偏偏他年少懂事，能以清醒的頭腦對待曹操，居然活到54歲。有人說他無能，其實大錯。我們知道曹操是有很大野心的，"挾天子以令諸侯"，早想獻帝給他高官厚爵，獻帝偏偏不給，迫著曹操自封司空、自立魏公，自加九錫，把奸相野心暴露天下。獻帝在當時的情況下，是很不容易做到這一地步的，可謂盡了君主的職責。因此曹操始終沒有篡位，而讓給他的兒子曹丕。

曹丕這小子比乃父坦白，他受禪稱帝毫不隱諱，但也有些滑稽。當獻帝做皇帝的最後幾分鐘，曹丕長跪於腳下，以大臣之禮接受禪位詔書，詔書到手，即行登極，角色馬上變換，獻帝以劉協之名被封爲"山陽公"，向魏文帝曹丕下跪謝恩了。試想封建時代的顛顛倒倒的事物多麼可笑？遺憾的是這可笑的事物，卻又在幾千年的歷史長河中反覆排演不絕，徒使平民百姓痛苦不堪！

1463 太平天國為甚麼敗亡

很多人說：一百多年前的太平天國敗亡於內訌，其實敗亡於封建、腐敗。封建與腐敗是孿生兄弟，歷朝的衰落敗亡，始於封建而葬於腐敗。專制是因，腐敗是果；腐敗是因，敗亡是果。上世紀五十年代以前的歷史，我們記憶猶新；而一百多年前的太平天國更可作殷鑒。試想：洪秀全在廣西金田村起義時，提出為天下農民打天下，天下之田天下共耕的口號，但一取得一點成就，在永安州建立政權，便封了五王，擺出封建帝制的苗頭。到了定都天京(南京)，洪秀全卻要坐龍庭做天子了，天父是他的爸。楊秀清也說天父附身，要稱萬歲，為親朋戚友封王進爵。洪秀全當然更要為四子、兩駙馬、兄長、侄兒、外甥等等抬高王位。天王、東王如此，其他有功之將怎肯落後？一時天京出了二萬七千多個王爺。"王爺遍地走，國戚亂朝綱"，貪贓枉法、欺壓百姓、修王府、選美女不在話下。天王本人就有近百位后妃，一個農村的窮書生，竟窮奢極慾到此地步，而李秀成在蘇州建造忠王府也爭奇鬥艷，使以後李鴻章看到也大嘆："忠王府瓊樓玉宇，真如神仙寶宅也。"王爺們如此，而三十多萬文武百官，相繼效法，就這樣腐敗享樂，政權怎能鞏固？能有十多年的壽命已算很僥倖了。

後　記

　　2001 年七月，我在《閑情記舊二集》的後記中說：“以後我將與書籍筆墨疏離”，意思是自知將屆九十，百病纏身，神智衰退，很難再把《閑情記舊》寫下去了。殊不知，時逢盛世，生活無憂，壽命延長，一年多來竟又寫了四百多則，暗自高興。然而，畢竟“歲月不饒人”，到了現在，確已深感文思阻塞，筆頭呆滯，難以爲繼，“江郎才盡”了。於是只好把這四百多則交由志鵬孫用電腦排成《閑情記舊三集》，準備付印，算是一個結束。從此面向宜人的珠江風月，輕鬆閑適地抱抱初生的曾孫女，過好餘年，打上圓滿的人生句點，也算不虛此生了。

　　回憶我生當上世紀之初，父親早逝，年少當家，入學讀書很少，而且天下紛擾，烽煙四起，連年內戰，弄得生靈塗炭，民窮國弱，引來了外敵侵略，危亡在即。我因從軍參加抗日戰爭，接著從事教育工作，竟致五十年代初到八十年代初，整整三十年，被打入“另冊”，從此妻離子散，受盡磨折凌辱，直到“四人幫”倒台後，才得到平反，恢復了人的尊嚴、人的價值。其時我已是暮年，心有不甘，立意要補回過去三十年被迫失去的東西，盡力工作和學習，連臨時的代課教師也做得有滋有味，興高彩烈，還附庸風雅，學寫起詩文來。有道是“文章千古事，得失寸心知”，我自知所寫的詩文都是夾七夾八、雜亂無章，不能與《世說新語》、《夢溪筆談》、《齊東野語》等歷代浩如煙海的筆記雜錄、稗官野史相提並論，但其中所記的又似乎有一些可歌可泣、可愛可恨、可喜可笑、可親可鄙的人和事，也許可資茶餘酒後的談助，或者爲人處世的借鏡。因此我還是樂意爲之，耕耘不輟。這既有自戀意味，也屬魯迅先生筆下祥林嫂的絮絮叨叨、抒發心中塊壘，藉以寄托情懷。人，大概都是希望生如春花之絢麗，死如秋葉之靜美，遺下一些足跡爲後人紀念的。我既然來到人間，歷經患難，飽看風雲，豈可一無所留，悄然而去？近年台北市“文史哲出版社”樂意爲我出版拙作，親友們又樂意爲此而操心勞累，在《世界論壇報》副刊先行連載，我自然更樂意獻醜而不怕“丟人現眼”了。

　　我時常想：人生多難，自古已然。世界真像萬花筒，變化無窮。人既有智、愚、賢、不肖之分，又有際遇好壞的差異，實在難以人人都達到生而無怨、死而無憾的完美境界。然而，我在這短短的暮年，爲了修補人生，經過盡力工作和學習以及各種際遇的促進，心存感激之情，昂首走向黃昏，並不感到孤獨寂寞，蹉跎歲月，一無所成。現在我很相信“有耕耘便有收獲”這句老話；更相信人要有理想，才能克服困難，向前邁進。三弟楷才在爲本書校訂時候來信說：“大哥在人生旅途末段蒼茫暮色中，加緊腳步趕路，希望在天黑以前有所成就，其情可憫，其志可嘉。現在完成了《閑情記舊三集》和其他著作，也算圓滿、可喜可賀了”。他這幾句話很使我開心、安慰，真是“知兄莫如弟”，是我最後人生歷程的真實寫照。當此春風蕩漾，萬物蓬勃，國家民族興旺發達的大好時光，我固然歌頌著心中偉人旋乾轉坤、振興中華的豐功，也由衷地感謝多年來愛護、幫助我的周伯乃先生、吳偉英兄、三弟楷才、台北市的“文史哲出版社”彭正雄先生，以及其他海峽兩岸許多親友。我們的緣份不薄，永記難忘！

2003 年 3 月於廣州員村順景樓